詹石窗 总主编

（1901—2017）（一）

道家与道教研究著作提要集成

国家社会科学基金重大招标项目
《百年道家与道教研究著作提要集成》
（批准号：14ZDB118）成果

国家图书馆出版社

图书在版编目（CIP）数据

道家与道教研究著作提要集成：1901—2017：全六册 / 詹石窗
总主编 . — 北京：国家图书馆出版社，2021.9

ISBN 978-7-5013-7033-7

Ⅰ.①道… Ⅱ.①詹… Ⅲ.①道家—古籍—提要—汇编
②道教—古籍—提要—汇编 Ⅳ.① B223.01 ① B95

中国版本图书馆 CIP 数据核字（2021）第 105346 号

书　　名	道家与道教研究著作提要集成（1901—2017）（全六册）	
著　　者	詹石窗　总主编	
责任编辑	许海燕　赵　嫄　景　晶　王　雷　张珂卿	
责任校对	霍　玮　乔　爽	
装帧设计	一瓢文化·邱特聪	

出版发行	国家图书馆出版社（北京市西城区文津街 7 号　　100034） （原书目文献出版社　北京图书馆出版社） 010-66114536　63802249　nlcpress@nlc.cn（邮购）
网　　址	http://www.nlcpress.com
排　　版	北京九章文化有限公司
印　　装	北京科信印刷有限公司
版次印次	2021 年 9 月第 1 版　2021 年 9 月第 1 次印刷

开　　本	710×1000　1/16
印　　张	137.5
字　　数	2250 千字

书　　号	ISBN 978-7-5013-7033-7
定　　价	800.00 元

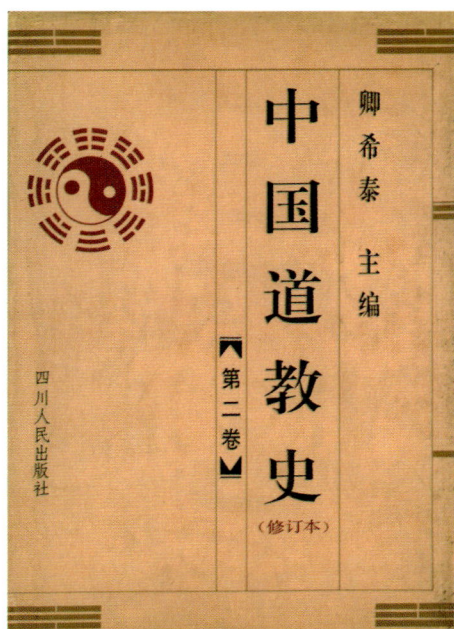

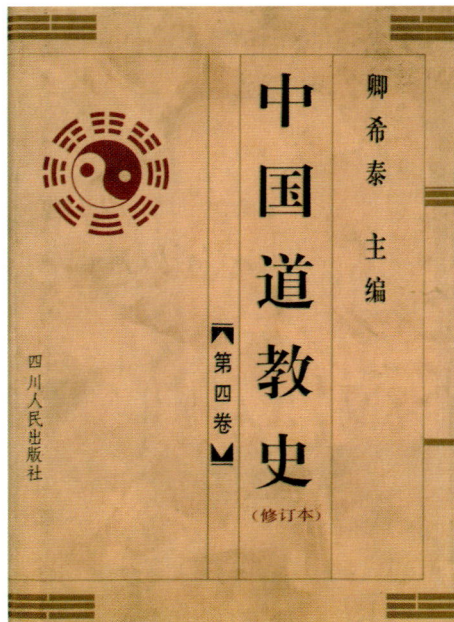

卿希泰 主编

中国道教史

【第一卷】

（修订本）

四川人民出版社

卿希泰 主编

中国道教史

【第二卷】

（修订本）

四川人民出版社

卿希泰 主编

中国道教史

【第三卷】

（修订本）

四川人民出版社

卿希泰 主编

中国道教史

【第四卷】

（修订本）

四川人民出版社

《中国道教史》

卿希泰 主编

成都：四川人民出版社，1996年12月第2版

中國近世道教的形成

〔日〕秋月觀暎／著

丁培仁／譯

淨明道的基礎研究

《中国近世道教的形成：净明道的基础研究》

[日本]秋月观暎 著，丁培仁 译

北京：中国社会科学出版社，2005年8月第1版

文史哲大系 27

萧登福 著

文津出版社印行

先秦兩漢冥界及神仙思想探原

《先秦两汉冥界及神仙思想探原》

萧登福 著

台北：文津出版社，1990年8月初版

宗教与社会
研究丛书

老子研究

LAOZI YANJIU

张松辉 著

道可道，非常道；名可名，非常名。
无名，天地之始；有名，万物之母。
故常无欲，以观其妙；常有欲，以观其徼。
此两者同出而异名，同谓之玄。
玄之又玄，众妙之门。

人民出版社

《老子研究》

张松辉 著

北京：人民出版社，2009年11月第1版

道藏源流攷

陳國符 著

中華書局

《道藏源流考》

陈国符 著

北京：中华书局，1963年12月第1版

抱朴子内篇校釋

（增訂本）

新編諸子集成

中華書局

《〈抱朴子内篇〉校释》

王明　著

北京：中华书局，1985年3月第2版

新編諸子集成

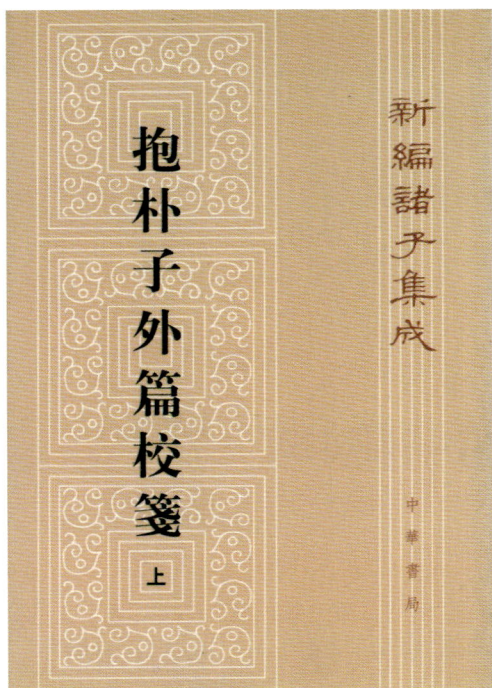

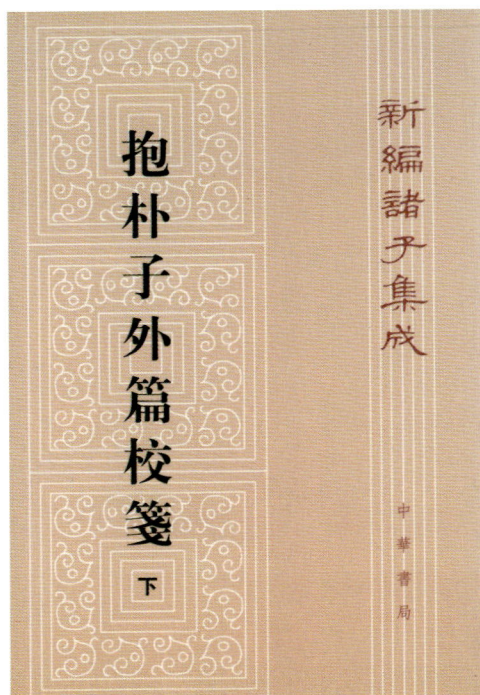

抱朴子外篇校箋

上

中華書局

新編諸子集成

抱朴子外篇校箋

下

中華書局

《〈抱朴子外篇〉校笺》

杨明照 撰

北京：中华书局，1991年12月第1版
（上册），1997年10月第1版（下册）

HAN GUO

DAO JIAO SI XIANG

〔韩〕车柱环 著 〔韩〕赵殷尚 译

韩 国 道 教 思 想

人民文学出版社

《韩国道教思想》

[韩国] 车柱环 著, [韩国] 赵殷尚 译

北京: 人民文学出版社, 2005年8月第1版

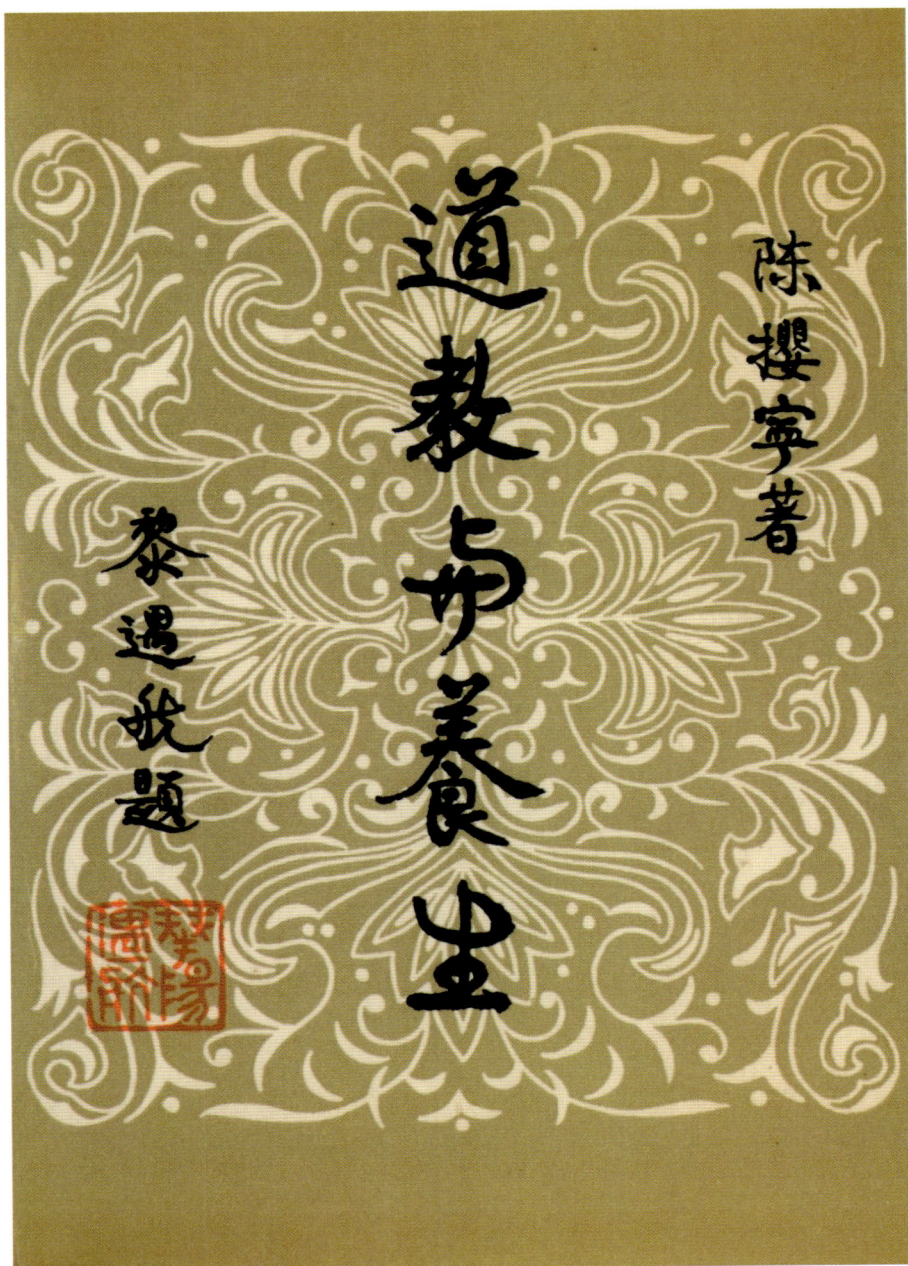

道教与养生

陈撄宁著

黎遇航题

《道教与养生》

陈撄宁 著，中国道教协会 编

北京：华文出版社，1989年7月第1版

宗教学博士文库

黄心川 陈红星 主编

道 教 医 学

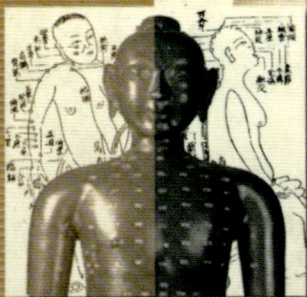

盖建民 著

宗教文化出版社

《道教医学》

盖建民 著

北京：宗教文化出版社，2001年4月第1版

国家社科基金成果文库
SELECTED WORKS OF THE CHINA
NATIONAL FUND FOR SOCIAL SCIENCES

道教美学
思想史研究

潘显一 李 裴 申喜萍等 著

商務印書館

《道教美学思想史研究》
潘显一、李裴、申喜萍等 著
北京：商务印书馆，2010年5月第1版

厦门朝天宫"道学教材丛书"之二

詹石窗　郭汉文◎主编

道教礼仪学

张泽洪◎著

宗教文化出版社

《道教礼仪学》

张泽洪　著

北京：宗教文化出版社，2012年10月第1版

王元化 主编

海外汉学丛书

上海古籍出版社

道教

〔日〕福井康顺 山琦宏 木村英一 酒井忠夫 监修

第一卷

《道教》

[日本]福井康顺等 监修，朱越利等 译

上海：上海古籍出版社，1990年6月第1版

《道教论稿》

王家祐 著

成都：巴蜀书社，1987年8月第1版

名 家 通 识 讲 座 书 系

□ 詹石窗 著

道教文化
十五讲（第二版）

道教的基本宗旨："延年益寿，羽化登仙。"

北京大学出版社
PEKING UNIVERSITY PRESS

《道教文化十五讲》

詹石窗 著

北京：北京大学出版社，2012年9月第2版

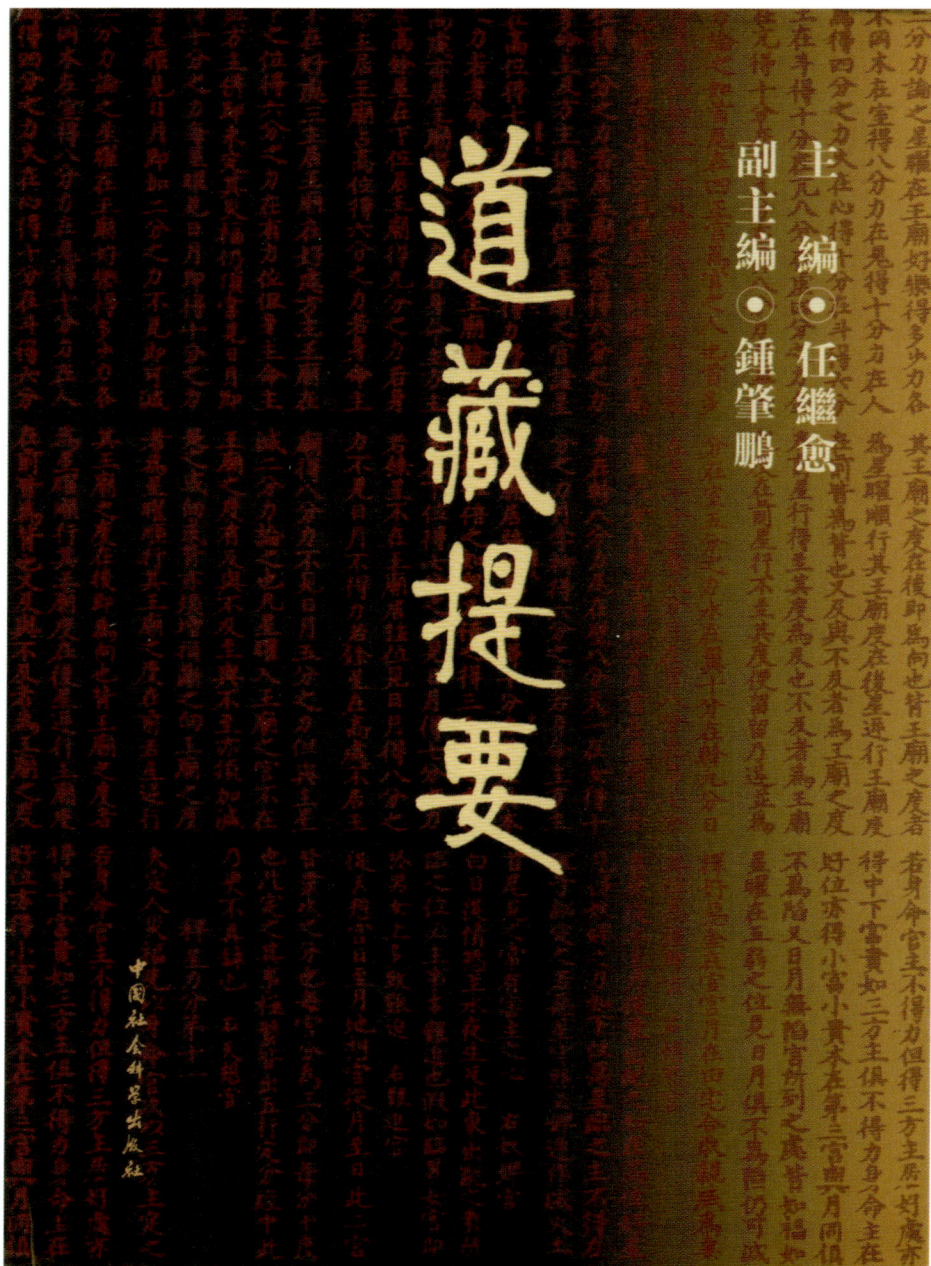

道藏提要

主编◎任繼愈

副主編◎鍾肇鵬

中国社会科学出版社

《道藏提要》

任继愈 主编

北京：中国社会科学出版社，1991年7月第1版

詹石窗，1954年生，福建厦门人，哲学博士。现任四川大学杰出教授、老子研究院院长、教育部人文社会科学重点研究基地四川大学道教与宗教文化研究所教授委员会主席、博士生导师，兼任国家社会科学基金学科评审专家、国家"十三五规划"文化重大工程《中华续道藏》首席专家等职。

主要著作有《道教文学史》《易学与道教符号揭秘》及《中国道教思想史》（副主编）等30余部，在《中国社会科学》《哲学研究》等海内外学术刊物发表论文300多篇。论著先后获得省部级奖十余项，其中一等奖5项、二等奖5项、全国高校人文社会科学优秀成果奖3项。有两部著作入选"国家社科基金成果文库"，两部著作入选国家社科基金"中华学术著作外译"项目。专著《道教与女性》《道教文化十五讲》先后被译为外文，在国外出版，得到了学术界高度赞赏。

编委会

第一辑：道家与道教历史研究

前　言

　　本书是国家社会科学基金重大招标项目《百年道家与道教研究著作提要集成》（批准号：14ZDB118）的最终成果。

　　道家是中华文化中的重要学术流派，而道教则是中国传统的制度宗教。道家与道教在表现形态及思想内涵上固然不同，但彼此也存在十分密切的关系。就源头而论，道家与道教都尊尚黄帝，以黄帝为开先。就目前所见文献反映的情况看，先秦道家虽然没有系统描述宗教仪轨，但西汉以来，道家学派则逐渐宗教化，形成了比较系统的神明信仰体系。张道陵创立的"正一盟威之道"和以张角兄弟为代表的"太平道"，不仅具有组织形态，而且有祭祀神明的礼仪，标志着制度道教的产生。此后的漫长历史时期，制度道教不断发展、演变。制度道教一方面开创了宗教形态新局面，另一方面则把先秦道家的文献纳入了其经典传承之中，在思想文化上一脉相承。从这个角度来看，先秦道家与汉代以来的制度道教是不可分割的，在某些方面甚至是重合的，因而，本书将道家与道教作为一个整体来看待。

一、本书相关研究的学术史梳理

　　道家与道教不仅在历史上对中国社会政治、文化、科技等诸多领域产生了巨大而深远的影响，而且流传海外，受到海内外有识之士的高度重视。20世纪初以来，各种研究著作相继问世，积累了大批成果。根据初步调查，仅我国学者在该领域的著作就有4000种以上。这些著作从文献学、历史学、文艺学、哲学、医道养生学、天文历法、数学、地理学、建筑学等不同角度对道家与道教的思想文化进行多层次、多角度的考察与解读，体现了我国学者一百多年来不断探索的学术历程。由于种种原因，人们要想全面了解百余年来道家与道教的研究成果是相当困难的，即便是专业学者，也很难对这方面的成果进行整体把握。故而，系统编纂"道家与道教研究著作提要"的工作应运而生。

编纂著作提要是我国学术界的一个优良传统。清代编纂《四库全书》，每书之前都有提要；民国时期编纂《续修四库全书总目提要》，依照《四库全书》体例，也撰写了提要，这为读者了解各书内容提供了方向。20世纪80年代开始，中国社会科学院世界宗教研究所所长任继愈先生组织编纂《道藏提要》，由钟肇鹏先生担任副主编，组织一批专家撰稿，为人们阅读与研究《正统道藏》与《万历续道藏》创造了便利条件。借助这部提要，学者们能方便地了解《道藏》书目的时代、著者、内容。除了采用传统考据学、训诂学方法之外，该书特别关注佛道二教的相互影响、相互渗透问题，通过佛道发展情况对比，力求为一些难以确定年代的典籍找出比较接近实际的时代断限，这是该书颇具特色之处。该书于1991年初版，1995年重印时有少量修订，2006年出版了第三次修订版，每一次修订都更加完善。

在任继愈先生组织编纂《道藏提要》的同时，华东师范大学古籍研究所的潘雨廷先生也着手编纂《道藏书目提要》。潘老先生原有一个宏伟计划，即在通读《道藏》的基础上，逐书撰写提要，而后融会贯通，重新整理《道藏》，再撰写道教史。这是一项非常庞大的学术研究工作。潘老先生独自一人，潜心于书海，发奋努力，爬梳整理，令人敬佩。但因去世未能完成这个工作计划，留下了部分遗稿。此后，在潘先生夫人支持下，其学生张文江教授帮助整理，形成了《道藏书目提要》一书，于2003年由上海古籍出版社出版，全书虽然只包括了《道藏》中286种道经的提要，并非全本，但其考证扎实、见解深邃，体现了潘老先生严谨、扎实的学风。

另朱越利先生撰有《道藏分类解题》与《道藏说略》，从某种意义上说，也具有提要的功能。《道藏分类解题》于1996年由华夏出版社出版，该书在对道经进行分类的基础上，侧重解说每一部道经的题意内涵。《道藏说略》于2009年由北京燕山出版社出版，按照《道藏》原有的"三洞四辅十二类"的架构阐述道经的由来，考证著者、时代、版本等。此外，《道藏说略》还对"敦煌道经"与"藏外道书"做了介绍，著者将这两个部分之"说略"置于明代《正统道藏》的介绍之前，体现了关注的侧重点。朱越利早期曾参与任继愈先生主持的《道藏提要》工作，对于道经的总体情况相当了解，故而能够得心应手地述说道教经藏编纂、流传情况以及内容梗概。

在我国台湾地区，萧登福先生撰有《正统道藏总目提要》，该书于2011年由文津出版社出版，包括了《正统道藏》及《万历续道藏》两部道藏之提要。萧登福先生参考了此前诸多同类专书，对先前的研究成果多有借鉴，但其行文则有自己的风格。由于在道教史分期问题上与中国大陆学者不同，萧登福所撰的《正统道藏总目提要》在道经问世时代或年代的考证方面常能独辟蹊径，提出了许多与大陆学者不同的看法，可资参考。

在国外，道经研究工作也在进行，其中有两个重要项目尤其值得关注。一是荷兰学者施舟人（Kristofer Schipper）和法国学者傅飞岚（Franciscus Verellen）主编的《道藏通考》，经过多年努力，该书已经出版，这实际上也是一部《道藏》的提要性著作，具有工具书的功能。全书有总序，介绍道藏源流及《道藏通考》的编写缘起、意义和要领；提要部分，按时间先后顺序，分为东周至六朝、隋唐五代、宋元明三个时段，再细分为各种类别，如哲学、占卜、药物、炼丹、地志、上清、灵宝等。该书第三册附有人名小传、书目及各类索引，便于查找。

另一项重要工作是意大利学者莫尼卡（Monica Esposito）主持的"《道藏辑要》研究计划"。这项计划力图对清代问世的《道藏辑要》进行梳理，考证著者、版本、内容。从其体例看，该项目与以往的道书提要类著作既有共同点，又有不同点。共同之处在于都包括了著者、时代、版本、内容等方面信息；不同的是，对于每一部道经介绍的篇幅都没有太严格限制，著者可以根据掌握的文献计划篇幅，可长可短。莫尼卡是一位非常有事业心的西方知识女性，对道教文献也相当熟悉，她耗费了大量时间研读《道藏辑要》，发表了多篇关于《道藏辑要》编纂过程、刊刻情况的论文。她的整体研究计划得到了不少人的响应。可惜，莫尼卡英年早逝，未能看到这个计划的最终完成，幸好有香港中文大学的黎志添教授继承莫尼卡的未竟之业，组织学者们继续来完成这项工作。

一百多年来，有关道家与道教研究的著作陆续面世，已有相当积累。《中国大百科全书》的哲学卷与宗教卷、《中国哲学年鉴》、《中国宗教研究年鉴》包括了一些道家与道教研究著作的介绍；报纸杂志也发表了不少此类专书的述评性文章。随着海外汉学研究的勃兴，相关的提要性著述问世，最具代表性的是李学勤主编、1996年由江西教育出版社出版的《国际汉学著作提要》，该书选择了113部比较有影响的海外学者研究中国传统文化的学术著作予以述评，其中包括一部分有关道家与道教研究著作的介绍；另有朱越利先生《理论·视角·方法——海外道教学研究》，侧重介绍法国、德国、美国、加拿大、俄罗斯、日本、韩国关于道教研究的情况，其中也包括一些海外学者研究道家与道教的代表性论著的评介，该书简明扼要，对于了解海外学者的道家与道教研究成果颇有帮助。这些成果为人们全面把握道家与道教研究著作的发展态势奠定了基础，其学术贡献是巨大的。不过，从总体上看，有关道家与道教研究的著作介绍依然留有广阔的空间，需要继续去开拓和进行系统化的学术工作。

二、本书的编纂框架与思路方法

鉴于道家与道教研究著作百余年来不断问世，学者们越来越关注该领域的研究情况，撰写该领域研究著作的提要即成为一项需要认真对待的学术工作，而编纂框架的搭建与思路方法的考究则是这一学术工作中至关重要的部分。

（一）总体研究框架和内容构成

我们将百余年来道家与道教研究的汉文著作纳入遴选范围，其地理空间区域（即出版地）包括中国大陆及台湾、香港与澳门地区，而海外出版的此类著作则暂不作为遴选对象。

我们从史料价值、学术规范、理论创新三个层面，精选提要对象，从而形成本书总体框架，其中包含以下五个模块：

1.道家与道教历史研究

道家与道教的学派、教派史是百余年来学者们颇为关注的一个重要领域。就现有成果看，学者们研究的主要方面有：道教通史、专史与断代史、道教文化史、区域道教史、道家道教流派与信俗、道教洞天福地与宫观文化、道家与道教人物生平思想、道教神仙研究。

2.道家与道教文献整理研究

百余年来，学者们尤其重视经典文献的整理、研究。由于历史原因，对道门经典文献的整理、研究并非平均使用力量，也不是面面俱到，而是有侧重点的。从现有情况看，学者们对《老子》与《庄子》的研究所下的功夫最大，成果也最多；而其他道家经典的整理、研究成果则相对较少；此外，也有相当数量的制度道教经典研究成果。鉴于此，本模块形成六个小分支：《老子》注译与研究、《庄子》注译与研究、道家其他经典注译与研究、道家道教文献综合考察与专题探讨、道教典籍的个案整理与研究、道教考古资料发掘整理与研究。

3.道家与道教思想研究

作为一个富有特色的文化体系，道家与道教的思想是丰富多彩的。然而，古代思想家并不像当今学者那样具有明确的学科意识，其经典的思想表达也不像今人著作那样具有严格的学科划分，道家与道教思想表达当然也是如此。

由于时代变化，在西学影响下，百余年来的学者们研究道家与道教思想往往具有学科划分意识，或者研究其哲学思想，或者研究其教育思想，或者研究其经济思想，或者研究其美学思想，或者研究其医学养生思想等。为了便于组织，本模块将此类成果概括为两大分支：道家思想研究与道教思想研究。

4.道家与道教的特别专题研究

道家与道教文化可谓包罗万象，其所涉及领域相当之广，其中有三个方面最具特色，这就是医学养生、文艺审美和道教科仪、音乐、法术。长期以来，学者们在这三个方面努力耕耘，且颇有成果。本模块以"特别专题"来囊括这批成果。之所以称作"特别专题"，是因为这三个方面比较能够体现道家与道教的文化特色，成为其显性标志。

5.道家与道教的综合扩展研究

由于个人学识、兴趣、教育背景的关系，百余年来学者们研究道家与道教的着眼点是不同的。既有关注特别领域的，也有注重综合考察的，更有从道家与道教研究延伸开来，进行扩展性探索的。为了满足人们了解道家与道教知识的需要，还有一些学者编纂了这方面的工具书。根据这些情况，本模块采用"综合扩展"名称来指称这部分成果。其分支有道家与道教概论，道家道教与儒、释关系，道家道教与中国文化、中国社会，道家道教与世界文化，道家与道教综合性论文集，道教研究工具书。

（二）具体研究方法、研究手段和技术路线

撰写提要不是制作碗碟，更不是现代工艺生产线的活儿，没有统一的模板可供利用，更无法"依样画葫芦"地成批炮制，唯有一本一本地仔细阅读，一本一本地理解，一本一本地概括其要点，才是正道，才有可能真正把握原著的精神内涵。如果说，这也算是方法，那就叫作"本本细读法"。

基于"本本细读法"，本书的研究还提倡：将传统考据法、历史追溯法、比较分析法与逻辑梳理法等研究诠释的方法有效地结合起来，力图使提要的思路、措辞、结构达到相对完美的境地。

"考据"是中国古代一种非常重要的治学方法。"考"就是考察、查证；"据"就是根据。就渊源而论，"考据"之学由来已久，孔子整理"五经"必言之有据；汉代经学大兴，引证广博，亦多有考据；至宋代，"考据"这个概念在学人中已颇流行，如郑樵、王应麟等皆重视考据，尤其是王应麟的《困学纪闻》更是通过考据而纠正了以往经籍文献中的许多错误。然而，就总体而论，宋代推演玄理还是占据经学的主导地位。鉴于玄理推演过度的弊端，清代有一大批学者一反宋朝侧重玄理推演的路数，推崇汉人旁征博引的学风，注重证据，形成了系统的"考据学"理论，其主要工作是对古籍加以整理、校勘、注疏、辑佚等，并且取得了卓著成果。对于考据学，梁启超曾经予以概括。他认为其治学的关键所在是"实事求是""无征不信"。其研究范围，以经学为中心，而衍及小学、音韵、史学、天算、水地、典章制度、金石、校勘、辑佚等等。考据学的实事求是精神对于当代学术研究依然具有启迪意义。故而，本书借鉴考据学方法，有助于准确把握道家与道教研究著作的版本、内容等。具体而言，就是以实事求是的态度，对每一部著作的文献进行查证，弄清其来龙去脉。

"考据"与"历史追溯"是密切相关的。就道家与道教研究来说，是否具备历史眼光颇为重要。因为道家道教的形成、发展是一个历史过程，将道家道教研究的著述置于特定历史文化背景下予以关照，对于理解其丰富内容而言极为关键。本书的研究一方面是考察道家与道教文化在不同时代的表现，另一方面则是探讨研究者采用的史料、观点与具体历史场景的关系。通过历史追溯，以显露其研究价值。

当研究工作进入了历史场景，比较就不可避免。人们常说：有比较才有鉴别。这对于撰写百余年来道家与道教研究著作提要而言也是适用的。所谓"比较"既有纵向的，也有横向的。就纵向而言，首先是把该类著作排队，而后探讨后来者对此前著作是否有继承关系；如果有继承关系，就要进一步分析哪些方面是继承，哪些方面是对前人的发挥，哪些方面具有新资料、新观点，等等。就横向而言，就是要考察同一个时代不同学派、不同学术背景的学者在接触同一课题时的观察视角、资料引证、内容分析等方面的异同。这样稽考，可以更加准确地把握每一部道家与道教研究著作的特征和价值。此外，我们也注重对每一部著作进行逻辑分析，考察其概念使用的严格程度，分析其判断、推理是否遵循形式逻辑规则。

为了更好地掌握资料，我们尽可能利用现代科技手段、信息传递方式，广泛收集各种著作以及涉及此类著作的相关论述，以期比较全面而系统地占有资料，从而达到"持之有据，言之有理"的要求，客观中立地介绍道家与道教研究百余年来的成果。

三、本书的研究创新与特色

撰写提要不是建构虚拟的空中楼阁，而是对学术著作内容、思想的一种提纲挈领式的概括，其性质是对研究著作的再研究。这样一种再研究需要去除学术隔阂，汇聚众多成果，从而全面、系统地反映我国百余年来道家与道教研究的著作情况与主要成就，这需要新的开拓，更需要勇气与精力的投入。

（一）基于提要撰写视角，厘定道家与道教研究的总体问题

本书是对百余年来道家与道教研究的学术著作撰写提要之集成。所谓"提要"本指摘出要领、提出要点，最早见于唐代韩愈的《进学解》："记事者必提其要，纂言者必钩其玄。"意思是讲，记载事项的工作必须提取其中的纲要，编纂言论的工作必须发掘其中的玄奥思路。由此引发出来的总体问题包括三个方面：

首先，百余年来学者们是怎样对道家与道教进行研究的？

这个问题有一个基本的时间界限。"百余年来"，具体而言，就是从1901年算起，而截至2017年。之所以以1901年为时间起点，是因为1901年标志着20世纪的开端，也是新学与旧学的分水岭。1900年以前，我国学术基本上是遵循传统路向；1901年以后，随着西学东渐，学术路向发生了比较大的变化。这种变化，也体现在道家与道教研究领域，1905年由严复撰写的《老子道德经评点》可以说正是新学与旧学转换的一个标志，此书虽然

正式出版于1905年，但其思想轨迹则当追溯于1901年的学术变革。从这个意义上看，严复此书即是新旧时代学术变革的成果标志。至于选书的截止年份，之所以延续至2017年，是因为我们的课题规划结项以这一年为最后期限。因此，慎重起见，我们将本书的书名确定为《道家与道教研究著作提要集成（1901—2017）》。

百余年来，学者们对道家与道教文化之研究，其所涉及的范围极为广泛，内容也相当丰富，包括研究宗旨、研究背景、研究路径、研究方法、研究的侧重点等等，都有其鲜明的特色，通过该时期代表性论著的提要撰写，在一定程度上反映了这种文化发展的轨迹。

其次，对道家与道教经典的整理注译类专书算不算"研究"？

这个问题牵涉如何定义"研究"。按照当代的科学定义，所谓"研究"是指一个主动和系统方式的开展过程，是为了发现、解释某种法则，或校正事实、事件、行为、理论，或把某种法则或理论引入实际应用过程中，由此产生的结果是一种系统的理论体系，这是比较严格意义上的研究。按照这种定义，关于道家与道教经典的整理注译类著作就不能归入研究行列。然而，通常所讲的研究，往往还有更为宽泛的意义，例如询问、信息的提供与获得也视为研究。从这种宽泛的意义来看，道家与道教经典的整理注译类专书也应归入研究系列。事实上，整理是对文本的一种校勘，其成果凝聚着整理者思考、调查所获得的信息以及对于信息的组合倾向，至于注释、翻译更是融入了著者的立场、观点和智慧。这就是我们将道家与道教经典的整理注译类专书也列入研究系列的理由。这里应该稍加说明的是，"整理注译"连称意味着这类成果不是单有整理的纯文本，而是在整理了文本基础上又有注释甚或翻译，唯有两者兼具才列入研究范围。

再次，如何对百余年来道家与道教研究的学术著作进行分类？

百余年来道家与道教研究的著作颇多。对此类著作进行分类，这是提要编纂的关键环节之一。分类合理，编纂起来，就会显得井井有条；反之，就可能出现凌乱。鉴于此，我们在广泛搜罗信息的前提下开展分类工作。大体而言，此项分类基于如下原则：第一，分类必须能够囊括百余年来道家与道教研究的总体情况；第二，分类必须遵循历史与逻辑的一致性原则；第三，分类必须体现各个类别的属性，反映道家与道教研究的内容侧重点。

（二）基于百余年来道家与道教学术著作情况，把握总体思路与工作关键

首先，就本书的总体思路而言，我们面对的是百余年来的道家与道教研究学术著作，必须对其基本事实有充分了解，才能够撰写提要。既然是一种"再研究"，那就需要掌握"被提要"的研究著作情况、了解其基本内容，包括了解被提要著作所发生的社会文化背景、著者教育素养等，甚至需要追溯被提要著作的学术渊源，分析被提要著作与原初对象的关系。

其次，选择好著作提要的对象，是最为基础的工作之一，必须严格把关。我们认为，广泛搜集该领域的出版信息、图书信息是写好提要的前提。此外，必须确立选择的基本标准。经过慎重考虑，标准主要考虑三个方面：1.文献史料可靠；2.有自圆其说的逻辑体系、谐调的框架结构；3.言之有据，说之有理。

再次，我们对符合整体研究状态的内容进行分类。搜集与分类，前者是基础，套用道教内丹学中的一个术语，叫作"筑基"；而后者是初步功夫，类似于道教内丹学的"炼精化气"，唯有分类合理，才可能进入"功夫态"，实现最终目标。

本书的研究工作还有两个方面的关键点：1.早期著作的搜集整理与提要撰稿。所谓"早期"，指1901—1949年这个时段。这个时段的道家与道教研究著作一般而言印数相对较少，加上年代较为久远，图书毁损较多，所以不容易找到。我们在出访他国的时候发现，有些著作在国内看不到了，但在国外却保存完好。所以，通过各种渠道各种有效办法，找到早期道家与道教研究的著作，对于本书的完整性而言意义重大。2.组织协调一致的工作班子和确定工作章法。本书的撰稿工作不是"个人冥想"，而是"集体修炼"，如何使这项"集体修炼"的工作协调有序，除了确定好人选之外，还得制定"集体修炼"的工作程序。对此，我们制定了统一的行动章程，根据内容分类，提供几种样稿，营造一个实施的"大气场"，以使参加这项"集体修炼"的所有人员能够步调一致。

撰写提要虽然是历史上已有的工作，但系统地撰写百余年来道家与道教研究著作的提要却是从来没有人进行的一项新的开辟性工作。我们以《四库全书总目提要》《续修四库全书总目提要》《道藏提要》为参照，力求准确、

客观地对所选论著进行评价，并且在编纂体例、内容框架方面力图有新的构想和特色，以期推进道家与道教文化研究的进一步深化。

（三）基于百余年来道家与道教研究的整体情况，布局框架的内在逻辑

前文中我们介绍了本书的整体框架与五个模块构成，即：道家与道教历史研究、道家与道教文献整理研究、道家与道教思想研究、道家与道教的特别专题研究、道家与道教的综合扩展研究。五个方面构成了百余年来道家与道教研究的整体。这五大方面的划分与排列所遵循的是历史与逻辑相统一的原则。

之所以把道家与道教历史研究放在第一系列，是因为梳理历史脉络，乃是从整体上把握道家与道教文化的关键，具有提纲挈领的意义。了解了历史脉络之后，紧接着就有可能深入考察道家与道教文化体系，而具体考察的前提是掌握文献。故而本书的编排将文献整理研究置于第二系列。了解了文献，就是明白其载体情况，继而有可能探究其深邃的思想，因此将思想研究置于第三系列。了解了道家与道教的基本思想构成，就可以进一步探讨道家与道教那些富有特色的文化建树，故而将医学养生、文艺审美和道教科仪、音乐、法术这几个特别专题置于第四系列。"特别"是与"一般"相对而言的，有"特别"也就有"一般"。从具体的操作来看，"一般"往往具有综合意义，于是概要性论述道家与道教文化的成果应运而生。为了更为深入地反映道家与道教文化的内涵、功能、价值，学者们还将道家与道教置于中华传统文化的广阔视野中予以审视、探索，甚至将之与世界许多文化现象联系起来观照，这就是扩展性研究。由于扩展研究往往具有勾连性与宏观视野，彼此存在一定的连接点，本书将之编列在一起。至于工具书，将之放在综合扩展系列，也是因为此类著述旨在系统反映道家与道教的总体知识。在编列上，将工具书置于整个著作提要的篇末，乃是遵循《周易·说卦》所谓"万物之所成终而所成始也"的基本思路，工具书必须是在全面系统了解道家与道教文化体系的前提下才可能编纂，具有较高要求，而后人凭借工具书可以找到了解道家与道教的路径，这就是"成终成始"的理趣所在。

本书五个模块即五大系列是一环扣一环的，缺一不可。这是百余年来道家与道教研究的成果自身所显示出来的状态，具有客观性，既是历史，也是

逻辑。其所构建的整个框架则反映了百余年来道家与道教研究的历史脉络，反映了百余年来道家与道教研究的文献典籍的大体情况，反映了百余年来道家与道教思想研究的基本面貌，反映了百余年来道家与道教研究的侧重点，反映了百余年来关于道家与道教综合考察的大趋势。

四、相关问题说明

本书从项目申请到完稿，历时近8年。在这个过程中，我们得到了专家学者和出版社的大力支持。在项目启动之初，工作团队即注意吸纳专家学者的意见；在初稿形成之后，又根据出版社的审读意见，反复推敲。

首先是内容的充实。最初设计研究计划时，曾利用一些技术手段查出了1600多种关于道家与道教研究的图书信息。2015年初，四川大学按照全国哲学社会科学规划办公室的统一要求，举办了开题报告会。出席会议的专家学者认真审核了项目开展的计划与构想，尤其对拟撰写提要的候选书目进行了细致讨论。当时，会议上有两派意见：一是"以精为上"，建议精选最重要的1000部著作来撰写提要；二是"以全为美"，建议尽可能把道家与道教研究的著作搜罗齐全。这两种意见都很好，对于项目的完成都很有帮助。根据专家的建议，我们再度广泛收集资料，包括查阅台湾、香港、澳门地区的相关图书馆，获得了4000种以上的图书出版信息，比原来的候选书目大大扩充了。在这个基础上，我们折中了专家建议。一方面是树立精品意识，力求最终成果能够保证质量，为读者提供有效、准确的出版信息；另一方面，所选范围涵盖面要广，力求能够比较齐全。当然，所谓"齐全"也只是相对的。有些书目，经过阅读，发现质量较差，不仅未能符合基本学术规范，甚至连排印、校对也存在较多的硬伤，此类书目便被排除在提要行列之外了。

其次是分辑的细化与调整。在新收集来的大量出版信息中，有相当一部分属于台湾、香港地区出版的著作。在初步分工的时候，许多承担写作任务的学者发函或者打电话告知：台湾、香港地区出版的书目不容易找到。这就给工作带来了新的困难。如何解决这个问题？我们及时进行沟通，最终在学术团队中达成共识：成立一个新的分辑工作组，负责台湾、香港地区出版的道家与道教研究著作之提要撰写工作。这个工作组的负责人以及团队成员都是台湾、香港地区高校以及研究机构的学者，他们对当地出版物比较熟悉，对学术传承也比较了解。这个工作组成立之后，很快重新收集出版信息，拟出书目，形成清单。该区域书目提要撰写完成之后，再根据其内容特点分布于五大模块之中。

需要指出的是：我们原计划将台湾地区的书目提要单独编为一辑，后考虑到其中书目著者并非全部都是台湾地区的学者，有许多大陆学者撰写的研究道家与道教的学术著作在台湾出版，也在提要的遴选范围。同样道理，台湾学者撰写的许多著作在大陆出版。由此看来，海峡两岸的道家与道教文化不仅在历史上是一个整体，而且在当今的研究中也是贯通一脉、无法分割的。今日我们撰写道家与道教研究的著作提要，如果没有收入台湾学者的研究著作，将是一个巨大的缺失；反过来说，台湾学者研究道家与道教的学术著作在大陆出版，如果未能在提要中有所体现，也将是很大的遗憾。有鉴于此，我们发动了海峡两岸的学者携手共同努力，完成了这项工作任务。

在项目工作团队与出版社编辑同仁的共同努力下，经过几轮推敲打磨，最终形成了展现在读者面前的这套书。其总的特点与价值，概括地说，即力图较为客观、系统地介绍我国百余年来道家与道教的研究成果，以反映我国百余年来道家与道教研究的基本样貌，为道家与道教文化研究的进一步深化奠定基础。

总主编　詹石窗教授
写于四川大学
2019 年 8 月初稿
2021 年 3 月修订

凡　例

一、本书搜集1901—2017年的道家与道教研究汉文著作，计1786种，共八辑。根据内容及篇幅，现分为六册。第一辑为第一册，第二辑为第二册，第三辑及第四辑上半部分为第三册，第四辑下半部分为第四册，第五至七辑为第五册，第八辑为第六册。

二、海外学者在中国出版的汉文论著，其影响较大者酌情列入提要范围。部分选目为原书的某些章节，非严格意义上的专著，因其参考价值较大酌情列入提要范围。

三、本书按照历史、文献、思想、特别专题、综合扩展研究的顺序，编列提要。同一专题之著作，按出版时间先后排序。出版时间相同者，按书名首字汉语拼音音序编排。提要撰稿人姓名列于篇末。

四、原书出版地、出版者、版次印次、开本、字数、所属丛书等信息基本按版权页著录，若版权页中未著录，则提要中从缺。

原书册数为两册及以上时，著录册数项。

原书装订形式为平装者不著录，其他装订形式著录。

原书有多种版本者，除提要依据版本外，其他版本举例介绍。

五、原书著者生平介绍，尽可能查询最新的可靠资料，若资料有限，则简略著录，或不著录。

同一著者有多部著作列入本书者，在第一次出现时介绍其生平，再次出现时则著录为"某人简介详见某书提要"。

六、本书后附书名和著者笔画索引，以便读者检索使用。

总目录

第一册

第二册

第三册

第六册

第八辑　道家与道教的综合扩展研究

目　录

第一辑　道家与道教历史研究

（四）道家道教流派与信俗 ……………………………………… / 99

第一辑

道家与道教历史研究

（一）道教通史、专史与断代史

道教史概论

《道教史概论》，傅勤家著。上海：商务印书馆，1933年12月初版，32开。后分别于1934年、1944年、1947年再版，系"万有文库百科小丛书"之一种。

傅勤家，另著有一部《中国道教史》，译有日本白鸟库吉的《康居粟特考》和英国柏尔的《西藏志》。

本书共分十七章。第一章论析道之名称及含义，著者引用《中庸》《淮南子》等著作对"道"的阐释，与《老子》中对"道"的解释作对照，对道家之"道"的含义进行对比辨析，认为"儒家之道循乎日用人伦之常"，"游乎方之内"；而"道家之道则以出天地超万物为其极致"，"游乎方之外"，儒、道二家之"道"大有不同。第二章至第四章介绍道教的源头，认为道教最早发源于古代的巫祝史三官、老庄列道家及秦汉方士。第五章辑录有《道藏》及《汉书·艺文志》二者所共收之书目。第六章和第七章论述汉朝天师道与太平道的形成及发展，尤其对天师道早期发展史论述较详。第八章论述魏晋南北朝时期佛道相争之事，著者引用《后汉书》《南史》《笑道论》《唯识述记》等相关记载，对佛道二教相互排斥争斗的主要观点有简述。第九章为道教隆盛期部分，著者从道教对老子的神化、神仙谱系、洞天福地、斋戒守庚申、赏功罚过之条规、符箓法术等方面对道教隆盛时期的特点进行了多方位介绍。第十章从内丹、存思、服食烧炼等方面介绍了道教的多种修炼之法。第十一章至第十五章叙述道教从唐朝到清朝的发展史，对于道藏的出现、全真正一南北分宗、元代焚经、明清之道教等史实有重点介绍。第十六章介绍现行之道藏。第十七章为全书结论，总括全书大意，指出道教与化学的密切关系以及研究道教在著者当时所处时代的现实意义。

本书是国内较早全面系统地论述道教史的重要著作，它从先秦巫祝史三官、老庄列道家及秦汉方士这三大源头出发，一直讲到明清时期的道教，跨越两千多年的道教发展历程。本书虽然限于篇幅行文简略，却已将道教的整个历史脉络都梳理了一遍。其中对于内外丹修炼、符箓法术、斋醮科仪、神道观念、道教典籍、宗派演变等道教的诸多方面都有所涉及，从多个角度对道教做了多层面解读。本书初版于1933年，四年后著者出版了一部更为完备的《中国道教史》，被视为"我国第一部道教史"，故而可将本书视为国内道教史研究的发端之作，是我国早期道教研究中一部不可忽视的重要著作。（王磊、张崇富）

道教史

《道教史》，许地山著。上海：商务印书馆，1934年6月初版，全二册，1935年4月再版。近年来，本书为各出版社多次再版，试按序分列如下：上海古籍出版社1999年12月将此书列入"蓬莱阁丛书"中出版，大32开；2009年7月再版，并收入"世纪文库·世纪人文系列丛书"中，16开；2011年12月再版，大16开。江苏文艺出版社于2008年1月出版此书，列入"北斗丛书"，16开。北京大学出版社于2009年9月出版此书，收入"北大大课堂书系"，16开。江西教育出版社于2012年10月出版此书，大16开。中国画报出版社于2013年3月出版此书，16开。中华书局2014年1月出版此书，列入"中国文化丛书·经典随行"书系，精装，32开。湖北辞书出版社于2015年1月出版此书，收入"崇文馆·历史馆书系"，16开。

许地山（1893—1941），名赞堃，字地山，笔名落花生。生于台湾，幼年举家渡海迁居福建漳州，后随父在广东求学，毕业后辗转于缅甸仰光、福建漳州等多地担任教职。1926年起执教于燕京大学，此后在北京大学、清华大学、中山大学等多所高校讲学授课，并再赴印度访学。1935年举家赴香港，任香港大学中文学院主任教授，直至1941年8月因心脏病不治在港逝世。

纵然书中某些具体问题曾引发学界争议，本书在中国道教研究历史上创造性地提出的新观点、新思想却有目共睹、不容小觑。其创新之处主要表现在下述方面：

第一，本书第一次明确提出了"道教史"的学科概念，明确了道教史论说的诸多范畴，如"道""阴阳""长生""养生""无为"等等。第二，本书建立了一个具有广泛包容性的历史叙事框架，并在其中多方追溯与比较，较完整地展现了道教思想文化渊源。第三，关于道教的形成时间，许地山先生认为作为宗教的道教最早形成于东汉末年。

许地山先生的道教史研究亦被染上了浓重的时代色彩，其研究视角深受当时史学研究中疑古辨伪学派之影响，在本书中也多有体现，比如其将道教说成是"迷信"，书中部分推论"缺乏可靠的文献依据"，在佛道关系上"有些推断违背客观事实"等。

然而瑕不掩瑜，本书仍堪称近代学术界系统整理道教思想渊源之先驱。在80多年前的中国，他的道教史研究具有重大的开拓意义，体现出很高的理论水平与学术价值，正如陈寅恪先生在《论许地山宗教史之学》一文中所评价的，"许地山先生所著佛道二教史论文，关于教义本体俱有精深之评述"。无疑，本书为后继学者开辟了研究方向，并在研究方法与研究结论等方面提供了宝贵的借鉴。（肖习、张崇富）

中国道教史

《中国道教史》，傅勤家著。上海：商务印书馆，1937年初版，32开。本书系"中国文化史丛书"之一种。其后上海书店、东方出版社、团结出版社、岳麓书社等出版社都曾先后再版，大都是在商务印书馆第一版的基础上重印，文本上并无太大改动。商务印书馆（北京）2011年10月再版，收录于"中华现代学术名著丛书"，在原版二十章正文之外另附有一篇书评《中国学者的第一部完整的〈中国道教史〉——读傅勤家〈中国道教史〉》。

傅勤家简介详见《道教史概论》提要。

本书共二十章，是中国学者所著的第一部真正意义上的中国道教通史，它梳理和厘清了各个历史阶段道教的发展变化，全景式地展现了道教的历史。其中既有以时间为经对道教史的梳理，也有以道教包罗万象的基本教理教义为纬对道教的概念性阐释。书中旁征博引，引用了大量道教文献资料，还谈到了日本学者对中国道教史的研究成果，体现了著者扎实而严谨的学风。本书文末所附的书评称傅勤家的这本《中国道教史》是中国学者的第一部完整的道教通史，肯定了这本《中国道教史》的写作方法及横向研究的资料翔实程度。

本书在20世纪30年代出版时，中国的道教研究还非常薄弱，该书的出版无疑给道教研究奠定了基础。正如葛兆光先生所言，傅勤家与陈垣、陈国符等早期道教学者一起，构建了中国道教史研究的"第一次历史性的变化"，开创了中国道教史研究的"文献与历史学研究阶段"。而即使是在道教研究已经相对繁荣、分工日细的今天，该书仍然具有重要的学术价值和意义，仍是我们研究道教的必读文献之一。（王磊、张崇富）

南宋初河北新道教考

《南宋初河北新道教考》，陈垣著。北平：辅仁大学，1941年12月版，32开，系"辅仁大学丛书"之一种。后多次再版，如：北京：中华书局，1962年7月新1版；台北：新文丰出版公司，1977年7月初版。

陈垣（1880—1971），字援庵，又字圆庵，广东新会人。杰出的历史学家、宗教史学家、教育家。出身药商家庭，热心慈善工作，以医济世，曾参与创建广州光华医学专门学校。曾任北京大学、北平师范大学等多所大学教授，辅仁大学与北京师范大学校长，京师图书馆馆长等职务。著有《史讳举例》《元西域人华化考》《通鉴胡注表微》《校勘学释例》等多种著作。

本书分四卷。考证了南宋时期黄河流域兴起的三个新兴道教派别。卷一全真篇上，分述全真教之起源、教徒之制行、杀盗之消除、士流之结纳、藏经之刊行、教史之编纂等。卷二全真篇下，分述人民之信服、妇女之归依、官府之猜疑、焚经之厄运、末流之贵盛、元遗山之批评等。卷三大道篇，分述大道教之起源及戒目、五祖郦希成八祖岳德文之道行、九祖张清志之高风、九祖十一祖叠出之稽疑、大道教宫观一斑等。卷四太一篇，分述太一教之起源、二祖萧道熙三祖萧志冲之道行、四祖萧辅道之重望、五祖李居寿之宠遇、六七祖传授之推测、太一教人物一斑等。书前另有全真、大道和太一教传授源流等四表，书末附有朱师辙的跋。

本书颂赞全真、大道和太一等三教之祖"皆生于北宋，而创教于宋南渡后，义不仕金，系之以宋，从其志也"。三教祖之所为，"亦先民心力表见之一端耳"。在全真篇里，陈垣赞扬"全真不臣不仕，无所谓穷达，能修道而行教，自独善而兼善，其说高于仕者远矣"。在大道篇里，赞扬"教起于国亡以后，遗民自相保聚，有争端听教长调解，不肯赴有司，此美俗也"。这些都是不与异族侵略者合作的"山中遗逸"气节之语。

本书虽仅七万余字，但其博采诸史论著及金元以来诸名家文集达到六十余种，另外还利用大量亲自收集到的金石碑刻，史料丰富，考订精详。由于正史中关于道教的材料缺乏，而且语焉不详，因此此书开创了以金石碑帖和名家文集来研究道教史的新途径，于后世学者对于道教史的研究具有深远的影响。（程雅君）

道教史

《道教史》，［日本］窪德忠著，萧坤华译。上海：上海译文出版社，1987年7月第1版，1990年7月第2次印刷，大32开，206千字。1990年再版。

窪德忠（1913—2010），日本著名学者，专门从事道教研究，曾任教于日本立教大学、东京大学等校，曾任东京大学东洋文化研究所所长。主要著作有《道教与中国社会》《庚申信仰》《庚申信仰的研究——中日宗教文化交流史》《道教百话》等。

本书正文共有七章，此外书前尚有卿希泰先生所作序及译者序，书末则列有著者所编《道教史年表》。正文开篇为序章中国人与道教，简要介绍中国道教的构成与特征，还简述了近当代以来中国道教信仰概况。著者指出，当时日本学界和社会对道教的认识尚为肤浅，并分析了导致这一情况的原因。序章之后为第一章至第六章，论述道教的思想文化渊源与历史发展。第一章道教前史，主要介绍殷周以下、汉帝国以前这一时段中对后来道教影响深远的思想观念，包括道家思想、神仙思想以及阴阳五行思想等；第二章道教式宗教集团的形成，主要叙述了两汉道教式宗教集团的形成过程，涉及汉代的信仰和黄老学说，佛教思想传入的影响，以及太平道、五斗米道等内容；第三章道教教团的确立和神仙思想，分析了三国和南北朝时期道教教团的建立与发展，内容涉及南北天师道、上清派等道派，以及葛洪、寇谦之、陶弘景、陆修静等人的思想，还介绍了同时期佛教发展和受政权镇压的情况，由此展露当时的佛道关系；第四章道教团体的发展，介绍了唐至北宋时期道教的新发展，尤其是道教礼仪的制度化发展；第五章道教的新发展与旧道教，演述了南宋、金、元几朝间道教的变革，介绍了全真道、太一教、真大教等新道派，同时不忘关注天师道和上清派在这一时期的情况；第六章教团道教的停滞和民众信仰，指出明清以来道教在教团层面上发展逐渐停滞，转而分析民间信仰中体现出来的道教影响（介绍了劝善书和城隍、灶神、行会神等），最后则介绍了近现代道教的情况，包括国民政府、中国共产党的宗教政策，以及道教在中国台湾和东亚各国的概况。

　　本书是著者在三十余年的道教研究历程中不断积累而最终写成的，书中广泛吸取了当时日本学界已有的研究成果，并对某些问题提出了新的见解。作为一部道教通史，本书体量偏小，但贵在提纲挈领、文风质朴，是一部兼具学术性和可读性的佳作，既适合研究者参读，又易为普通读者接受。著者对各个时期道教总体特征的准确把握体现出深厚的学术功力，非此则不能将如此宏大的题目缩至短短三百页中。而著者严谨谦虚的治学态度，则为后来的研究者树立了榜样。不过，大概因为著者并非中国人，因此书中对中国民间信仰的体察并不是很贴切，这是该书少有的缺陷。（郭佳兴）

中国道教发展史略述

　　《中国道教发展史略述》，南怀瑾著。台北：老古文化事业公司，1987年12月初版，1988年6月台湾再版，102千字。老古文化将其收录于《南怀瑾全集》（精装珍藏版）中。2003年复旦大学出版社将此著述收录于《南怀瑾选集》（精装）第六卷。2014年，东方出版社亦出版该作。

　　南怀瑾（1918—2012），浙江温州人。历任台湾政治大学、台湾辅仁大学及中国文化大学教授，精通儒、释、道等多种典籍，致力于中国传统文化的传播，其代表作有《论语别裁》《孟子旁通》《原本大学微言》《易经杂说》等。

　　全书共八章：第一章道教学术思想的文化渊源；第二章道教的建立；第三章道教的成长；第四章道教的扩张；第五章道教的演变；第六章宋元时期新兴的道教；第七章明清时期的道教；第八章二十世纪的道教。道教为中国固有文化所创生之宗教，著者以实际历史的断面剖析道教立教的过程，将其划分为十个演变时期。一、中国上古文化一统于"道"。乃原始观察自然的基本科学与信仰天人一贯的宗教哲学混合时期。约当公元前四五千年，中国上古史所称的三皇五帝，以至黄帝轩辕氏的阶段，为道教学术思想之远古渊源所本。二、精神文明与物质文明开始发达，从此建立民族文化具体的规模；而以政治教化互为体用，是君道师道合一不分的时期。约当公元前两千二三百年开始，即唐尧、虞舜、夏禹三代，为道教学术思想的胚胎阶段。三、儒道本不分家，天人、鬼神等宗教哲学思想萌芽的时期。约公元前一千七八百年开始，自商汤至西周间，为道教学术思想的充实阶段。四、儒、道渐次分家，诸子百家的学说门庭分立，正逢东周的春秋、战国时期。约公元前七百余年开始，是儒家与道家各立门户，后世道教与道家学术思想开始分野的阶段。五、诸子百家学术思想从繁入简，分而又合。神仙方士思想乘时兴起，配合顺天应人的天人信仰，帝王政权与天命攸关的思想大为鼎盛时期。约当公元前二百余年开始，自秦、汉以至汉末，三国期间，为道教学术思想的孕育阶段。六、汉末、魏、晋时期，神仙方士学术与道教宗教思想合流，约公元一百余年开始，为道教的建立时期。七、南北朝时期，佛教的输入，促使中华民族文化的自觉，遂欲建立自己的宗教，借以抗拒外来的文化思想，约公元二百年开始，为促成道教建教的成长时期。八、唐代开国，正式宣布道教为李唐时代的国教，约公元六百年间开始，是为道教正式建立的时期。九、宋代以后，历元、明、清三朝，约公元九百年间开始，为道教的演变时期。十、20世纪的现在，道教实已衰落至极。

　　本书以道教发展史为中心。为阐明道教学术之本源，首先简述周、秦以前儒道等学并不分家之要点。其次，略述周末学术分家，神仙方伎与老、庄等道家思想混合，为汉末以来道教成长之原因。再者，引述魏、晋、南北朝以后至于现代道教之发展及与道家不可或分之微妙关系。虽其内容本质原为不一不异，但道家与道教学术思想之方向毕竟有其严整之界限。唯因包罗牵涉太广，虽不能尽做详论，但仍可于了解历史的演变过程中择其大要，窥见概略，由此亦可了解道教创立之历史渊薮。（熊品华）

魏晋南北朝时期的道教

　　《魏晋南北朝时期的道教》，汤一介著。西安：陕西师范大学出版社，1988年4月第1版，精装，16开，253千字，系"魏晋南北朝思想文化史丛书"之一种。

汤一介（1927—2014），湖北黄梅人，出生于天津。曾任北京大学哲学系教授、博士生导师，当代著名国学大师、哲学史家、哲学教育家，当代中国哲学界代表性人物之一。

本书共分十四章。通过对《太平经》《老子想尔注》《老子河上公注》等道教典籍的分析，以及对葛洪、寇谦之、陆修静、陶弘景等道教代表人物思想的探讨，揭示了早期道教发展的主要线索，考察了其中有争议的主要问题，既着眼于道教之特殊性，又试图阐明其一般意义。

胡孚琛主编《中华道教大辞典》称，本书认为道教是适应东汉末期中国本民族（主要是汉族）的社会、政治、经济、道德以及社会的心理需要而产生的。汉末这个经济、政治、精神和道德普遍瓦解的时代，为道教产生提供了有利的土壤，而利用方术迷信的起义农民又为道教创造了广大的群众基础。汉代思想文化为道教形成准备了可以利用的思想材料，佛教的传入也为道教提供了一个可供参考的样板，同时又刺激了华夏文化系统产生建立一种民族宗教的要求。本书认为，道教作为一种宗教，虽不同于学术流派的儒家和道家，但就其思想渊源说却离不开儒道两家，它一开始就是以儒道互补为特征的宗教派别，有着强烈的民族特色。《太平经》并不是反映劳动农民要求的道经，而是一本"应帝王"的书。道教既然深受儒家传统思想影响，它就没有可能取代儒家思想而具有独占统治的地位，甚至可以说是一直处于辅助儒家统治的地位。道教哲学的基本概念是"气"，它和佛教的不同大体表现在生死和形神、因果报应以及出世、入世这三个问题上。追求长生、注重炼养的道教，利用科学也必然限制它作为宗教可能发生的作用，它的"致太平"思想又导致它产生干预现实政治的愿望。道教作为一种完整意义上的宗教是在东晋南北朝时期才最后完成的，它的这一发展过程表明了完整的宗教团体发展的一般规律。

本书以传统的考证方法为基础，论述了道教与当时社会政治及思想文化之间的联系，在吸取前人思想成果的同时提出了不少独到的见解。（程雅君）

中国道教史

《中国道教史》，卿希泰主编。成都：四川人民出版社，1988年4月第1版，全书共四卷，精装，32开，约2100千字。1996年12月第2版。先后获得全国光明杯优秀学术著作二等奖（1989，第一卷）、四川省委和省政府优秀图书一等奖（1989，第一卷）、四川省第七次哲学社会科学优秀科研成果一等奖（1996）、第三届国家图书奖（1997）、教育部第二届全国高校人文社会科学优秀科研成果一等奖（1998）、国家社科基金项目优秀科研成果二等奖（1999）。

卿希泰（1928—2017），四川绵阳人。1980年负责创建四川大学宗教研究所并任所长、教授、博士生导师。曾任国家社科基金宗教学科规划评审组副组长，中国宗教学会副会长，四川大学文科杰出（资深）教授，国家"985工程"四川大学宗教与社会研究创新基地首席专家，《宗教学研究》主编，兼任香港蓬瀛仙馆道教文化资料库主编。国家"六五"到"十一五"规划以来，一直承担国家重点科研项目，编著出版的主要学术著作有《中国道教思想史纲》三卷、《中国道教史》四卷、《中国道教》四卷，以及《道教与中国传统文化》《道教文化新探》《简明中国道教通史》《刍荛集》等，并担任《宗教辞典》《中国大百科全书·宗教卷》编委兼道教分支学科主编，1991年起享受国务院政府特殊津贴，荣获包括"汤用彤学术奖"等在内的多项国家级和省部级优秀科研成果奖。

本书主要撰稿人还有：丁贻庄、丁培仁、赵宗诚、曾召南、詹石窗、石衍丰、杨光文、李刚、陈兵、张桥贵、陈耀庭、杨铭、唐大潮和赖宗贤等。

本书以马克思主义为指导，总结了道教发生、发展的历史规律。全书共四卷，将道教史分为四个时期。第一卷先秦至南北朝时期道教的创立和改革，共有四章：第一章道教产生的历史条件和思想渊源；第二章早期道教经书的出现和民间道教的兴起；第三章道教在魏晋时期的分化和发展；第四章道教在南北朝的改造和充实。第二卷隋唐至北宋道教的兴盛和发展，共有三章：第五章道教在隋至盛唐时候的兴盛与教理大发展；第六章道教在安史之乱以后至五代十国时期的曲折前进；第七章道教在北宋的复兴和发展。第三卷南宋至明中叶宗派纷起和继续发展，共有三章：第八章道教在金与南宋的发展、改革及道派分化；第九章道教在元代的兴盛与道派的合流；第十章道教在明中叶以前的发展和贵盛。第四卷明中叶以后的逐渐衰落，共有四章：第十一章道教在明后期至清嘉道间的衰微；第十二章道教在鸦片战争以后至民国时期的进一步衰落及其在民间的日趋活跃；第十三章道教在新中国建立后的新生及其在港、澳、台地区的传播和发展；第十四章道教在世界各地的传播和影响。

　　本书力避搬教条、贴标签的机械方式，坚持史论结合、实事求是的原则。对道教发展史上的历史事件、历史人物做具体分析；对待当代学术研究成果，既善于吞吐百家、择善而从，又贯彻"双百"方针，敢于独抒己见，标立新说，成一家之言。

　　本书创造性地建立了中国道教史的学科体系。此前这一学科只有两三种小型的普及著作，缺乏完整的学术思想体系。本书所建立的中国道教史体系，是一个创造。它以道教发展的历史进程为基本线索，以道教产生、改革、宗派衍化为纲，以著名道教人物、主要道教经籍为目，纲目清晰、脉络分明。它剖析了五斗米道、太平道，天师道、李家道、金丹道、上清派、灵宝派等诸多宗派发生、发展的历史必然性，论述了道教著名人物的事迹和思想，解读了《太平经》《参同契》《想尔注》《抱朴子》《黄庭经》《阴符经》等一系列经典文献的基本内容，可谓史料翔实、内容丰富，令人耳目一新。

　　本书坚持批判继承的方针，在看到历史局限性的同时，也注重发掘道教对中国文化史、艺术史、科技史的贡献，从而使人们对鲁迅先生关于"中国根柢全在道教"的科学论断有了更为深刻的认识。

　　本书出版之后得到了学术界的广泛好评，被誉为道教研究中"一部里程碑式的著作"。著名学者萧萐父和唐明邦合撰题为《中国道教研究的最新成果》的书评，指出这是以马克思主义为指导而撰写的第一部中国道教史，填补了道教学术研究的一大空白，代表了当时国内道教研究的最高水平，在海内外学术界尤其是道教学术界产生了重要影响。还值得注意的是，本书编撰对学科建设亦产生了重大作用。由于工作一开始即注意到了把道教史的编写同人才培养紧密结合，采取以老带青的办法组织了一支老中青相结合的编写队伍，为四川大学宗教所道教学研究的进一步发展和高层次人才的系统培养奠定了坚实基础。（王亚）

魏晋神仙道教——抱朴子内篇研究

　　《魏晋神仙道教——抱朴子内篇研究》，胡孚琛著。北京：人民出版社，1989年6月第1版，32开，262千字。本书尚有其他版本：台北：台北商务印书馆，1992年版，32开，320千字。

　　胡孚琛，字中孚，1945年生，河北沧州人。中国社会科学院哲学研究所研究员、哲学所博士后流动站导师，中国社会科学院研究生院教授、博士生导师；系老子道学文化研究会创会会长。主编《中华道教大辞典》，著有《道学通论》《丹道法诀十二讲》等。

本书分为序、前言及六章、附录。作为研究中国道教及其神仙方术的学术专著，本书以魏晋社会的政治、经济、文化（包括社会心理、民俗）的发展状况及其在不同社会阶层的反映为背景，以中国道教形成和发展历史为线索，以《抱朴子内篇》研究为中心，详细剖析了魏晋时期神仙道教的基本特征，揭示了葛洪道教神学（包括各类神仙法术）的内涵。

本书认为道教的神仙世界和中国封建社会的现实世界是互补的，道教使那些对世俗生活不满足的人，向超现实的神仙世界寻求希望。在那里，因自然力和社会力压迫而丧失了的东西有机会得到补偿。同时，本文还探讨了《抱朴子》一书的论证方式及其逻辑学上的缺陷。在道教科学研究中，著者对金丹黄白术、道教医药学，气功修炼、房中术等道教养生学进行了详细探讨。

本书注重宏观把握与微观考察相结合，从不同侧面逐层剖析。一方面，在时间上进行纵向比较，弄清《抱朴子》在道教史乃至整个社会历史中的地位；另一方面，在空间上进行横向比较，阐明它在魏晋社会不同地区、人物、事件、政治经济文化背景及其他社会要素相互作用的情况。然后，著者又从微观上把《抱朴子》放在"人文显微镜"下，从道教史、思想史、科技史的角度对它进行哲学、宗教学、社会学、历史学、民俗学、心理学、经济学、化学、医药学、养生学、人体科学等多种学科的剖析，小中见大，揭示它的具体含义。

唐长孺先生在本书序言中指出："综观全书，征引广博，论断警辟，显示出著者相当深厚的学力和求实求新的治学精神，应该说是一本具有较高学术水平的专著。当然，这样一本内容十分广泛的论著，也难免有待今后继续修补之处。希望著者在这个尚需深入开发的学术领域不断努力，也希望我国道教文化的研究日益繁荣起来。"此可谓中肯之言。（程雅君）

南宋金元的道教

《南宋金元的道教》，詹石窗著。上海：上海古籍出版社，1989年12月第1版，32开，163千字。

詹石窗简介详见总主编简介。

本书系著者的硕士论文，全书分为三章十节，末附有关道教经籍的分析资料和实地考察资料。第一章论述新道派的产生；第二章论述统治者对道教的扶植；第三章论述南宋金元时期道教学者在《易》《老》学方面的新成就；结语论述元成宗之后道教各宗派的融合。

本书在阐述南宋金元道教发展史时，概不为道教改革者单独立章节。本书以道教理论的变迁、发展为线索，分章别节地阐述各地区各种新道派产生、发展的过程，注意把各时期道教改革者的活动情况纳入相关的章节中，从理论基础、传教方式、组织机构等方面揭示出这一历史时期各种新道派的基本特征。

本书在第三章《解经畅玄》里，阐述道教学者对《易》《老》学的发展。以这时期著名道教学者对《易》《老》二经的注本为据，深入分析各家学说的特点，并对其哲学价值、科学价值及史料价值进行了恰如其分的评价，突出了道教理论在道教发展中至关重要的地位，肯定了道教学者对发展我国文化所做的贡献。（程雅君）

中国道教史

《中国道教史》，任继愈主编。上海：上海人民出版社，1990年6月第1版，32开，592千字。本书由任继愈主编，马西沙具体组织实施，中国社会科学院世界宗教研究所道教研究室集体撰写而成。执笔人除任继愈、马西沙外，还有牟钟鉴、王卡、金正耀、羊化容、陈兵、吴受琚、马晓宏和韩秉方等。本书的增订版为：北京：中国社会科学出版，2001年9月第1版，全二册，32开，750千字。

任继愈（1916—2009），字又之，山东德州平原人。著名哲学家、佛学家、历史学家。师从汤用彤、贺麟。1942年至1964年在北京大学哲学系任教，先后讲授中国哲学史、宋明理学、中国哲学问题、朱子哲学、华严宗研究、隋唐佛教和逻辑学等课程。并在北京师范大学教授中国哲学史课程。1964年负责筹建国家第一个宗教研究机构——中国科学院世界宗教研究所，任所长。致力于用唯物史观研究中国佛教史和中国哲学史。专著有《汉唐佛教思想论集》《中国哲学史论》《任继愈学术论著自选集》《任继愈学术文化随笔》《老子全译》《老子绎读》等。主编有《中国哲学史简编》《中国哲学史》《中国佛教史》《宗教词典》《中国哲学发展史》《道藏提要》等。此外，还主持《中华大藏经》（汉文部分）、《中华大典》等的编辑出版工作。

　　马西沙，1943年生于陕西，祖籍北京。1985—2003年任中国社会科学院世界宗教研究所道教研究室主任（后改为道教与民间宗教研究室）。研究领域为道教与民间宗教。主要著作有：独著《清代八卦教》《民间宗教志》《中国民间宗教简史》；合著《中国道教史》《中国民间宗教史》和《中国历史上的宗教运动与邪教》（*Popular Religious Movements and Heterodox Sects in Chinese History*）；主编《民间宗教卷》《中华珍本宝卷》（第1—3辑30册）等。

　　本书由任继愈作序，其后的正文凡五编十九章，末为结束语。附录部分有中国道教史年表、道教主要人物与道派索引。第一编论述汉魏晋南北朝道教，共含五章：第一章道教的孕育与诞生；第二章魏晋之际道教的传播与分化；第三章葛洪与魏晋丹鼎道派；第四章东晋南朝道教的变革与发展；第五章北朝道教的发展。第二编论述隋唐道教，共分六章：第六章隋唐道教"重玄"哲学；第七章唐代道教与政治；第八章唐代道教经戒传授；第九章唐代道教法箓传授；第十章唐代道教外丹；第十一章唐宋之际道教神仙思想的演变。第三编论述宋元道教，共含四章：第十二章宋朝与道教；第十三章两宋内丹派道教；第十四章金元全真道；第十五章宋元符箓派道教。第四编论述明清道教，共分两章：第十六章明王朝与道教；第十七章明清道教两大派。第五编论述明清民间宗教与道教，共含两章：第十八章黄天教与道教；第十九章红阳教与道教。结束语简要评述了近代与当代道教。

　　相比于卿希泰主编的《中国道教史》，本书有着鲜明的特点。正如主编任继愈在序中所述，各章节多是独立的专题。从优点一方面讲，采用专题形式可以突出著者认为把握道教史应当着重关注的节点。比如第八章唐代道教经戒传、第九章唐代道教法箓传授，这两章力图从总体上把握唐代道教诸派，而不像卿希泰《中国道教史》那样集中论述史料留存较多的上清派等。又比如，第十一章唐宋之际道教神仙思想的演变。倘若不单列此一章而是分散其他章节，这样一个重要问题就容易被读者忽略。再比如，第五编明清民间宗教与道教。此处单列一编论述道教对明清民间宗教的影响，可以矫正明清道教衰落的片面观点；卿希泰《中国道教史》将其与道教对少数民族宗教的影响置于一节中，实在难以突显其地位。从缺点一方面讲，各专题详略不一，甚至有些重要内容并未涉及。比如，论述内外丹之翔实，远过于对较具神秘色彩的派别及其经典的论述。炼丹远在道教正式兴起之前便存在了，陈撄宁甚至试图将"仙学"（主要包括内外丹）从道教中分离，可见富有"神秘"色彩的道经对于道教而言万分重要。

本书撰稿人都是世界宗教研究所专门从事道教和民间宗教研究的学者，根据各自专长承担相关篇章，因此对史料的掌握和利用能够驾轻就熟。本书出版以来获得国内外学术界普遍好评，它和卿希泰主编的《中国道教史》皆堪称力作，对于推动道教研究尤其是汉语学界的道教研究贡献巨大。（王亚）

当代中国道教

《当代中国道教》，李养正著。北京：中国社会科学出版社，1993年2月第1版，32开，265千字。

李养正，1925年生，湖北公安人。曾任初创时期的中国佛学院教研室秘书、中国道教协会办公室秘书；后任中国道教协会研究室主任、《中国道教》杂志主编、中国道教文化研究所副所长，兼任中国道教学院副院长。主要著作有《道教概说》《当代道教》《道教义理综论（上、下）》《新编北京白云观志》。

本书分前言、八章、附录及后记，主要内容有古老道教的沉浮与变通，现仍为道教活动场所的著名宫观，遍布各地之道教协会组织，兴办道教院校的情况，道教研究工作及出版书刊的情况，大陆道教界与港、台道教界及国际友好往来情况（1984—1991年），台湾、香港及国外道教传布状况，现代著名之道教界人士扫描。

本书收集了大量有关当代中国道教的资料，内容丰富，反映了当代中国道教的总体面貌，可看作是当代中国道教的一部重要工具书，对研究道教在新时期的变化有一定参考价值。（程雅君）

中国道教史

　　《中国道教史》，刘精诚著。台北：文津出版社，1993年版，25开，系"中国文化史丛书"之一种。

　　刘精诚，1936年生，浙江慈溪人。原为华东师范大学历史系教授，1996年退休。专精于魏晋南北朝史，主要著作有《魏孝文帝传》《话说中国》《空前的融合》《中国货币史》。

　　本书分六章，章的安排依照朝代，而每一章的小节则为该朝道教发展的特质。第一章道教的起源；第二章汉末道教的创立；第三章魏晋南北朝道教的发展和改进；第四章隋唐道教的兴盛；第五章宋元道教的分派；第六章明清道教的衰落。

　　道教在中国，从上古的巫术迄今发展时间悠久，且分流宗派繁多，因此中国道教史的著作，都是体量庞大的巨著。本书以朝代为划分主体，精简地控制在六章论述中国道教的发展，为其特色之一。采用宏观与纵贯的角度，用代表该朝代最重要的道教事迹来介绍道教在各朝代的发展，为其特色之二。每一章撰写有其节奏：先论该朝代的道教概况，辅以讨论统治者对该朝道教发展所扮演的角色；再论该朝的重要道派，以及在此期间具有重要贡献的道教人物。利用此方式而使本书虽精简却无疏漏，为其特色之三。魏晋南北朝史为著者的研究专长，此时恰为道教发展成型的重要阶段，因此本书中魏晋南北朝道教发展部分，相较于其他章节较翔实完善，为本书的特色之四。总括而言，本书精简地讨论了中国道教发展，抓住各朝的重要事件人物做讨论，可作为了解道教历史与发展的入门之书。（萧百芳）

道教的起源与形成

　　《道教的起源与形成》，刘锋著。台北：文津出版社，1994年4月版，32开，160千字，系"大陆地区博士论文丛刊"之一种。

　　刘锋，1956年生，山东临沂人。著有《中国古代海港史》《宗教与传统文化》《谭钟麟传》等专书，以及《道教与化学之关系》等论文数十篇，并与臧知非合著《中国道教发展史纲》一书。1991年，所著《宗教与传统文化》一书获山东史学优秀成果奖。

本书由绪论、第一章道教产生的认识根源及其萌芽时期、第二章早期道教的形成构成。另附三篇曾于1993年陆续刊登于《齐鲁学刊》及《知识与生活》杂志的文章，分别为《简论道教与农民起义及唐代政治之关系》《道教与中国的长寿养生术》以及《试论道教与中国古代的科学技术》。

本书绪论指出，道教是立基于中国古代文化之上而土生土长的传统宗教，中国古代的哲学、文学、艺术、化学、医学、药物学、养生学等人文、自然学科，都曾受到道教的影响。第一章分为四节，依次分析原始宗教思想，战国阴阳五行学说，先秦神仙思想、方仙道和秦始皇、汉武帝之迷信案例，战国中晚期至西汉之黄老思想，论述这些思想对于道教产生的影响所在。第二章分为两节，分别讨论早期道教经典《天官历包元太平经》《太平清领书》《周易参同契》《老子想尔注》的出现，以及五斗米道、太平道的创立。

综观全书，作者以其史学专业学养，对道教的前有所承与早期发展之历程做了通贯的梳理。对于想了解早期道教经典及原始道教相关思想的社会大众而言，本书是一本有价值的入门书。（李建德）

汉魏两晋南北朝道教史研究

《汉魏两晋南北朝道教史研究》，汤其领著。开封：河南大学出版社，1994年10月第1版，32开，217千字。

汤其领，1947年生，江苏铜山人。徐州师范大学历史系教授、中国古代史学科组带头人、硕士研究生导师。师从著名历史学家吴泽教授。曾任江苏省历史学会常务理事、江苏省六朝史研究会副会长、江苏省高校历史教学研究会常务理事、江苏省"九五"与"十五"规划社科项目评审专家组成员、徐州市两汉文化研究会常务理事。

本书分绪论及六章。绪论阐述著者写此书的意义与研究方法。第一章道教的产生；第二章太平道和五斗米道；第三章道教在魏晋时期的传布与官方化；第四章南北朝时期道教的改革与完善；第五章汉魏两晋南北朝时期道教与儒佛的关系；第六章早期道教与中国古代文化。

著者从历史学角度出发，以朝代更替为线索，分别对汉、三国、两晋、南北朝道教的产生、发展过程及其规律特点进行深入分析和研究，史、论结合，以道为重，与其他道教史专著相比，不仅角度较新、别具一格，而且显得更加系统和缜密。同时，根据其占有的丰富材料，以其扎实的历史学功底，对道教的形成，太平道与五斗米道的性质，世族官方道教的形成及其特点，南北朝时期道教改革和完善，早期道教与儒、佛的关系，道教对中国古代文化的影响等等问题提出了自己独到的见解，观点鲜明，评价公允。当然，本书亦有美中不足之处，如对早期道教宫观、道士生活等方面研究不够，尚有待进一步研究和挖掘。（程雅君）

道教史

《道教史》，卿希泰、唐大潮著。北京：中国社会科学出版社，1994年12月第1版，32开，380千字。

卿希泰简介详见《中国道教史》提要。

唐大潮，1956年生，湖南澧县人。四川大学道教与宗教文化研究所教授，师从卿希泰教授，著有《明清之际三教合一思潮》《近现代中国道教》《劝善书今译》等。

本书正文共十章。第一章论述道教产生的历史背景和思想渊源：秦汉社会危机与统治思想宗教化；各种思潮涌出并融摄。第二章论述汉魏两晋南北朝道教：民间兴起的汉代道教；魏晋道教的分化和发展；南北朝道教的改造和充实。第三章论述隋唐五代北宋道教：隋代道教的转折；盛唐道教的鼎兴；晚唐和五代十国道教的低落；北宋道教的高涨。第四章论述南宋金代道教：符箓派统领和金丹派分歧；太一道、真大道、全真道、大道派创立。第五章论述元代道教：全真道、太一道、真大道的发展；全真道的南传与金丹派南宗；龙虎宗及其支派玄教；南方符箓道派。第六章论述明代道教：明统治者与道教；全真道和正一道；道教的世俗化和民间化。第七章论述清代民国道教：衰落期的道教；陈撄宁与"仙学"。第八章论述当代道教：道教的新生；台湾、香港、澳门的道教；道教在世界各地的传播。第九章论述道教的基本信仰及其它：基本信仰及神仙；仙境、宫观、组织、戒律及清规；《道藏》的编纂与分类。第十章论述道教与中国传统文化：道教与儒学；道教与佛教；道教与民间宗教；道教与民俗、少数民族；道教与文学、美术、音乐。附录一为"道教大事记"。附录二为索引。附录三为参考书目。

本书可谓《中国道教史》（四卷本）的减缩版，亦沿用了四卷本对道教史的分期。但是也有不同之处：主要是"道教的基本信仰及其它""道教与中国传统文化"单独列为两章，而不是在道教史叙述中加以论述。（王亚）

道教历史百问

《道教历史百问》，郭武著。北京：今日中国出版社，1995年11月版，32开，150千字，系"宗教文化丛书"之一种。

郭武，1966年生，云南耿马人。曾在云南省社科院、四川大学道教与宗教文化研究所工作，曾任云南大学历史系特聘教授，兼任香港中文大学宗教系客座教授。主要学术著作有：《〈净明忠孝全书〉研究：以宋、元社会为背景的考察》《道教与云南文化——道教在云南的传播、演变及影响》《丘处机学案》《明清道教伦理及其历史流变》《云南宗教史》等。

本书内容由一百个有关道教历史的问题及其答案构成。这一百个问题按照历史发展时期，涉及了道教从无到有、从古至今的整个发展历程中的诸核心要素。

本书所选的一百个问题涉及了道教在各个发展阶段中的核心要素，著者的解答广泛吸取了当时道教学术研究的学术成果，在保持语言平实易懂的前提下不失严谨，凡此种种特点，皆可显出著者深厚的学术功底。另外，本书特别关注了各个时期道教与儒家、佛教之间的互动关系，使其所述不仅限于道教内部，而且使读者能够从更高一级的中华文化的层面上了解道教。通读本书，可以对道教历史有一个明确而基本的认识。

不难发现，本书著者颇受四川大学卿希泰教授对道教史所做研究的影响，本书对道教历史的论述中十分重视历代统治者与道教的关系，有大量篇幅涉及此问题。对于这种倾向性，著者在序言中解释说，"在古代中国，一种宗教的兴衰往往与封建统治者对它的态度有着密切的关系，故我在书中用了很大的篇幅来阐述历代统治者对道教的政策，相信这对我们认识道

教的发展是不无益处的"。（郭佳兴）

中华道教简史

　　《中华道教简史》，卿希泰、唐大潮编。台北：中华道统出版社，1996年2月初版，精装，25开。

　　卿希泰简介详见《中国道教史》提要。

　　唐大潮简介详见《道教史》提要。

　　全书共计八章，二附录。第一章道教产生的历史背景和思想渊源；第二章汉魏两晋南北朝道教；第三章隋唐五代北宋道教；第四章南宋金代道教；第五章元代道教；第六章道教在明中叶以前的基本状况；第七章清代民国道教；第八章道教的基本信仰及其他。在第一章中，本书认为社会危机、统治思想的宗教化与佛教的启示和鉴戒，是道教产生的背景；而道家、儒家、墨家、神仙思想和方术，以及古代宗教思想和巫术等，则是道教产生的思想渊源。第二章至第七章主要通过朝代之划分，说明道教在各时期发展之情况。第八章论述历代道教诸派的理论虽有差异，但都以"道"为其基本信仰，而"长生成仙"则是道教徒追求的终极目标。此外，本书介绍道教宗派源流与特点、道教对中国传统文化如哲学、文学、美术、音乐、民俗等之影响，以及道教的仙境、宫观、组织、戒律及清规。附录一道教在台湾的传播与发展，转录自卿希泰主编的《中国道教史》第四卷第十二章第三节，介绍道教在台湾发展之情况、信仰，以及重要宫观，并介绍了轩辕教、三一教、一贯道、天帝教等新兴道派；附录二中华道教历史年表。概而言之，道教对天人信仰的崇敬是中华民族大道文化之根，全书将中华道教的历史演进，及与朝代兴衰史的关系做了有系统的整理，尽量呈现中华民族道教文化的全貌。（江达智）

西夏道教初探

　　《西夏道教初探》，韩小忙著。兰州：甘肃文化出版社，1998年6月第1版，精装，16开，125千字，系"西夏研究丛书"之一种。

　　韩小忙，1963年生，陕西户县（今陕西西安）人。陕西师范大学历史文化学院研究员、博士生导师，主要从事西夏学和考古学研究。

　　本书分绪论、八章及后记。分别论述西夏对道教的管理、西夏的道教经籍、西夏绘画中的道教内容、道教流传于西夏的原因、道教在西夏的地位和影响、西夏道教的本土色彩、西夏的宗教政策、《天盛律令·为僧道修寺庙门》译释。

　　本书属于提纲式薄册子，有助于纠正学界两大倾向。著者在后记中写道，西夏道教虽然比较兴盛，而且地位不低，但是总括而言，在西夏，道教还是无法与佛教相提并论。经过历史沉淀之后遗留至今的西夏释、道典籍数量之比，就是最好的说明。所以说，在西夏道教的研究上，我们不应夸大其词，忽然间发现了一些新资料，就认为西夏道教如何兴盛。但是，我们也不能由此走向另一个极端，而应该注意到另外一种有失偏颇的倾向，那就是除了儒学、佛教之外，向属中国三大宗教之一的道教，在西夏并未得到广泛传播的观点。如果以前因为汉文史籍所言西夏道教之语寥寥，且绝少西夏文资料发现，学者们无从谈起，间或推测有失的话，那么今天随着新材料的面世，似应还西夏道教以本来面目，哪怕只能勾勒出一个模糊的轮廓。（程雅君）

周秦两汉早期道教

　　《周秦两汉早期道教》，萧登福著。台北：文津出版社，1998年6月初版，32开。

　　萧登福，1950年生，台湾屏东人。任教于台中商业专科学校（后于1999年改制为台中技术学院，2011年12月升格为台中科技大学）。主要研究领域为道教、佛教、先秦诸子、敦煌学等，著有《公孙龙子与名家》《敦煌俗文学论丛》《汉魏六朝佛道两教之天堂地狱说》《道教与佛教》等专书，另撰有学术论文二百余篇。

　　近世撰写道教史者，皆称道教创立于张道陵，但著者遍查北周前史料，如王充《论衡·道虚篇》《后汉书·祭祀志》等，甚至南朝梁僧祐《弘明集》所载众多佛、道二教徒相互论战之词等，都无张道陵创教说。综观北周前载籍，只见以老子代表道教，而没有以张道陵创教为教主的情形出现。

　　著者认为由史料来看，道教创始于先秦战国，不创始于张道陵。以张道陵为教主，实不如以老子或黄帝为教主来得妥切，符合史实。本书因由道教神仙信仰、修炼法、科仪、坛场仪制、先秦道家与神仙的关系、道教经典、道教理论、派别等诸方面，并引证先秦两汉史籍及地下出土文物，来论述道教不始于张道陵。且不是道教攀附道家，而是道家攀附神仙炼养。

考察早期道教盛行于上层社会，秦汉两代的国家祀典，大多参酌儒书及方士之说而设定，其中又以受方士坛仪的影响较深。东汉以后，民间道教财力规模不比先秦西汉，但其道场坛图及仪制沿承，与秦汉以来国家祀坛相近者多，依然有脉络可循。

本书认为《汉书·艺文志》收神仙十家二百零五卷、房中八家一百八十六卷，散见于《汉志》五行、杂占、医方等类别中之道书甚多。秦代阮仓《仙图》、西汉《史记·秦本纪》、西汉刘向《列仙传》等，以及湖南长沙马王堆汉墓、湖北江陵张家山汉墓等出土文献，都可确定撰成于战国或西汉。西汉末以来盛行的谶纬书，与道教关系也至为密切。张道陵为东汉末年人，在张氏以前，道书早已大量存在，道教自是不始于三张（张道陵、张衡、张鲁）。东汉前道经的数量，绝不少于同期的佛经。著者认为唐代法琳等人诋毁道教经典晚出，乃无根之说。

一般称道教为张道陵所创者，实始于隋唐时期佛道二教的相攻。由北周末隋初的释道安《二教论》倡始，唐初的法琳《辨正论》、道宣《广弘明集》煽其风，遂积非成是。其用意在借丑化张道陵，而矮化道教，用以达成佛先道后、佛优于道的目的。然竟至被世人所误信相传。

本书除阐明道教不出自三张外，旨在论述张道陵前中国道教发展情形。由于先秦、西汉迄张道陵前之方士道和张道陵后之道教并无明显区分，以张道陵来断代，不如以朝代来断代妥切，其中尤以道经撰作年代之推断更难，本书因以东汉为界，探讨先秦两汉道教发展的情形。又由于世人已习惯于北周释道安之误说，而以三张以前为方士道，今则宜正名为初期道教，或早期道教，因以为书名。（林翠凤）

中国道教史话

《中国道教史话》，孔令宏编著。保定：河北大学出版社，1999年10月第1版，32开，267千字。2010年3月再版，系"三教史话丛书"之一种。

孔令宏，1969年生，云南人。1998年到河北大学任教。2001年8月起为浙江大学教授。浙江大学道教文化研究中心主任，浙江大学人文学院东西方文化与管理研究中心执行主任。出版专著《宋明道教思想研究》《儒道关系视野中的朱熹哲学》《朱熹哲学与道家、道教》《中国道教史话》，合著《江西道教史》等。

本书是一本通识书，介绍了道教史上的主要派别、宗师等。全书共分八章。第一章论述了从老子到魏晋玄学道家思想的演变；第二章论述了汉代至三国时期的道教；第三章论述了六朝道教；第四章论述了隋至中唐的道教；第五章论述了晚唐至北宋的道教；第六章论述了南宋至明代中期的道教；第七章论述了明中期以后的道教；第八章论述了道教的精髓以及著者对道教如何通过调整"道与术"以适应现代社会的看法。

以道与术为线索，构成本书的一个特点。它把道家、道教联系在一起，指明它们的渊源，突破了哲学与宗教二分的窠臼。因为道家之"道"本就是从"术"中提炼出来的，它与术脱离不了关系。著者认为，汉代三国时道教几乎没有独立的理论阐释，而只有众多方术，经过六朝隋唐的发展，尤其是重玄学、内丹学的推动，道与术在宋元时期走向圆融，在某些方面甚至可视为老庄的复归。不过，应该看到，以道与术为线索分析框架也有其限制。因为这仅便于分析道教修炼的思想史，而难以就道教对整个社会的直接、间接影响展开论述。书中论及的道教与政治的关系亦难以纳入该框架。（王亚）

道教在海外

《道教在海外》，陈耀庭著。福州：福建人民出版社，2000年1月第1版，精装，32开，218千字。

陈耀庭，1939年生，上海人。曾任上海社会科学院宗教研究所所长、研究员，四川大学宗教哲学与社会研究创新基地客座教授。著有《中国道教》《逍遥达观：仙与人生理想》《道教礼仪》《太岁神传略》《全真道诗欣赏：全真道士的思想、生活和艺术》《陈耀庭道教研究文集》等，并与李子微、刘仲宇合编《道教养生术》，与胡道静、林万清、段文桂合编《藏外道书》大型文献丛书。

本书分绪论、上下编七章及后记。第一编为道教在海外的传播，共三章，分别叙述了"朝鲜的道教""道教对日本的影响"和"道教在其他国家"，其中包括在新加坡、马来西亚、越南等国家的道教，其叙述的范围是海外道教的传播史；第二编叙述海外学界对道教的研究，共四章，分别介绍了海外道教研究的历史、特点，重点介绍了日本、法国和其他国家（包括德国、英国、美国、俄国、加拿大、意大利、澳大利亚和朝鲜半岛）的道教研究，叙述范围为海外学者研究道教的学术史。

本书是一本专门介绍道教在海外传播和海外学者研究道教概况的著作。著者在谈到《道教在海外》的意义时指出："本书也正是从这个目的出发的。海外华人中有信道教的，海外也有专职的道教神职教徒，即道士、法师等。虽说道士都姓'道'，但是对于'道'的理解也有不同，至于海内海外的生存环境差别、民风民俗差别就更大了。在对于海外道教的状况有一个基本了解以后……正确对待海外归来的道士和道教信徒，相互尊重。"（程雅君）

道教史探源

《道教史探源》，［澳大利亚］柳存仁讲演。北京：北京大学出版社，2000年5月第1版，32开，200千字，系"北大学术讲演丛书"之一种。

柳存仁（1917—2009），曾名柳雨生，山东临清人。澳大利亚著名华裔学者。曾任澳大利亚国立大学中文讲座教授、亚洲研究学院院长。1966年至1989年曾担任哈佛燕京学社、哥伦比亚大学、夏威夷大学、巴黎大学、香港中文大学中国文化研究所、马来亚大学、早稻田大学、新加坡大学等的访问教授。1974年和1977年随澳大利亚科学院访问团两次访问中国，1984年以后多次回中国访问、参加学术会议，促进国际汉学交流。其中文著述有《和风堂文集》《和风堂新文集》，英文著述有 *Buddhist and Taoist Influence on Chinese Novels*、*Chinese Popular Fiction in Two London Libraries*、*Selected Papers from the Hall of Harmonious Wind*、*New Excursions from the Hall of Harmonious Wind*。他的研究集中在道教史、明清小说和中国古籍等方面。

本书由著者1998年北京大学"汤用彤学术讲座"讲演辞以及其他相关论文编辑而成，共收入11篇文章，前有汤一介《序》。著者的讲演为书中第五篇《汉张天师是不是历史人物》，共4万余字，70页，占全书四分之一篇幅。考《后汉书》有张楷"性好道术、能作五里雾"，其子张陵桓帝时任尚书；张鲁及其母所行乃"鬼道"，后张鲁杀张修据汉中，沿用张修五斗米道并杂以鬼道。著者据此发问：有没有可能是张鲁为了消除张修的影响，有意将五斗米道等追溯到其祖父身上，而张楷、张陵正好为此提供了素材？他先考证了《微经》"微气""太清玄元"等，据此认为史载张陵"造作道书，自称太清玄元"可能为真；著者还推断张陵汉安元年受道之说当以栾巴巡行事迹为原型，并考证了"中黄"等，猜想栾巴可能曾经帮助张陵造作灵符以坏淫祀。

《道教史探源》还收入了10篇柳存仁的其他文章。著者的论文都很有新意，其讲演辞《汉张天师是不是历史人物》足以作为代表。张天师史书有载，本来没有必要去研究其存在与否，但他在考证了张鲁与五斗米道关系的前提下，提出了这样一个颇有价值的问题。虽然并没有最直接有力的证据，但他旁征博引、条分缕析，靠着侧面证据极力逼近真相，至少足以引发人们更多思考。（王亚）

东汉画像石与道教发展
——兼论敦煌壁画中的道教图像

《东汉画像石与道教发展——兼论敦煌壁画中的道教图像》，俞美霞著。台北：南天书局，2000年5月初版，16开。本书为著者于中国文化大学中文研究所的博士学位论文。

俞美霞，现任台北大学民俗艺术与文化资产研究所副教授，民俗学、文学与民俗艺术、民俗艺术田野调查理论与实务、器物学、美术工艺皆为其研究专长。1995年与2005年分别撰著《战国玉器研究》与《玉文化探秘》，且从2003年迄今为浙江省社会科学研究院国际良渚学中心客座研究员。

本书共有八章。第一章前言；第二章画像石是道教墓葬思想的反映；第三章早期道教发展的源流与典籍；第四章早期道教兴起的重要人物与地区分布；第五章武氏墓的探讨；第六章画像石是道教长生、致太平思想的反映；第七章画像石对学术研究的启发与影响；第八章画像石与敦煌壁画中的道教图像。

著者突破了一般画像石的研究方向，直接从道教的层面看画像石的发展，并说明其实两者为一体两面，相辅相成。道教讲求长生不老、登仙羽化的思想与画像石反映了墓主死后的世界，意义相似。因此画像石里除了一般生活景象的图画，在墓室的顶端会有把守天门的西王母与东王公。本书对此以道教长生不死成仙的概念分析，如在第五章对武氏墓的探讨，论述该墓室的重要特色，除以道教神仙讨论西王母与东王公外，也认为西王母、东王公于墓室位置符合道教的五行与方位。还讨论了早期道教发展地区，如道教人物甘可忠、董奉、于吉皆活动于山东与苏浙一带，五斗米道的张陵出身苏北后于四川创教，以河南为主轴的张角太平道，势力扩及青、徐、幽、冀、荆、扬、兖、豫八州，这些地区正好与画像石分布地区吻合。

本书以《太平经》的致太平观点来讨论画像石，主要的立基点在于画像石与道教发展相吻合地区都与《太平经》相关，如相传《太平经》是由山东方士于吉取得，四川五斗米道奉持的经典之一为《太平洞极经》，以及以《太平经》为宗的河南太平道，因为能从画像石的地域与道教发展地区做结合，才能够有不同于其他画像石研究的讨论，看到东汉画像石与当时道教发展的紧密关系。（萧百芳）

明清全真教论稿

《明清全真教论稿》，王志忠著。成都：巴蜀书社，2000年8月第1版，32开，120千字，系"儒释道博士论文丛书"之一种。

王志忠，杭州师范学院教授，主要研究方向为法律思想史、宗教学。

本书分绪论及四章。本书研究的范围仅限于明代至清代中期的中国封建社会末期的全真教。第一章主要论述全真教与元室的密切关系及明初诸帝对全真教的态度，明朝的道教政策、法令及其对全真教的影响，武当道教的兴盛与全真道士在武当道教中的地位；第二章主要考察明中叶以后社会危机的加剧对全真教的影响、明清之际的遗民与全真教的中兴、清初的道教政策对全真教的影响；第三章明清之际全真教的传播与宗派的繁衍，分别论述了"龙门正宗"的中兴、龙门支派的繁衍和传播、其他全真教派的流传；第四章明清之际全真教思想的发展及其特点，分别论述了教派融合、性命双修、见性立命以及戒行精严。

本书从全真教的衰落到中兴的问题切入，对全真教的这段历史进行了深入而独到的研究，并且进一步把视野扩大到这一时期整个中国政治、经济、文化发展的历史进程，以小见大，由表及里，显示了相当的学术功底和洞察力，在一定程度上填补了道教断代史研究的一个空白。（程雅君）

道教发展史

《道教发展史》，邱福海著。台北：淑馨出版社。原书共四册，台湾仅出版第一、二册，为淑馨出版社与浙江人民出版社合作出版《世界文化丛书》之第43、44种。第一册于2000年8月出版，32开；第二册于2004年5月出版，16开。

邱福海，1950年生，山东寿光人。后旅居新西兰。自幼受其父亲熏陶，娴习经史百家，并精于鉴赏，力倡"玩古尤须研史"，认为古人习俗、风尚、信仰、国力、制度、工艺等一切面向之变异，可于文物窥知端倪，故公余之暇，常受邀讲授鉴赏之学，后将其心得著有《古玉新探》及《古玉简史》四册，并撰有《妈祖信仰探源》等书，陆续由淑馨出版社出版。

全书共四册，第一册为道教的形成阶段（上古至东晋）；第二册为道教的兴盛阶段（南北朝至唐）；第三册为道教的"盛极而衰"与改革，着重于唐末至宋亡的道教变革期；第四册为道教的式微与质变，论述元明清三代的道教发展。

总的来说，著者自认为本身并非道门中人或道教信徒，但其阅读《道藏》十余年而独力撰成本书，本就是一项耗费心力甚深的贡献，应给予一定程度的肯定。书中固然有部分论述流于"前理解"较重（例如称道教受佛教影响甚深，又认为道教形成始于汉末），未能考量到道教的"民族宗教"属性，但具教外人士身份的著者又归结出"任何一个华人，不论宗教信仰如何，要了解自己的民族特性，就应该先了解道教""中土人民少不了道教，中土人民需要道教"的观点，当可称得上旁观者清、掷地有声的论述，值得加以重视。（李建德）

唐宋内丹道教

《唐宋内丹道教》，张广保著。上海：上海文化出版社，2001年1月第1版，精装，16开，291千字，系"道家文化研究丛书"之一种。

张广保，号洞斋散人，1964年生，江西抚州人。曾为中国社会科学院历史研究所研究员，现为北京大学教授、博士生导师。著作甚丰，研究领域主要是全真道教，主要论著有《金元全真道内丹心性学》《金元全真教史新研究》《道家的根本道论与道教的心性学》《中国经学思想史》（合著）等。

本书分序、自序、引言、十一章及后记。主要内容有：内丹、外丹与阴丹、阳丹考辨，中唐时期的内丹道，宋元史传中的钟离权，吕洞宾的传道活动及其社会影响，钟、吕内丹道及其特色，刘海蟾及其弟子们，施肩吾及其对钟吕道书的编定，陈抟及其内丹学派，张伯端及其对钟吕内丹道的创新，内丹道在南宋时期的发展，白玉蟾的内丹道及对南宗传法世系的建构。

本书乃内丹道教断代史研究的一部力作。广泛查考了包括经典、笔记、小说、方志和碑铭在内的诸多文献材料，对唐宋这一道教发展重要时期的内丹道人物、派别和丹道理论做了比较系统的梳理，开拓了内丹道教史研究的新局面。（程雅君）

中国道教简史

《中国道教简史》，唐大潮编著。北京：宗教文化出版社，2001年6月第1版，2007年1月第3次印刷，32开，295千字，系"宗教知识丛书"之一种。

唐大潮简介详见《道教史》提要。

本书于引言之后分八章。自先秦起，至20世纪末止，时间跨度达两千多年，将整个中国道教的发展史梳理出了一个比较完整的脉络。本书将道教最早的源头追溯到春秋战国时期的诸子百家，认为那是道教的思想渊源。汉朝的天师道和太平道是早期的道教组织团体；其后经过南北朝时期与佛教的相互斗争与融合，道教逐渐形成了自己鲜明的宗教特色；至隋唐后道教大兴，这一时期道教的大发展得到了封建统治者的大力扶持。道教在发展中不断产生新的道派，它们之间又不断进行融合与再发展，至元朝时大致形成了全真与正一并驾齐驱的局面。到了明朝晚期，道教开始走向衰降期，而在衰降期中，道教的内丹理论又有新的发展，在民间的传播也形成了和之前道教不同的宗教特质。

　　本书多视角地叙述了道教在历史长河中的发展历程，考察了道教思想的历史渊源。对于希望较快了解道教发展史的文化爱好者来说，这是一本比较合适的入门书。稍有遗憾的是，限于篇幅，本书在一些细节上失之简略。但总体而言，这仍是一部严谨的道教通史著作。（王磊）

简明中国道教通史

　　《简明中国道教通史》，卿希泰著。成都：四川人民出版社，2001年7月第1版，32开，200千字。

　　卿希泰简介详见《中国道教史》提要。

　　本书系四卷本《中国道教史》的缩略本。它是在美国学者柏夷（Stephen R. Bokenkamp）建议下撰写的。20世纪末，柏夷先生接替俞检身（David C.Yu）英译四卷本道教史之时，向本书著者提出，四卷本卷帙浩繁不适合欧美的普通读者，因而建议编写一本简明扼要的道教史在美国出版。著者认为此书也适合中国初学道教文化的人，故而又以中文出版。

　　本书正文共六章。第一章道教产生的历史条件和思想渊源及酝酿过程；第二章道教在汉魏两晋南北朝的创建和改造；第三章道教在隋唐五代北宋的兴盛和发展；第四章道教在南宋金元至明代中叶的继续发展和变革以及宗派的分化和融合；第五章道教在明代后期至清代和民国的逐渐衰落；第六章道教在建国后的新生和在台港澳地区以及世界各地的传播和发展；结束语回顾与展望；附录一道教的基本信仰及其他，介绍了一些道教的基本知识；附录二我与道教文化研究，介绍了著者本人研究道教文化的基本经验和方法。

　　本书依据著者的《道教史思想史纲》、《中国道教史》四卷本以及著者与唐大潮教授合著的《道教史》完成。章节设置上没有明显出入，体量上则明显没有四卷本甚至没有合著的《道教史》大，又没有《道教史思想史纲》那般短小，篇幅适中，可作广大读者了解道教的入门书。（王亚）

六朝道教史研究

《六朝道教史研究》，[日本]小林正美著，李庆译。成都：四川人民出版社，2001年版，32开，500千字。本书依据创文社"东洋学丛书"1990年第1版翻译。

小林正美（Kobayashi Masayoshi），1943年生。日本早稻田大学文学学术院教授，文学博士（早稻田大学）。1983—1985年为哈佛大学燕京学社访问学者。专著有《六朝道教史研究》（创文社，1990年；四川人民出版社，2001年[中文版]）、《六朝佛教思想研究》（创文社，1993年）、《中国的道教》（创文社，1998年；齐鲁书社，2010年[中文版]）、《唐代的道教与天师道》（知泉书馆，2003年），编著有《道教斋法仪礼的思想史研究》（知泉书馆，2006年），并发表有多篇关于佛教、道教的论文。

本书分为前言、凡例、绪言、三编十章及后记、参考文献和目录。第一编：葛氏道与《灵宝经》，主要阐述葛氏道和上清派、《太上灵宝五符序》的形成、《灵宝赤书五篇真文》的思想和成立、《灵宝经》的形成。第二编：天师道及其道典，主要阐述东晋、刘宋时期的天师道，《九天生神章经》，《河上真人章句》，《老子想尔注》，《大道家令戒》，《上清黄书过度仪》。第三编：道教教理的形成，主要阐述道教的终末论、刘宋时期天师道的"三天"思想及其形成。

本书是研究六朝前期道教经典、思想与历史的一部道教学专著。六朝时期佛、道二教开始盛行并深深影响到中国社会，这也是六朝隋唐历史发展的重要方面。另外，六朝历史文献传至今日者屈指可数，而《道藏》中大量的六朝道典则是尚待研究发掘的另一庞大资料宝库。本书无论对于专门的道教学者，还是亟欲扩展六朝文献阅读视野的中古史学者而言，都具有重要参考价值。（程雅君）

道教史发微

《道教史发微》，潘雨廷著。上海：上海社会科学出版社，2003年6月第1版，32开，202千字，系"社会科学文库·史丛"之一种。2012年1月，复旦大学出版社再版此书，32开，233千字，系"火凤凰学术遗产丛书"之一种。

潘雨廷（1925—1991），上海人。当代著名易学家。先后师从周善培、唐文治、熊十力、马一浮、杨践形、薛学潜等先生研究中西学术，专心致志于学问数十载，融会贯通，自成一家，在国内外有相当的影响。毕生研究的重点是宇宙与古今事物的变化，并有志于贯通东西方文化之间的联系，对中华学术中的《周易》和道教，有深入的体验和心得。生前曾任华东师范大学古籍研究所教授、中国《周易》研究会副会长、上海道教协会副会长。他的著作是20世纪中华易学以及中国文化研究所取得的重要成果之一。

本书为著者的遗作，由其学生、同济大学教授张文江依据家属保存的遗稿整理、汇编而成，收录了著者撰写的道教史中的主题论文。前后两个版本相比较，除改正了一些缺失外，新版新收入了一篇《论南北宗在道教史上的地位》，由整理者根据著者未成之稿补缀成文。本书与《道教史丛论》同为著者在道教史领域的力作，可参照阅读。

绪论之后，本书收录了三十篇论文。

作为一本别具特色的道教史著作，本书为道教勾勒出了不同于当时主流学术观点的一幅独特画卷。著者认为，道教生长在中国土地上，由各地产生的基本相同而非全同的原始宗教汇合而成。这种宗教包含了各种论道的教派，在殷周时代已完成其整体思想。春秋至战国时，这些学术思潮由尧舜孔子发展成黄帝老子，黄老道、方仙道由是而兴起。"仙之概念与黄帝联系，道之概念与老子联系，黄帝飞升者，所以发展殷周时代以祖配天的宗教观念。"入汉，黄老为主导思想，且有医学经典《内经》，非仅清静无为而已。汉武帝独尊儒术，黄老、方仙逐步受压抑。至东汉楚王英时，黄老、浮屠形成。定五斗米道为道教之始，认为佛教传入前中国没有宗教，是不符合史实的。著者认为，黄老道早于五斗米道，否定道教起源于东汉顺帝时的张陵。同样，明代以后仅仅以正一、全真为道教，《四库提要》且以《道藏》收录先秦诸子为非，是道教衰落、内容贫乏的主要原因。因而，著者呼吁，研究道教者，应本着先秦的仙道为基础，而不是将二者之联系割断，使道教史越做越窄。

毫无疑问，著者对道教史的这番梳理，呈现出道教史中被当时学界忽略的一面，其独创性和思维的深度，是值得充分肯定的。本书中大部分研究都有考古证据、文献资料作为支撑，足可见其哲学、历史学功底之深厚，其治学之严谨态度，值得赞赏与学习。本书中所反对的窄化道教研究视野、割裂

今古联系的做法，在今天仍然存在，其文针砭时弊，引发对道教研究的反思，具有相当的理论深度、学术价值与批判性。（肖习）

宋代道教管理制度研究

《宋代道教管理制度研究》，唐代剑著。北京：线装书局，2003年8月第1版，精装，大32开，360千字。

唐代剑，1955年生，四川绵阳人。浙江工商大学旅游学院院长、教授、博士生导师。

本书分上、中、下三编。上编崇道篇，论述宋代皇帝对道教的崇奉及其特征，认为两宋最高统治者名义上提倡释道二教并重，实际上偏重道教。

中编制度篇，分别探讨了宋代宫观创建、道官、道冠披戴、紫衣师号、宫观土地赋税等制度的起源、确立及其特点。著者认为，宋代政府对道教实行多头管理，以宣敕除授、州军差补、试经补选等多种方式选拔道官，模仿行政官僚制度，实行官职与差遣相分离，体现了皇权的高度集中；以房屋间数为标准的赐额制度，客观上促使道观向院、庵两头发展；公开出售度牒、紫衣、师号，降低了宋代道士的素质，导致制度本身应有的限制道教发展、鼓励道士专研教理等功用的丧失；而皇帝对宫观大量的赐田与赋税减免，促使宫观地主势力膨胀，加速了宗教贵族的腐化，加重了人民的负担。

下编影响篇，试图通过金元道教发展的情状来彰显宋代道教管理制度的影响。著者认为，全真教是金元道教的主要派别，它的产生及其改革思想的形成可以说是宋代道教管理制度直接作用的结果。全真教就是在林灵素乱政把北宋王朝推向灭亡之边缘后，道教面临信仰危机和停滞发展的背景下创建的。全真教的代表人物王喆和丘处机的宗教改革思想既有对前期道教的反思、批判和更新，又有对封建宗教管理制度的修正与补充。不过，全真教以庵院为宗教场所、以讲经为合法形式发展起来之后，仍然千方百计回到原有制度的轨道上，坦然享受封建政府给予宗教贵族的特权。所以，中国道教管理在宋代形成定制后，金、元、明、清乃至近代基本上没有实质性的变化，只有条款的增减和名号的差异罢了。

本书的写作意图十分明显，在历史的宏观背景下通过深入研究关键时代

的某一种管理制度，以小见大，管窥全貌，来了解其他封建管理制度，进而认识封建社会的本质。（程雅君）

杜光庭思想与唐宋道教的转型

《杜光庭思想与唐宋道教的转型》，孙亦平著。南京：南京大学出版社，2004年7月第1版，32开，280千字，系"南京大学博士文丛"之一种。

孙亦平，1955年生。南京大学哲学系、宗教学系教授、博士生导师，中国宗教学会理事，国家图书馆"文津讲坛"特聘教授，美国哈佛大学、中国香港浸会大学访问学者。

本书分为总序、导言及七章、后记。著者认为，杜光庭思想的特点是通过注释老子《道德经》，在总结汉唐老学思想的基础上，吸取玄、儒、佛的思想和方法来关注宇宙、社会和人生问题，从而为道教的进一步发展开拓了新理路。杜光庭在宇宙起源论上形成了宇宙神创说和以"道气"为本的宇宙生成论两条线索，前者是为了彰显道教信仰的神圣性与超越性，后者则是为了寻求对宇宙世界做出解释，以为修道实践提供基础。杜光庭提出自然无为的道气论，又以有、无概念为基点而把宇宙的统一性归之为"妙本"，形成了独特的宇宙本体论。杜光庭不仅对唐代重玄学做了总结和发展，而且运用重玄学的思想和方法来说明修道就是复归于人本有的自然清静。

本书还对唐宋道教之间存在的转型进行了较为深入的研究。著者指出，从思想层面上看，唐宋道教的转型主要表现在由注重本体论、重玄学、心性论的探讨而转向了内丹心性学。内丹心性学在唐末五代兴盛，并在宋代以后成为道教思想与实践的主流，其所具有的内在超越的理路促进了道教修道成仙的目标，追求长生不死转向复归于人的生命本真以寻求精神超越，这为后来的金元全真道所继承和发扬。

本书第一次对杜光庭的道教思想进行了比较全面而系统的研究。目前国内仅在一些道教通史性著作及散见的论文中对其生平和思想有所述及，对他的思想特点及其在唐宋道教思想发展和转型中的重要地位和影响还缺乏系统而全面的研究，更谈不上深入。本书在这方面做出了开拓，一定程度上弥补了学术界在这方面研究的不足。（程雅君）

从道家到道教

《从道家到道教》，孔令宏著。北京：中华书局，2004年9月第1版，大32开，312千字，系"文化寻根丛书"之一种。

孔令宏简介详见《中国道教史话》提要。

著者在吸取当时已有的研究成果基础上，从道、术、学三者关系的角度研究从道家到道教的发展过程，对汉代至南北朝道家与道教之间的互动关系做了清晰的梳理。书中提出了许多新颖观点。例如，一般认为玄学发展至张湛即告终止，而本书则认为，玄学发展至南朝齐梁时与道教合流，玄学的终止应该延长至初唐时以成玄英为代表的道教重玄学。

本书基于西方宗教理论无法准确解释道教的看法，认为对道教形成的时间问题不用正面回答。但这一问题始终是研究道教时无法回避的。既然否定了以成熟的道教组织形成作为判定道教创立的依据，那么是否可以从道、术、学三者的关系之中推演出一个新的对道教的定义呢？这是仍需进一步讨论的问题。（郭佳兴）

道教之源

《道教之源》，王家祐、冯广宏著。成都：巴蜀书社，2005年6月第1版，32开，98千字，系"巴蜀文化走进千家万户丛书"之一种。

王家祐（1926—2009），四川成都人。1948年毕业于四川大学文学院史学系。一生致力于四川文物考古研究，在三星堆早期调查发掘和道教研究方面取得了突出成就。主要论著有《四川船棺葬发掘报告》《凉山彝族奴隶社会》《道教论稿》等。

冯广宏，1931年生，江苏南京人。从事巴蜀古史及巴蜀文字研究，曾发表巴蜀文字、三星堆、金沙考古研究文章多篇。

本书共分五章。第一章长生情结铸成仙道，研究道教成立之前蜀地与仙道的关联。第二章鹄鸣神山诞降天师，研究正一盟威之道成立前后的历史，勾勒了道教在四川诞生的"天地人"背景，叙述张道陵创建正一盟威之道的情况，介绍蜀中三座道教名山，推测蜀人所画"米"字即"斗"字，五斗米道实为五斗道，叙述正一盟威之道的演变。第三章二十四治和洞天福地，介绍"治"的成立与性质，叙述蜀中的道治，指出"治"的隐秘性并考证蜀中其他的福地名山，介绍名山的真形图。第四章内丹术伴随三教合流，考察蜀地与内丹术不同阶段的关系，指出仙术的实用化、外丹向内丹的转化，考察三教合一的历史趋势以及内丹术的进一步升华。第五章道教在祖源四川，考察《神仙传》之后的蜀地仙人，研究清代龙门派在四川的兴盛，介绍四川的宫观和丹经、近代以来的道教组织。附录为王家祐所作"陈抟籍贯考"。

本书是一部通识著作，旨在让"巴蜀文化走进千家万户"，因此考据并不烦琐，没有大量的注释。但这并不说明本书对于专业学者没有价值。两位著者研究领域并不局限于道教，而在考古、古文字等方面颇有造诣，因此在研究四川道教前史和发端史方面颇有见解。（王亚）

中国近世道教的形成：净明道的基础研究

《中国近世道教的形成：净明道的基础研究》，［日本］秋月观暎著，丁培仁译。北京：中国社会科学出版社，2005年8月第1版，32开，230千字，系"海外道教学译丛"之一种。

秋月观暎，1922年生，日本会津若松人。1950年任弘前大学讲师，后历任弘前大学人文学部副教授、教授，日本东方学会和道教学会会员，曾在弘前大学人文学部讲授东洋史。本书是其代表作。

本书共分十章，外加序言与跋、后记。各章内容如下：许真君传考、西山与旌阳县、《逍遥山万寿宫志》的资料性研讨和玉隆万寿宫的沿革、许逊教团的形成和发展、宋代的许逊教团和许逊信仰实态、净明道的创立及其传承、净明道教学考、道藏本功过格与许逊教团、太微信仰与功过格、净明道在近代中国宗教史上的作用。

在道教史上，是否存在净明（忠孝）道这一教派？国内外道教史家对此研究甚少。本书对此做了较为详尽的探讨和论述，并且做出了肯定的回答。

本书是著者十多年来对道教特别是净明道研究成果的汇编，是他对"未开拓领域"进行反复研究所做的有益尝试。（程雅君）

早期道教史

《早期道教史》，汤一介著。北京：昆仑出版社，2006年3月第1版，大32开，260千字，系季羡林主编的"东方文化集成·中华文化编"丛书之一种，是在1989年陕西师范大学出版社出版的《魏晋南北朝时期的道教》一书基础上修订而成的。中国人民大学出版社2016年出版了16开的增订本。

汤一介简介详见《魏晋南北朝时期的道教》提要。

本书共十五章。卷首有中英文季羡林先生所作"东方文化集成"丛书总序，卷末有附录（S·四二二六《敦煌本太平经》残卷）、后记和修订本后记等内容。正文十五章，第一章绪论，总述了道教形成的历史条件，道教的发展反映了宗教团体发展的一般规律以及道教哲学所具有的特点；第二章至第十一章则按历史发展顺序，描述了自汉至唐初道教成为一种较为完备意义上的宗教的过程；从第十二章至第十五章，著者比较了这一时期的佛教与道教在几个主要问题上的异同。

本书使用了理论与文献资料相结合的方式，以理论分析文献，以文献印证理论。书中认为早期道教的发展符合一般宗教发展的普遍规律，早期道教的发展是通过逐步满足构成完整宗教的一个个条件而形成的。书中选取了早期道教历史上具有代表性的人物与经书，结合当时社会的现实情况，从宗教理论的高度概述了道教从无到有、从不完善到完善的发展过程。本书逻辑严谨、观点清晰、论证有力，抓住了早期道教发展过程中的重要人物与核心文献，准确而全面地描述了道教自汉至唐初逐渐发展为一种较为完备意义上的宗教的过程。尤其值得一提的是，本书特别注意到早期阶段佛道二教之间的互动关系，比较了当时佛道二教核心教义的异同，对早期佛道关系这一重要的学术问题提出了自己的看法。另外，与其他道教史著作相比，书中使用了敦煌文献等一些较少被注意到的文献资料。

本书虽然篇幅不长，但提纲挈领地描述了早期道教发展的历史。行文流畅、理论体系明晰，切中了早期道教发展的核心要素，是一部优秀的研究著作。早期佛道关系一直是广受学界关注的热点问题，本书对此问题的论述有助于人们了解当时这两种宗教的特点及其文化背景。（郭佳兴）

道家道教史略论稿

《道家道教史略论稿》，游建西著。北京：光明日报出版社，2006年8月第1版，16开，240千字，系"深圳大学人文社科文丛"之一种，"十一五"国家重点图书出版规划项目"光明学术文库"之一种。

游建西（1955—2013），贵州贵阳人。深圳大学副教授，中国哲学硕士研究生导师。著有《近代贵州苗族社会的文化变迁：1898—1945》及长篇武侠小说《龙吟苗疆》。

本书分上下两篇，共十五章。上篇包括第一章至第六章，主要阐述道家与道教的发展历史及概念内涵上的异同，对道教与历代王权的合作关系进行了深入分析。从下篇开始，转向论析道家道教与哲学、医学、养生学、文字传播、中华山水文化等方面的关系，第十五章还专门对近代实业家郑观应道家思想的传统性与近代性进行深入探讨。

本书对道教与中国文化的关系进行了比较全面的探讨，著者认为道教在兴起过程中得到了统治者的大力支持，而道教的发展同样给予了封建王权丰厚的回报。著者指出，道教实际上是道家之教，老庄哲学和道教的宗教思想有着一脉相承的密切关系。《老子》《庄子》中的养生思想与道经《老子中经》中的内宇宙思想和养生观颇为相似，后世道教内丹学的修炼养生思想同样受到了老庄哲学的极大影响。在道教的漫长历史中，道教并非是一个单纯的宗教，中医学与道教宗教思想的结合，形成了道教医学这一个独特学科概念。在道教中应用广泛的符箓与中国的文字艺术有着难分难舍的关系，道教的洞天福地概念对中国的山水文化影响颇深，要研究继承中国传统文化，就绝对绕不开对道家道教的研究。（王磊）

宋代理学与道家、道教

　　《宋代理学与道家、道教》，孔令宏著。北京：中华书局，2006年8月第1版，全二册，32开，540千字，系浙江大学"211工程"重点学科建设项目"中国传统文化与江南地域文化研究丛书"之一种。

　　孔令宏简介详见《中国道教史话》提要。

　　本书上篇研究了理学的兴起与道家、道教的关系，分析了周敦颐、邵雍、张载、二程与道家、道教的关系及其史料，梳理出了理学诸家与道家、道教的关系以及他们对朱熹哲学思想所产生的重要影响；考察了心学先驱陆九渊与道家、道教的关系。下篇运用大量历史文献资料，梳理了道家、道教哲学思想的演变，考察了朱熹纳道入儒的表现和手法。在具体考察朱熹哲学对道家、道教义理的吸收与改造时，紧扣朱熹哲学的思想结构，站在中国哲学史的高度，对朱熹纳道入儒做了实事求是的评价。既指出其重大意义，又指出其不足；进而分析了朱熹纳道入儒对他身后的儒家、佛教、道教思想的影响，并从宋明理学与道家、道教的关系延伸开来，进而考察现代新儒家与新道家的关系。

　　本书运用了诠释法和比较研究法等现代学术方法，从整体入手，把重点放在宋代理学与道家、道教两个哲学体系所欲解决的基本问题上，展开以相关问题为核心的关系模式比较研究，推动宋代理学与道家、道教的研究向纵深发展。

　　本书认为儒学的发展自隋唐振兴，至宋代理学达到顶峰。根据比较详备的资料，本书对宋代理学与道家、道教思想的关系予以爬梳，整理出一个清晰的脉络，尤其针对南宗祖师张伯端、陈景元等人对周敦颐与二程思想的影响，邵雍、张载、陆九渊、朱熹等人与道家、道教的关系及其思想中的道家、道教成分，做了较为详密的分析与论证，其中尤以朱熹哲学用力最深，分别从理体论、物体论、性体论、心体论、境界论等诸方面论证其与道家、道教之关系，从而让读者可以比较清楚地了解朱熹建构哲学体系所用的方法，即在形而上层次上借鉴道家、道教哲学抽象的思辨概念与范畴的关系模式、思维方式，在形而下的层次上恪守儒家的立场。正是运用和借鉴了道家、道教的本体思维、由天道推衍人道，朱熹才能够广采博收，将各家思想熔于一炉而集理学之大成。尽管如此，本书对朱熹"改造"上的偏颇和不完善之处，也实事求是地指出并查找根源，从而将这一考察和研究不断推向深入。（程雅君）

金代道教研究：王重阳与马丹阳

《金代道教研究：王重阳与马丹阳》，［日本］蜂屋邦夫著，钦伟刚译。北京：中国社会科学出版社，2007年6月第1版，32开，756千字，系"海外道教学译丛"之一种。

蜂屋邦夫，1938年（昭和十三年）生于东京。大东文化大学名誉教授。曾就职于东京大学东洋文化研究所、大东文化大学国际关系学部，兼任日本道教学会理事、日本中国学会会员、中国社会文化学会会员，主要从事中国古代思想史研究。

钦伟刚，1951年生，上海人，祖籍江苏武进。四川大学道教与宗教文化研究所教授、硕士研究生导师。

本书分为序、上下篇、后记。上篇论考有序论及两编，下篇资料有序论及两编。上篇主要阐述王重阳的生涯和全真教的创立，包括其生涯及教说；马丹阳的生涯与全真教的确立，包括生涯及教说。下篇主要介绍王重阳的《重阳全真集》《重阳教化集》及《鸣鹤余音》所收的词等；马丹阳的《渐悟集》《洞玄金玉集》《丹阳神光灿》《丹阳真人语录》及《鸣鹤余音》所收的词。

本书的篇章安排颇具匠心。全书由"论考"与"资料"两部分构成。著者力求从基本事实出发，来考察前期全真教所具有的特殊品格。由于兼具分析和数据性的结构安排，本书在不偏离著者以人物为纲展示全真教早期历史的同时，也牵引出许多有意思的细节。虽然因全书主旨所限，没有对它们充分地加以展开或论述，但若将它们与本书下半部的"数据篇"相结合来阅读，极有益于促进我们进一步的探讨。

不过，著者有时也会因为过于忠实于"文献本位"的思路，而陷入模棱两可的困境。比如像《金莲正宗记》载录的王重阳赠太一道士萧真人《蓦山溪》一词，并未收入《重阳全真集》，而《金莲正宗记》成书晚至元太宗十三年（1241），在记事细节上存在明显的讹误。著者注意到在全真教文学创作中存在口语化的倾向，因此在对辞章释义的时候，利用不少相关辞书，如张相的《诗词曲语辞例释》等。金、元时期是中古汉语向近代汉语转变的过渡期，词汇的多义性以及引申义的不确定在此期间表现尤为复杂。故本书对有些语句的解诂，或仍可商榷。（程雅君）

道教老学史

《道教老学史》，刘固盛著。武汉：华中师范大学出版社，2008年12月第1版，32开，330千字，系"道家道教文化研究书系"之一种。

刘固盛，1967年生，湖南涟源人。华中师范大学历史文化学院教授，博士生导师。主要研究方向为中国思想史，主要从事老庄学、道教教义与思想、宋明理学以及儒、道、释三教关系的研究。

本书导言将道教老学的特征归结为两点：一是不同时代的老学家总是依据自己所处时代之思潮与自身本有的思想来对《老子》作注，这与中国老学的特征是一致的；二是道教老学家作注时往往结合学理与信仰，从道教信仰的角度解读老子思想，形成了诸如"以术解《老》"等与一般学者的诠释迥异的解释体系。

本书依照汉魏六朝、隋唐、宋元、明清四个历史阶段之顺序，采用"总—分"顺序分章论述，大致呈现了道教老学的发展轨迹；而对现存老学文献，本书将其分为两类，即详列为三十四部的独立著述与详述十部的集注。上述两类中每部都有注者简介、成书时间、著述特色以及现存版本等内容，为读者呈现出清晰的老学研究图景。

第一章总起全书，对历代道教老学著述文献进行了详尽梳理。第二章汉魏六朝道教老学，描述了道教产生、形成过程中对老子的神化及对《老子》一书的解读，概括出这一时期老学的诠释特点：继续加强对老子的神化；用道教之术解老；创制大量道经。第三章隋唐道教老学，以重玄学之线索贯穿始终，强调了重玄学对于道教老学的阐发作用。第四、五章宋元道教老学，在介绍宋元两朝道教发展情况的基础上描述了道教老学的概况，将其特点归纳为"对《老子》诠释的学理性进一步增强""道教心性论的阐扬"和"儒释道思想的融合"。第六章明清道教老学，论述明清时期道教老学的发展面貌及其特质。

本书内容，既体现了老学不同时期各自的特色，又从总体上勾勒出道教老学发展的脉络，归纳出道教老学的三大特征：一是以道教为本位，二是具有强烈的生命关怀精神，三是有鲜明的入世态度。本书最大的价值在于将老学研究与道教理论研究紧密结合，深化了单一的老学史研究。著者在书中多次强调信仰因素在道教老学中的特殊作用，认为以信仰解老是道教老学的基本特点。这种新颖的解读方式，为学界研究道教的其他理论提供了参考。（肖习）

早期道教教职研究

《早期道教教职研究》，丁强著。成都：巴蜀书社，2008年12月第1版，32开，200千字，系"儒道释博士论文丛书"之一种。

丁强，1970年生。2006年9月入职西南民族大学民族研究院工作，主要从事民族理论与政策的教学与研究工作。

本书分为序、七章、后记。第一章绪论，主要界定早期道教，说明教职研究的重要性，回顾研究历史，阐述研究目的与方法。第二章早期道教信徒的来源，考察道教前史中的神职、《太平经》的"种民"。第三章汉末太平道与天师道教团活动及教职，主要介绍太平道、天师道、三国魏时的天师道道团。第四章东晋时期的天师道、上清派与灵宝派道团，考察以家族为中心的师徒制传教，主要介绍天师道在士族中的传播、上清派与灵宝派在师徒制下的传教活动。第五章种民——特殊的宗教群体。第六章南北朝道团与教职的系统化建设，主要介绍系统宗教管理制度的确立，道教戒律、受箓，道馆的建立与相关的教职。第七章结论。

本书主要以早期道教的历史发展为线索，考察了早期道教所设教职所承担的基本职能，教职晋升的条件，教职的来源、名称，以及由此对道教发展的影响等问题。这是一部对早期道教的教职进行探讨的专题性论著，其研究视角，宏观上体现道教史发展的先后顺序，微观上突出不同时期教职的具体情况。（程雅君）

金元全真道教史新研究

《金元全真道教史新研究》，张广保著。香港：青松出版社，2008年版，16开，290千字。

张广保简介详见《唐宋内丹道教》提要。

本书是为了解决此前全真道研究领域中所存在的难题而作的。全书十章，除最后一章金元全真著述考为介绍性内容之外，其他的每一章都针对一个与金元时期全真道相关的极为具体的问题，同时也是全真道研究中的难题。在以往的研究中，由于缺乏资料，这些问题一直未能得到很好解决。本书不仅提出了问题，而且做出了尝试性的回答，提出了自己独特的观点与看法。

本书以世界性的视野来看待与研究全真道，从某种意义上说，扩展了全真道的研究范围，丰富了全真道的研究内容，同时也为以后全真道的深入研究提供了借鉴。（程雅君）

神守传统与道教起源

《神守传统与道教起源》，吴锐著。台北：东大图书公司，2008年版，32开，160千字。

吴锐，1967年生。中国社会科学院历史研究所中国思想史研究室研究员。研究领域为中国上古史，尤其注重神守、社稷守、炎黄鸟夷等专题。著有《中国思想的起源》三卷、《钱玄同评传》、《杏坛春秋》等书。

本书分八章，第一章神秘主义：石器时代伟大的精神创造；第二章远古的梵蒂冈和商周的天朝小国；第三章为什么宗教只能抑制不能消灭；第四章秦汉神守传统的复活；第五章道教起源的外因；第六章道教内容的完备及其继承性；第七章将《老子》纳入道教经典：道教的英明决策；第八章结语。

本书认为生活在远古时代的人们，并不满足于自己所在的现实空间，于是另外构想出精神空间，产生了伟大的宗教和艺术，形成了类似梵蒂冈那样的宗教社会实体——神守。书中所谓的"神守"即"巫觋体系"之意，著者从七千年前的陶土彩绘"蒙面人"开始，认为是代表"天"的意思，由对于"天"的崇拜而有鬼神的信仰崇拜，这即是文明的开端。由对鬼神的信仰而产生"神守"，男者曰觋，女者曰巫，巫觋即古代部落中文化、记录、医药的掌管者，也是代表族群向鬼神的沟通者，或称为祭司，而部落的领导者即是最高的巫觋，可称之为"社稷守"，实为政教合一的先驱。到了后来，王权与祭司分离，但大祭司通常也负责调和阴阳的工作，这演变成后来的宰相一职。巫觋的传统与道教的起源关联性是本书探讨的重点。

本书认为新石器时代有六个精神文明中心：一为渭水流域的仰韶文化，以鱼为图腾，发展为夏、周两个朝代；二为岷江流域，以昆仑山为宇宙中心；三为以东泰山为中心的大汶口文化；四为内蒙古的红山文化；五为湖北石家河文化，出现类似太极图纹；六为以太湖为中心的良渚文化，在玉器上刻画神秘纹饰，或称为神徽。这六个精神文化内容部分为后来的道教所吸收，形成"太山府君"的观念，太山府君的形成即是道教的起源，而这都与这些文化的发生相连，本书即是从考古角度考察道教如何起源于上古时代的鬼神崇拜。（蓝日昌）

金元全真道教史论

《金元全真道教史论》，赵卫东著。济南：齐鲁书社，2010年8月第1版，32开，384千字。

赵卫东，1970年生，山东寿光人。山东师范大学齐鲁文化研究中心教授、全真道研究所所长。主要从事道家道教研究，已出版《丘处机与全真道》《分判与融通——当代新儒家德性与知识关系研究》《谭处端学案》等著作多种。

本书分绪论、十二章及后记。分别论述了王重阳与全真道的创立，全真七子拜师王重阳及其次序，"三州五会"的建立及其特征，马钰东归对山东全真道的影响，王处一五次被宣与全真道的发展，丘处机"一言止杀"，全真道"五祖""七真"的形成过程，山东全真道活动中心的变迁，金末元初留守山东的全真高道，山东全真道文化遗存，全真精神及其当代价值，全真道的兴衰与生活道教的建构。

本书是一部精练的全真道史，体现了学术研究上综合创新的方向。第一，有史有论，叙述了全真道发生发展过程中最重要的历史事件和人物活动，又阐释了全真道研究中世人关注或有争议的若干重大问题。著者站在时代高度说明了全真道的当代价值及其新形态的建构。因此，本书就超出了描述性的全真道史，而成为史论结合、逻辑与历史统一的作品，具有一定的理论高度。第二，善于运用山东全真道的资源，有重点地、比较细致地阐述了全真道在山东建立"三州五会"、山东全真道活动中心的变迁、全真道走向全国之后留守山东的高道以及山东全真道文化遗存等内容，而这恰恰是一般道教史作品所欠缺的。第三，重视文献资料的收集、辨析和解读，去伪存真，用准确可靠的资料作为理论分析品评的根据，这在辩证丘处机"一言止杀"和考证史料《玄风庆会录》等问题上有集中体现。同时，本书充分利用田野考察的资料补充文献的不足。（程雅君）

道教在当代中国的阐扬

《道教在当代中国的阐扬》，黄永锋著。北京：东方出版社，2011年5月第1版，精装，16开，336千字，系"国学新知文库"之一种。

黄永锋，1976年生，福建仙游人。厦门大学道学与传统文化研究中心主任、教授、博士生导师，中国宗教学会理事。

本书分序，上、中、下三篇及后记。上篇为道教在社会主义中国的角色定位，共五章，主要介绍"相适应"的相关内容。中篇为道教在当代中国的发展，共三章，主要介绍当代道教义理、革新、发展。下篇为当代中国道教的部分调查研究，共四章，分别是北京东岳庙袁志鸿道长谈道教的知与行、福建石竹山道院文化弘道业绩考察、湖北武当道教与武当武术、广东紫云观刘嗣传道长论太极拳与养生。

本书重在探讨当代道教与社会主义社会相适应的必要性和可能性，分析论证了相适应的意义、相适应的基础及其途径等。著者力图让读者看到当代道教在义理研究、道风建设、人才培养、道场规制、道术运用、方技开发以及对外交流等方面的革新与业绩。特别是对复杂而敏感的道教与"封建迷信"、道教与民间信仰、道教的世俗化问题都做了深入探讨和分析，并指出了相应的对策思路。

总之，本书结构严谨，思路清晰，内容丰富，语言流畅，比较充分地展示了当代道教发展概况。但笔者认为，当代道教研究的方法和角度还有待创新，著者应当更加深入思考当代道教如何应对社会发展，从而有效发挥自身独特的影响和作用。著者近年参访了许多道观，了解道教在当今社会的地位和处境，知晓道教的优势和缺点，这些都十分有利于著者把握当今道教的发展概貌，为今后道教发展进献良计，从而提高道教文化在当今社会生活中的地位，为道教发展开拓更为广阔的空间。（程雅君）

隋唐道家与道教

《隋唐道家与道教》，李大华、李刚、何建明著。北京：人民出版社，2011年9月第1版，16开，710千字。

李大华，1956年生。深圳大学哲学系教授，深圳大学宗教文化研究所所长，四川大学道教与宗教文化研究所教授、博士生导师。

李刚，1953年生。四川大学道教与宗教文化研究所所长、教授、博士生导师，国务院学位委员会第五届哲学学科评议组成员，国家社科基金宗教学评审组副组长，中国宗教学会副会长。

何建明，1965年生，湖北蕲春人。中国人民大学哲学院教授、博士生导师，主要著作有《道家思想的历史转折》《佛法观念的近代调适》《人间佛教与现代港澳佛教》《隋唐道家与佛教》等，发表论文百余篇。

本书分绪言、十五章及主要参考文献、后记。主要内容包括：道家思想的兴盛与隋、唐初诸帝王的崇道政策，成玄英、李荣的重玄思想体系，王玄览《玄珠录》的道体、心性学说，孟安排《道教义枢》以重玄为旨趣的道教哲学思想，司马承祯的道教哲学思想，唐玄宗的道家思想，吴筠的道教哲学思想，张志和《玄真子外篇》的庄学思想，强思齐的道论，杜光庭道教哲学思想体系，《无能子》《化书》的自然论与社会批判思想，罗隐的道家社会历史观，隋唐重玄学说与内丹学说，对中国文化产生重要影响的两部道经——《阴符经》与《常清静经》，道与释儒。

逮至隋唐，道家与道教气象为之一新，思想更加深邃，气势更为恢宏，然其要不出如下诸端：在本体论方面，本书提出了道与气、道体与心体等方面的论证；在认知论方面，本书结合修养实践，提出了道性与众生性、心斋与坐忘、体道与行道、穷理尽性、安静心王等方面的理论；在思想方法上，本书提出了道德相须、体用双举、三一为归、形神合一等的辩证；在社会政治生活方面，本书力图在现世中追寻超越的理想，强调治身与治国的一致性。本书正是以上述问题为纲要、以人物为线索展开探讨，既立足于每一个个案，又注意前后历史联系及其社会文化背景，比较深刻、全面、系统地展现了隋唐道家与道教的历史风貌。（程雅君）

秦汉道家与道教

《秦汉道家与道教》，刘玲娣、熊铁基著。西安：三秦出版社，2012年1月第1版，16开，222千字，系"大长安书系"之一种。

刘玲娣，湖北宜昌人。主要从事中国古代思想文化史研究。

熊铁基，1933年生，湖南常德人。著名历史学家、道家道教文化研究专家。华中师范大学历史文化学院教授、博士生导师。长期从事中国古代史的教学与研究工作，主攻中国古代思想文化史，尤其致力于道家文化的研究。

本书分六章。第一章秦汉道家道教发展的历史轨迹，含先秦道家概述、老庄与黄老、黄老与黄老道。第二章道家与秦汉时期的思想整合，含道家与周秦之际的学术总结、道家与汉初思想的整合、黄老终结到儒术独尊。第三章道家与秦汉时期的政治，含道家思想与政治、汉初黄老兴盛的原因、黄老政治与文景盛世、儒道之争与黄老终结。第四章道家的新发展——秦汉新道家，含《吕氏春秋》《淮南子》的分析。第五章黄老化的秦汉《老子》注，含秦汉时期《老子》的流传、黄老化的《老子》宇宙观、黄老化的《老子》养生观、黄老化的《老子》政治观。第六章秦汉道家向道教的演变，含道术合一与道教的产生、《老子想尔注》及其道教化、早期道派及其活动。

本书是内容丰富的专题论著，既考察整个秦汉时期道家思想发展的内在逻辑，也揭示了道家与秦汉社会方方面面的关系。（程雅君）

道教史话

　　《道教史话》，王卡著。北京：社会科学文献出版社，2012年5月第1版，32开，121千字，系"十二五"国家重点出版规划项目，"中国史话·思想学术系列"之一种。

　　王卡（1956—2017），河北广宗人。作此书时，担任中国社会科学院世界宗教研究所道教研究室主任、研究员、博士生导师。从事道教历史、教义及文献学研究三十余年，参与撰写任继愈主编的《道藏提要》《中国道教史》，是《中华道教大辞典》《中华道藏》的常务副主编，自撰有《道教史话》《道教经史论丛》《敦煌道教文献研究》《新译道门观心经》等论著。

　　"中国史话·思想学术系列"著作的定位是普及历史知识、帮助广大群众了解中华民族的优秀文化传统，因而本书是一部普及性的、概览性的作品。书中并无太多艰深的理论，而是着眼于从宏观上、整体上把握道教产生与发展的脉络。按时间顺序，选取各个历史时期标志性的人与事，深入浅出，给读者以关于道教发展史的感性认识，并引发有志者继续探索的愿望。

　　本书主要介绍了从先秦到当代的道教发展历史，在引言之后分为六章，分别为：道教溯源、道教的形成、道教的兴盛、道教的变革、道教的衰落、道教走向现代。

　　本书言简意赅、提纲挈领地介绍了道教的产生、发展的历史与流变，内容涉及道家哲学、道教宗派、经书教义、养生方术等诸多方面，非常适合大众阅读。对于普及道教文化、向一般人介绍道教常识而言有着较大的价值。

（肖习）

（二）道教文化史

道家思想史纲

《道家思想史纲》，黄钊主编，杨达荣、郭树森、杨义银、李刚兴副主编。长沙：湖南师范大学出版社，1991年4月第1版，32开，521千字。

黄钊，1939年生，湖北黄梅人。曾为武汉大学政治与行政学院教授、博士生导师。现为武汉大学马克思主义学院荣休教授。先后出版著作10余部，发表论文200余篇。主要著作有《中国道德文化》《帛书〈老子〉校注析》《中国古代政治思想史纲》《三德教育论纲》《东山法门与禅宗》《元极学与人天观》《政治学科建设与研究》《中国古代德育思想史论》等。

郭树森，1943年生，辽宁康平人。江西省社会科学院研究员、学术委员会委员、宗教研究所所长，中国宗教学会理事，江西省哲学学会副会长，四川大学宗教研究所、江西师范大学客座教授。主编、合著和参加编写专著多部。代表论文有《葛洪儒家伦理观与道教理论的建构》《天师道的创立及其沿革》《论道家到道教的演变》《试论宋应星对元气本体论的丰富和发展》《元代玄教与龙虎宗关系论》等。

参加本书撰稿的前后有16位学者，历经五年编撰而成。本书先由黄钊写出《道家思想史编写大纲》，经集体讨论后决定按大纲分担撰写任务。初稿完成并集体讨论后由杨达荣、郭树森、杨义银、李刚兴四位副主编对书稿的有关部分进行统稿，并由黄钊通读定稿。统稿和定稿中为保证前后观点一致、布局合理，以及突出全书整体特点与风格，对原稿做了必要的增删与修饰。

本书以道家思想史为线索，分为三大部分，共十编三十章。第一部分包括第一、二、三共三编，论述了道家思想的产生和发展。第二部分包括第四、五、六、七共四编，按逻辑与历史相一致的原则，详述了道家思想的演变。第三部分包括第八、九、十共三编，论述道家思想的延续与影响。

本书是一部比较系统论述道家思想史的学术专著。武汉大学著名教授萧萐父先生以及时任中国周易研究会会长的唐明邦教授分别为本书撰写序与题辞。别祖云发表于《管子学刊》1993年第1期的评述文章《一部研究道家思想发展史的拓荒著作——读〈道家思想史纲〉》说："对道家思想产生、发展的规律第一次进行了深入而系统的总结，对其历史地位和文化功能作了全面评述。"其主要特点"不止在于表明儒道两家共同构成传统文化的主动脉，不仅仅在于简单地论列道家思想在中国文化史（从先秦到清末）中发生的细末影响，而主要在于以十编三十章宏大的规模、完整的系统、翔实的史料、精到的评析，来体现著者在'引论'中提出的基本观点：'如果说，儒家思想居于传统文化的表层结构，那么道家思想则居于中国传统文化的深层结构。二者互为表里，相辅相成，汇合成中国传统文化的滔滔大江'"。

当然，本书也有不足之处。本书难以穷尽每个时期的道家思想，部分章节详略拿捏欠佳。不过，上述不足之处只是白璧微瑕，就总体而论，依然是一部好书。正如刘周堂先生所言："开荒拓野、筚路蓝缕，有意义，也非常艰辛，更何况是在开垦这样一个难度较大的基地呢？我以为《史纲》能取得这样的成绩，已是相当不容易了。"（肖习）

当代新道家

《当代新道家》，董光璧著。北京：华夏出版社，1991年7月第1版，32开，107千字。1996年再版。

董光璧，1935年生，河北丰润人。曾任中国科学院自然科学史研究所研究员，兼中国管理科学院高技术与新文化研究所所长、东方国际易学研究院副院长，国际易学联合会副会长。著有《世界物理学史》《马赫思想研究》《中国近现代科学技术史论纲》等著作十余种。1991年，董光璧发表论文《当代新道家兴起的时代背景》《当代新道家卡普拉》等，同年出版《当代新道家》一书，称海外学者汤川秀树、李约瑟、卡普拉为"当代新道家"，首次提出了"当代新道家"的概念，在学术界产生了较大的影响。

本书前有张岱年《序》，引言《新道家与新儒家》一篇，后为正文，共九章。《引言》部分阐释"新道家"的概念实质及其来历，与前代学者界定的"新道家"概念加以区分，将"当代新道家"的概念界定为以李约瑟为代表的一批学者，认为他们揭示出正在兴起的新科学观向道家思想复归的某些特征，并且倡导东西方文化融合以建造一个科学文化和人文文化平衡的新的世界文化模式，奠定全书基调。其后第一章开始介绍新道家兴起的文化背景，讲述人文与自然科学两种文化的分裂，以及近代以来道家思想在西方的复兴。第二章到第四章分别介绍李约瑟、汤川秀树、卡普拉三位"当代新道家"与道家思想的渊源，以及三位学者对道家思想在现代的现实意义的不同理解与论述。第五章至第八章介绍道家思想的现代形式，分别是"道实论""生成论""循环论""无为论"，将道家思想中与现代科学人文主义相关的不同层面分而论之，深入阐明道家思想对现代科技、人文学术发展的深刻现实意义。最后的第九章为《新启蒙运动》，介绍西方启蒙哲学、马克思生态伦理，认为现代科学的发展需要融合东西方文化，对新的启蒙运动的兴起寄予厚望。

著者在书中用了一半的篇幅论证道家思想的现代形式，提出了道家思想的四种现代形式"道实论""生成论""循环论""无为论"的命题，续又提出"建立新的世界文化模式"的宏愿。其对道家研究的学术贡献首先在于开启了阐释古典的一条新路。道家学说延续两千余年，学者涉猎多矣，但除了从哲学、文学及社会影响几方面的论述之外，对其蕴含的科学理性一向少有人问津，本书确为第一部专论。事实上国内学者研究老子"道"论，多依西方哲学为尺度，而本书则完全抛开道家其他种种问题不论，直接从"道实论"上进行陈述，站在中国道家思想的主体地位上展开论述，从全新的角度揭示出了道家思想对于现代社会的现实意义。（王磊、张崇富）

中国老学史

《中国老学史》，熊铁基、马良怀、刘韶军著。福州：福建人民出版社，1995年7月第1版，32开，398千字。2005年再版。

熊铁基简介详见《秦汉道家与道教》提要。

马良怀，1953年生，湖北当阳人。华中师范大学历史文化学院教授、博士生导师。国务院特殊津贴获得者。已出版《崩溃与重建中的困惑——魏晋风度研究》等学术著作6部，发表学术论文70余篇。

刘韶军，1954年生，山东掖县（今山东莱州）人。华中师范大学历史文化学院教授，2004年至2008年任华中师范大学历史文化学院历史文献学研究所所长。2002年获湖北省有突出贡献中青年专家称号。著述有《太玄集注》（点校）、《太玄校注》、《太玄大戴礼研究》（与谢贵安合著）、《日本现代老子研究》《儒家学习思想研究》《楚地精魂——楚国哲学》《唐宋明清四皇帝老子御批评点》。

三位著者均为华中师范大学历史文化学院教授。马良怀、刘韶军也在道家学术研究领域耕耘有年，本书是三位学者多年努力、通力合作的结果。

本书共分七章，第一至第三章由熊铁基先生执笔，第四、五章由马良怀执笔，第六、七章由刘韶军执笔，最后由熊铁基统稿。书末另有附录，详列20世纪《老子》研究资料简目。第一章老子其人其书，内容有三：首先介绍了学术界基于"老子是个什么人"以及"《老子》是部什么书"这两个重要问题的各家争鸣，而后提出自己的观点。第二章老学的初兴，在交代春秋战国时期的历史特点和"百家争鸣"的学术背景后，分两节介绍老子后学。第三章秦汉时期的老学，同样在介绍时代背景后展开，先概述了《老子》的流传情况及其对政治学术的影响和对道教产生所起的作用，然后分两节说明老学的发展。第四章魏晋南北朝时期的老学，在叙述动荡时代中政治、经济和文化特点后，对这一时期40位《老子》研究者及41种注本列出一份详尽的清单，然后以王弼、葛洪和张湛三人为代表，分三节详述每人的主要思想及其对老学发展的贡献。第五章唐代的老学，在介绍盛唐气象的时代背景后，详述了唐代老学的研究状况，其中共涉及30位研究者、35种注本。第六、七两章阐述宋元、明清时期的老学。这部分在阐述宋、元、明、清时期的时代特色和老学的研究状况后，列举数位老学家并阐明其思想。

本书的出版引起了学术界的许多争议，褒贬不一。其学术地位与价值在其结束语中已做评价："它只是一部拓荒性的简史，不是包罗万象的全史。"果如其言，后来学术界以本书为基础展开了对老学更广阔精深的研究，从而将老学研究不断推进。譬如，仅断代研究方面就有董恩林的《唐代老学：重玄思辨中的理身理国之道》、刘固盛的《宋元老学研究》以及熊铁基主编的《二十世纪中国老学》等著作面世。（肖习）

宋元老学研究

《宋元老学研究》，刘固盛著。成都：巴蜀书社，2001年9月第1版，32开，200千字，系"儒道释博士论文丛书"之一种。

刘固盛简介详见《道教老学史》提要。

本书分六章展开。第一章详细考察了"多元一统的思想文化背景"，将儒学新创、禅风盛行、道教政治化及文化整合作为老学繁盛的必要条件，为以后论述老学的发展及关系打下基础。第二章综述"宋元老学的传衍与发展"，阐述了宋元老学发展的多样化、原因及表现形式，分析其与汉唐老学的关系，归纳出宋元老学的基本特点：对道教神学的偏离、以儒释老、以禅释老以及老学阐释系统由本体论向心性论的发展演进。第三章"治世之道：对老子政治学说的发挥"与第四章"性理之道：宋元老学与理学的交融互摄"分别就以儒释老的"政治道德学说"和"理学与老学的互相发明"两个层面展开论述。第五章"虚寂之道：宋元老学中的佛禅旨趣"分析佛学对老学的影响，从苏辙、邵若愚、李道纯等老学家以佛解老的过程可知：尽管没有形成明显的学派，但老学于心性论、方法论各方面对佛教，尤其是禅宗的吸收、借鉴、应用更加纯熟，极大促进了道教心性论的发展成熟。第六章"金丹之道：宋元老学与道教内丹心性论"分析了张伯端、范应元、白玉蟾等道教学者在内丹修炼过程中对于老学的融摄，主要体现为老学对于内丹心性学的完善。综上所述，著者认为宋元老学不仅限于道教内部的解释，而且涉及三教关系等多个方面，可从老学与理学、禅宗、内丹心性学等相互渗透中看出老学强大的生命力以及三教合一的时代趋势。

本书著者注意立足于历史文献，通过历史与哲学相结合的研究方法在当时学界，主要是在熊铁基、马良怀、刘韶军著《中国老学史》的基础上，进行断代与专题研究，从诠释学角度分析宋元各位老学家的诠释依据与原则，得出释、道、儒三教思想均在老学中得到了统一与融摄之结论，总体上把握住了老学发展的脉络，具有将老学史进一步拓展的历史意义，这为后学理解理学与"三教合一"思想提供了另一条清晰的理路，具有较大的启发意义。当然，本书在今天看来也存在着不足之处，比如著者在勾勒宋元老学的大体框架时引入了多位老学家的思想，尽管对每位的思想把握得都十分精到，然而限于篇幅不能够详细展开论证，殊为可惜。（肖习）

二十世纪中国老学

《二十世纪中国老学》，熊铁基、刘韶军、刘筱红、吴琦、刘固盛著。福州：福建人民出版社，2002年1月第1版，2008年1月第3次印刷，32开，409千字。

熊铁基简介详见《秦汉道家与道教》提要。

刘韶军简介详见《中国老学史》提要。

刘筱红，1957年生，河北临西人。华中师范大学公共管理学院教授、博士生导师。

吴琦，1962年生，江西吉安人。华中师范大学教授，主要研究领域为明清社会史。

刘固盛简介详见《道教老学史》提要。

本书五位著者均为华中师范大学教授，就其年龄来看，大体是老中青三代，由此可见其学术之传承。本书共分十二章，按照发展史的思路，采用"总—分"结构进行写作。

第一章，总述二十世纪老学发展概况。概而言之，二十世纪初的老学，呈现出对老子思想进行近代西方的诠释与传统解老方法并存的特征。第二章分述各个历史阶段的老学研究特点，主述二十世纪初的老学。第三、四章主要阐述二三十年代以"价值重估"为指导思想的老子研究状况。在第三章中，著者对当时老学研究的大事件，即学界关于老子年代疑案进行争论的起因、两次讨论高潮，以及最终结局予以爬梳整理，并透过此次讨论，分析了当时学界主流的史学方法，以及争论背后的思想分歧。第四章着重阐述当时学界利用现代诠释的方法对老子思想中的科学、哲学以及政治因素进行解读这一趋势，凸显西方学术思想对老学的影响。第五至八章阐述五十至七十年代的老学研究状况。第九至十二章主述二十世纪最后二三十年的老学研究情况。最后另有附录《二十世纪老学著作目录》一篇，详列351部著作，极具参考价值。

此书的完成算是补充了《中国老学史》未竟部分，与之合璧，完整地呈现出中国老学的历史发展状况。

单就本书而言，上承《中国老学史》，且整个写作体系均按时间顺序分述，将二十世纪中国老学发展分为四个时期并归纳出每个时期的研究特色：二十世纪初老学研究中传统方法与西方研究方法并存，但以传统方法为主；二三十年代重视对老子思想的现代诠释；五十至七十年代，以马克思主义唯物史观为指导的老子研究占据主导地位；八十年代以后呈现为对《老子》的多元解读，研究深度与广度呈现飞跃式发展。除此之外，书中还着重介绍了学界关于老子其人其书研究的两次重大讨论：一是二十年代对老子年代疑案的讨论；二是五六十年代关于老子哲学的大讨论。两次讨论均具有延续时间长、参与讨论学者众多、议题极具时代性的特点。相较而言，第二次讨论更注重把老子其人其书的考证与老子思想的研究相结合，比第一次讨论更加深入，吻合了学术发展的一般规律。

因本书按时间顺序写作，故有些问题难免交叉，特别是前三章的某些内容略显重复、烦冗，是为本书的一处不足。当然，瑕不掩瑜，作为一部完整论述二十世纪中国老学的著作，其学术地位和价值都是不可替代的。（肖习）

唐代老学：重玄思辨中的理身理国之道

《唐代老学：重玄思辨中的理身理国之道》，董恩林著。北京：中国社会科学出版社，2002年5月第1版，32开，250千字，系"中国社会科学博士论文文库"之一种。

董恩林，1956年生，湖北阳新人。现为华中师范大学历史文献研究所教授、博士生导师。

本书共分四章。第一章采用"总—分—总"叙述顺序，分七小节详述"道论"：第一节纵向梳理"道论"的发展历史，第二至六节横向阐述唐代各家对"道"的具体论断与诠释，第七节归纳各家"道论"的特征，提出唐代老学中关于"道"论的精髓即"重玄"理论，在蒙文通、汤一介、卢国龙等学者"重玄学"研究成果的基础上详细论证并得出研究结论，即"重玄"含摄宇宙论、方法论、境界论三重主旨。第二章"修身论"和第三章"治国论"的写作体系完全一样，即将唐代历史分为早、中、晚三个时期，各用一个小节来梳理每个时期唐代老学家对于"修身""治国"理论的阐述，归纳出各家"修身论"的共同特征，以及唐代独具特色的"治国论"。这两章还明确指出了贯穿始终的一条逻辑主线，即"修身论""治国论"自觉不自觉地以"重玄"思维为指导。第四章"诠释宗旨与方法论"中对每种诠释宗旨做详尽分析并提出各家的诠释方法，将唐代老学家的诠释宗旨归纳为宗教化、政治化、儒家化、多元化四种倾向，以衍释大义为主，极少考究训诂。

本书的价值有三：第一，在初步构建起老学体系的背景下，以唐代《老子》诠释文献为对象进行了深入的个案研究，并在此基础上对唐代老学发展脉络进行了提要与归纳。第二，虽然文中对上述多位老学家的《老子》诠释文献几乎进行了"竭泽而渔式"的个案研究，但是并未出现杂乱无章的情况，反而处理得主次分明、井然有序，并在此基础上比较贯通、指出了各自的理论特色和创新之处。第三，著者在进行详细考证的基础上，对学界已成定论或尚有争议的部分观点重新论证并提出创见，譬如著者以重玄思想源头所应具备两个条件（即主要内涵与经典表述方式）为出发点推论出重玄学肇始于郭象。

当然，本书也存在一定的不足之处，例如，缺乏对于重玄学和佛教思想之间关系的深入阐述。这两种理论不仅随着各自历史的发展而发展，并且两者间的关系也在不断改变，对两者关系的研究是研究重玄学者绕不开的题中应有之义，在唐代而言尤甚。然而，对这种错综复杂的情况进行研究十分困难，需要研究者具备相当深厚的佛教、道教和历史学的功底。本书以老学研究为主，在此处稍显薄弱，略有遗憾。（肖习）

中国庄学史

《中国庄学史》，熊铁基、刘固盛、刘韶军著。长沙：湖南人民出版社，2003年10月第1版，2008年3月第2次印刷，32开，500千字，系2002年国家社会科学基金项目，系"学海一牛鸣"丛书之一种。

熊铁基简介详见《秦汉道家与道教》提要。

刘固盛简介详见《道教老学史》提要。

刘韶军简介详见《中国老学史》提要。

本书写作体例与《中国老学史》相一致。共分六章：第一章介绍学术界对于庄子其人其书以及思想的研究状况，后五章分述"庄学"在秦汉、魏晋南北朝、隋唐、宋元、明清时期的发展情况。本书是学术界第一部系统论述庄学形成与发展的著作，"是一部开创性、高质量的庄学研究和道家研究的学术巨著，它为中国哲学与道家文化的研究不仅仅开拓出了新的天地，而且打下了良好的基础"。其所秉承的基本理路与典型特点，正如郭齐勇先生所言："著者在梳理庄子之学纵向的发生、发展线索时，始终将历史上的庄学研究看作一个动态的过程；换言之，庄学史既与庄子乃至道家思想内在的发展理路血肉相连，同时又与各个时代具体的文化心理、社会思潮激荡互动、密不可分。如此一来，庄学的发展就同时具有了连续性和时代性，这两者共同构成了庄学研究的历史发展。"

本书并非一人所作，故而更需强调整体统一，这对统稿提出了更高要求。这一点编者已经注意到了。如本书《后记》所言："在写各个时期庄学概貌时，更加注意其全面性和系统性，注意前后照应和比较。或者《庄学史》比《老学史》略胜一筹，这不是自夸，而是一点自信。"不过，细读本书，仍能发现其前后不一致的地方。如熊铁基先生在第三章第四节"郭象《庄子注》"中论述郭象的思想体系时，仅以玄学概括，并未提到其对"重玄"理论的阐发，而董恩林在第四章第四节"成玄英的庄学思想"中，却对郭象开"重玄"意境予以阐释。虽然类似不一致可能出自不同学者的不同见解，我们仍期待此书再版时对这一问题予以修正，使全书观点尽量统一。（肖习）

二十世纪中国庄学

《二十世纪中国庄学》，熊铁基主编，李宝红、康庆著。长沙：湖南人民出版社，2006年3月第1版，32开，374千字，系"学海一牛鸣"丛书之一种。

熊铁基简介详见《秦汉道家与道教》提要。

李宝红，华中师范大学历史系教师，从事中国近代思想文化史的教学与研究工作，负责本书的资料搜集、整理和考证。

康庆，武汉大学哲学系中国哲学专业博士，方向为20世纪中国哲学，任教于中南财经政法大学，主要研究领域是新儒家哲学、中国教育哲学史。

本书共分7章，是华中师范大学道家道教研究中心继《中国老学史》《中国庄学史》以及《二十世纪中国老学》之后，老庄学研究系列的又一部重要著作。

本书涉及哲学思考的部分（第二章二、三节，第三章第二节，第五章第二、三节，第六章二节，第七章二、三节）主要由康庆撰写，其余则由李宝红撰写。第一章就20世纪学术界关于庄学研究一个绕不开的问题——庄子其人其书问题——进行考论。第二章阐释了20世纪上半叶传统范式下的庄子研究，即运用传统的文本疏证来通《庄子》之旨要，以及沿袭"以儒解庄""以佛解庄"的传统思路阐发《庄子》大义。第三章介绍了20世纪上半叶对庄子思想学术的近代诠释。第四章回顾了当时学界在马克思主义思想指导下开展的庄学研究，主要焦点集中于对庄子哲学的重新解读上。第五章介绍了20世纪50至70年代台湾地区的庄学。第六章与第七章总结了新时期对《庄子》的多元解读。本书最后附有《20世纪〈庄子〉研究论著简目》一篇，几乎将20世纪庄学研究的所有书目尽收囊中，为学界进一步研究这一时期的庄学提供目录学上的支持。

　　本书可谓研究20世纪中国庄学史的重要著作，之前并无同类著作出现。其最大特点在于，一反之前由华中师范大学熊铁基先生主编的三部老庄学著作（即《中国老学史》《中国庄学史》《二十世纪中国老学》）按时间分述的写作体系，而是在借鉴《二十世纪中国老学》的基础上做了新的安排，以"研究范式的转换"为据设置章节，以问题为中心铺排内容。虽然这样的写作方式难免在时间上有所交叉，但是瑕不掩瑜，著者能够对已经成熟的老庄学史研究范式进行大胆革新，用庄学研究的"问题"作为主线写作，突出"问题意识"与"问题思维"，与之前的研究范式相比，相当具有创新性。另外，书中所引的资料极其丰富，著者能够在条分缕析的基础上，对这些资料游刃有余地进行统合，充分展示了著者的文献功底。此外，本书写作时运用的史学与哲学相结合的研究方法，也值得借鉴与学习。（肖习）

庄学史略

　　《庄学史略》，方勇著。成都：四川出版集团巴蜀书社，2008年9月第1版，精装，大32开，600千字。

　　方勇，1956年生，浙江浦江人。教育部长江学者，华东师范大学中文系教授、博士生导师，华东师范大学先秦诸子研究中心主任，《诸子学刊》主编。主要从事先秦诸子学和宋元文学研究，著有《庄子闲读》《庄子讲读》《孟子快读》《卮言录》《方凤集辑校》《南宋遗民诗人群体研究》等。

　　本书正文部分按照朝代划分，共分六章，论述了自战国至清末庄学发展的大势，与《庄子学史》的写作体例保持一致，只是《庄子学史》中清代庄学分为两编，而在《庄学史略》中将这两编合成了一章，故虽然《庄子学史》

分七编，而本书分六章，但二书的断代是一致的。书末附主要征引书（篇）目一篇，详列著者所搜集整理庄学著作之诸多版本；又附后记一篇，主述本书的写作及出版缘起。

正文部分从整体方面而言，在保留《庄子学史》精髓的前提下进行删减概括。著者既对郭象、陆德明、成玄英、王雱、陈景元、林希逸、褚伯秀、杨慎、释性通、陆西星、沈一贯、释德清、焦竑、方以智、王夫之、林云铭、宣颖、孙嘉淦、陆树芝、刘凤苞、章炳麟等人的庄学巨著予以大量笔墨重点阐释，又对刘安、班固、王弼、阮籍、崔譔、向秀、司马彪、魏征、文如海、马总、罗勉道、刘辰翁、黄震、王应麟、朱得之、王世贞、归有光、谭元春、金圣叹、高秋月、徐廷槐、藏云山房主人、林仲懿、胡文英等人的数百部庄学篇章著作予以探析。无论是庄学巨著还是零星的庄学论述，都是庄学的有机组成部分，著者不分巨细地对这些著作进行收集、整理和分析，相对完整地描绘出了庄学的发展图景。

总之，本书在风貌上仍然与《庄子学史》保持一致，且完全保留了《庄子学史》的主要内容及精髓，搭建了庄学发展的整体框架。与《庄子学史》不同的是，本书语言更加平实、更能够满足一般读者的需求，使人观之即知庄学发展的图景；尔后若需进行深一步研究，按图索骥、依循《庄子学史》及其所附书目研读即可。（肖习）

庄子学史

《庄子学史》，方勇著。北京：人民出版社，2008年10月第1版，全三册，精装，16开，1980千字。

方勇简介详见《庄学史略》提要。

本书先有序、导言与综论，而后分七编对庄子学史进行断代研究，末有两个附录。正文部分是一部庄学研究专门史，对庄学自战国到民国时期长达两千多年发展史进行断代研究。第一编战国秦汉庄子学，第二编魏晋南北朝庄子学，第三编隋唐庄子学，第四编宋元庄子学，第五编明代庄子学，第六编清代庄子学，第七编民国时期的庄子学。

通读全书，可以看出著者将庄学研究置于中国文化发展史、学术发展史的视野与背景中，通过对历代学术思潮代表人物研究庄学的著作进行爬梳、厘定和分析，清晰地勾勒出了庄学的历史发展脉络，并且阐述了庄学发展的基本规律和特征。本书另有附录"一百年来庄学研究论文辑目"，收集了从1907年至2008年共占236页篇幅的诸多论文，另一篇附录为"主要征引书（篇）目"，为庄学研究提供了珍贵的版本依据。

本书最大的特点是：不局限于思想史角度来进行庄学研究，而是从更开阔的视野出发来治庄。正如著者自己所说："此著除旨在总结历代庄学成果并揭示其发展规律之外，还深入阐述了庄子学说的渊源、篇目真伪的问题、《庄子》的文章学、庄学与佛道诸教及文学艺术之关系、庄学研究的历史与现状等，希冀能将上下两千多年的庄学长卷完整地呈现给读者。"

世事难全，本书当然也存在某些不足之处。由于在纵、横两个方向都拉得很开，也就难免在某些具体问题的论述中略显粗糙，譬如著者只对"逍遥"义的历史演变做了详尽梳理，而对处于同样重要地位的"齐物论"则缺乏论述。另外，对于庄学与道教之间的关系也缺乏深入阐发，颇显遗憾。白璧微瑕，上述不足并不影响其学术价值，此书仍不失为一部庄子学研究的鸿篇佳作。（肖习）

（三）区域道教史

四川道教史话

《四川道教史话》，李远国著。成都：四川人民出版社，1985年9月第1版，32开，50千字，系"祖国的四川丛书"之一种。

李远国，1950年生。曾任四川省社会科学院哲学研究所副所长、宗教文化研究中心主任，四川省学术与技术带头人，四川省政协委员、成都市政府参事。研究领域为中国哲学、中国道教与中国传统文化，尤精于道教研究。出版学术著作主要有《三元集》《道教气功养生学》等，合著主要有《衣养万物：道家道教生态文化》《道法自然：道教与环境保护》《道教与民间信仰》等。

本书共三章。一为道教的基本情况，主要内容：从原始巫术到黄老道、道教学说的理论基础、炼丹修道的各种方术、庞大杂乱的神仙系统。二为巴蜀道教人物和教派，主要内容：张道陵与天师道、范长生与李雄政权、临邛道士鸿都客、袁天罡和彭晓、杜光庭和谭峭、陈抟与先天易学、张伯端与南宗、陈清觉与碧洞宗。三为四川著名道观和古迹，主要内容：中央教区阳平治、张天师与鹤鸣山、玉局治和青羊宫、洞天福地青城山、第七洞天峨眉山、神异的丰都鬼城、窦圌山和七曲山、珍贵的道教石刻。

本书收集了大量有关四川道教的资料，简要地介绍了四川道教的历史。从某种意义上说，本书扩展了四川道教的研究范围，丰富了四川道教的研究内容，为四川道教的深入研究提供了借鉴，同时也为政府有关部门开展宗教工作提供决策依据，对于新时期发展变化中的道教来说也有一定参考价值。

（程雅君）

泉州道教

《泉州道教》，泉州市区道教文化研究会编。厦门：鹭江出版社，1993年5月第1版，32开，156千字。

　　泉州市区道教文化研究会的编者为：郑国栋、林胜利、陈垂成等。泉州市区道教文化研究会成立于1989年12月（1997年改名泉州市区民间信仰研究会），出版《泉州道教文化通讯》《泉州道教文化研究》和《泉州民间信仰研究》等季刊。1995年5月，泉州道教协会成立，会址设于元妙观。

　　本书分前言、七章及后记。主要内容有沿革、史迹、神统、教徒与活动、经籍与著作、对外传播、宗教文化与社会影响。

　　本书以调查、研究中所搜集的资料为基础，参阅了许多史籍；同时，还对一部分重要史迹，深入实地，调查、核对，力求做到存真求实。正如编者在绪言中所写："《泉州道教》为如实反映道教在泉州历史上所产生的影响，不加评论，概予编入，作为一份历史的记录。"本书收集了大量有关泉州道教的资料，丰富了泉州道教的研究内容，为泉州道教的深入研究提供了借鉴。

（程雅群）

武当道教史略

　　《武当道教史略》，王光德、杨立志著。北京：华文出版社，1993年9月第1版，32开，284千字，封面标题为傅元天所题。

　　王光德（1947—2001），道名王通圣，为武当三丰派第十三代传人，曾任中国道教协会副会长、湖北省道教协会会长、十堰市政协副主席、丹江口市政协副主席、武当山旅游经济特区副区长、武当山道教协会会长。

　　杨立志，1961年生，湖北丹江口人。曾任华中师范大学历史文化学院硕士生导师。2003年当选湖北省武当文化研究会会长。杨立志教授先后讲授中国古代史、中国历史文选、武当道教史、武当文化研究等课程，其主要研究方向为中国古代史、道教学、武当文化。

　　本书分序、六章及附录。这是以武当山道教为研究对象的专史著作。考察的时间段自先秦至现代，涉及的范围包括：道教思想，武当山的自然、文化、政治，宫观的建筑样式和艺术功能等与武当山道教有关的专题。主要内容有武当山道教的起源、宋代的真武崇拜与武当道教的形成、元代武当道教的发展、明代武当道教的鼎盛、清代至民国时期的武当道教、新中国诞生后的武当道教。

本书以国内外研究成果为基础，对有关武当山道教文化的来龙去脉之看法进行概要总结。本书采撷了诸多道教文献、地方志、正史、野史、个人文集，甚至小说笔记等方面资料，予以提炼升华，体现了著者的广阔视野与独到的史学见识，对于认识和理解中国的哲学思想、文化传统、社会历史、自然科学史，都具有较高参考价值。（程雅君）

香港与澳门之道教

《香港与澳门之道教》，黄兆汉、郑炜明著。香港：加略山房，1993年版，32开，60千字，系"加略山房研究丛书"之一种。

黄兆汉，先后任教于中国香港大学、澳洲国立大学及中国澳门东亚大学等。

郑炜明，常用笔名苇鸣，1958年生于上海，原籍浙江宁波。曾于澳门东亚大学、香港中文大学、澳门大学、澳门保安部队高等学校、澳门旅游学院、香港大学、香港浸会大学等院校从事教研与行政工作。现为香港大学饶宗颐学术馆高级研究员、副馆长，山东大学中国史兼职博士生导师。

本书由前言与三章构成。第一章香港的道教，概要论述香港道教的起源和早期史迹、民国以后的香港道教、香港道教的派别、香港道教与文教及社会福利事业、香港的道教刊物、香港的道教学术研究概况等内容。第二章香港的先天道、同善社与一贯道，分述先天道及其支派同善社，以及一贯道的流行情况。第三章澳门的道教，考察了澳门道教的历史、神祇、史迹、派别、组织及日常活动。

本书是最早将香港与澳门道教做初步研究的学术著作，篇幅虽然不大，却具有较高的史料价值。正如学者路遥在《中国民间信仰研究述评》所言："此书虽然篇幅不大，却是最早将香港与澳门道教（包括民间信仰）之崇拜与信仰，作了初步探讨和报告的学术著作。两位撰写人，一位是道教学专家，一位是澳门史研究专家。此书数据详尽、确实可信，以致后来的学者在进行香港与澳门道教之相关研究时，多以此书之调查资料为蓝图，按图索骥地再进行实地的采访与研究。在研究史的时间点与学术上，仍有其应有的价值。"（程雅群）

苏州道教史略

《苏州道教史略》，赵亮、张凤林、负信常著。北京：华文出版社，1994年11月第1版，32开，170千字。

张凤林，1962年生，江苏苏州人。现任中国道教协会副会长兼秘书长。负信常现为苏州玄妙观住持。

本书由序及四章构成。主要阐述道教在苏州的传播及其发展、苏州道教宫观、苏州道教斋醮科仪、道教与苏州民间风俗。第一章主要内容为：东汉、吴、东晋、南朝时期苏州道教的形成和传播、隋唐宋元时期道教在苏州的发展、明清时期的苏州道教、近现代苏州道教。第二章主要内容为：宫观内的建筑规式、宫观内的组织情况、宫观内的宗教活动、著名宫观简介、苏州道教宫观概览。第三章主要内容为：苏州道教斋醮沿革、斋醮音乐、斋醮程序、斋醮与服饰、斋醮科仪所体现的道教思想。第四章主要内容为：道教节日与苏州民间节日、道教的神仙信仰与苏州民间风俗、道教的戒律规范和神仙方术与苏州民俗。

本书收集了大量有关苏州道教的资料，内容丰富，介绍了苏州道教的历史。从某种意义上说，扩展了苏州道教的研究范围，丰富了苏州道教的研究内容，为苏州道教的深入研究提供了借鉴，是一部有价值的苏州道教史区域性专著。（程雅君）

长安·终南山道教史略

《长安·终南山道教史略》，樊光春著。西安：陕西人民出版社，1998年9月第1版，32开，380千字。

樊光春，1952年生，陕西紫阳人。陕西省社会科学院宗教研究所研究员、陕西省社会科学院道学研究中心主任，陕西师范大学宗教研究中心兼职教授，《三秦道教》杂志执行主编，中国宗教学会理事，新加坡道教学院荣誉教授等。从1979年起从事地方史志编修和研究工作，先后主编出版《紫阳县志》《紫阳茶业志》《渭南地区志·方言编》《西安市志·人口志》等专著。1988年转入宗教研究，研究重点为区域道教历史与现状。已出版专著包括：独著《凤凰山擂鼓台》《长安·终南山道教史略》《陕西道教两千年》《长安道教与道观》《西北道教史》，合著《中国道教宫观文化》《丘处机与龙门洞》《大慈恩寺志》。

本书内容加附录共8个部分。第一长安道教渊源；第二从黄老道到楼观道派；第三长安道教的巅峰；第四国都东移后的长安道教；第五长安道教的再度兴盛；第六衰落中的崛起；第七现代长安道教；第八附录。

本书是一部代表"长安文化"（王亚荣语）的特色作品，又是道教与传统文化、地域教史研究的力作，填补了国内学术界在研究区域性道教史志上的空白，把在中国历史上，特别是道教史上有重要地位的长安终南山地区的道教史事、时代背景和传统文化的关系勾画给当代读者，吟咏一曲长安文化之根本底蕴，演绎一幅道家道教发祥之始端，正一全真教事变迁之画卷，全方位展示陕西三秦大地这个秦岭南北"广义的终南山"（著者语）——"秦陇文化中心区域"（著者语）的文化传播、教事活动和宗教建设，挖掘和深入探讨了对今天仍有现实意义和历史价值的特色文化现象、高道学术思想以及道教与政治、科技和文化之关系。（程雅群）

台湾道教源流

《台湾道教源流》，赖宗贤著。台北：中华道统出版社，1999年2月初版，精装，25开，系"中华道统丛书"之一种。

赖宗贤（1943—2006），台湾彰化人。中华道统出版社社长兼发行人、中华大道文化事业股份有限公司总经理、四川大学卿希泰学术基金会秘书长、中华大道文教基金会执行长，并于厦门大学宗教研究所兼任客座教授。曾参与《中国道教史》四卷本的编撰工作，又将四川大学宗教研究所的重要研究成果，引进到自身经营的出版社，出版为"中华道统丛书"，此外，复协助厦门大学宗教研究所出版《道韵》专刊、大力捐助四川大学宗教研究所《宗教学研究》期刊的发行，堪称一位弘道护教的实业家。

本书系在作者博士论文的基础之上增补完成，全书除绪论外，共分八章。绪论部分从地缘、血缘、神缘三方面谈台湾与大陆的关系；第一章台湾道教神仙信仰的源流与传播，分述妈祖、瑶池金母、顺天圣母、女娲娘娘、九天玄女、玉皇上帝、玄天上帝、关圣帝君、王爷、保生大帝、福德正神、三清道祖、孚佑帝君、城隍等信仰，每节先叙述其源流，再举出台湾较重要、著名的庙宇；第二章台湾的醮祭与符咒；第三章巫术文化在台湾的兴起；第四章台湾鸾堂与劝善书之造作，先引证文献说明台湾鸾堂的源流，再介绍20世纪30年代形成之"儒宗神教"，并说明个别鸾堂组织的教训、堂规与其著造善书之案例；第五章新兴道派的传入与发展，先叙述白莲社、宝卷、弥勒信仰、无生老母、大乘教、先天道等宋元以来陆续产生的民间新兴教派及其产物，并介绍一贯道、天帝教、轩辕教等三个台湾的新兴道派；第六章观音信仰与民间道教的关系，先介绍观音修持法门与其身世考述，再说明观音与道教女神的关涉，并对其道场与主要寺庙进行简介；第七章道教内丹源流及台湾丹道养生文化之发展，先考述内丹道的源流，再介绍大江西派、昆仑仙宗在台湾推广的丹道养生文化；第八章余论，介绍道教会的成立始末、台湾的宗教政策与道教发展以及民间道教的演变阶段。

总的来说，在本书尚未出版之前，涉及台湾道教源流之文献，多为道坛父子相传或师徒传授的抄本，属于教内资料，而此书能从学术视角出发，并兼顾信仰、实务层面，整体考证功夫颇为扎实，值得肯定。唯部分界定或有所疑虑，盖一贯道、天帝教、轩辕教，在学界多被视为新兴宗教，作者则将之视为道教的新兴道派，自成一家之言，可供探讨。（李建德）

道教与云南文化：
道教在云南的传播、演变及影响

《道教与云南文化：道教在云南的传播、演变及影响》，郭武著。昆明：云南大学出版社，2000年1月第1版，32开，345千字。

郭武简介详见《道教历史百问》提要。

本书共8章24节，较为系统地阐述了道教在云南的传播、演变及影响情况。第一章考察了道教于东汉末传入云南的条件及渠道，展示了道教于三国两晋南北朝时期对云南文化的影响；第二章考察了道教于唐宋时期继续传入云南并流往东南亚国家的几种渠道，着重分析了道教对南诏、大理政治的影响；第三章阐述了元明时期道教在云南的活动情况，并对以往关于全真道流传云南情况的诸多说法进行辨析；第四章考察了道教与云南儒、释二教及民间宗教的关系，指出其与内地三教关系的异同；第五章考察了道教对云南彝族、瑶族、白族、纳西族、阿昌族等少数民族宗教信仰的影响，揭示了道教在这些少数民族中所发生的嬗变；第六、七、八章分别介绍了道教对云南民俗、文学艺术及风景名胜的影响。

本书将云南道教研究放在云南与中原文化关系网中进行探讨，认为道教是中国土生土长的宗教，是中国传统文化有机的重要组成部分；道教传入云南，正是中原文化影响云南文化的表现形式之一。因此，研究云南道教尤其是云南道教史，如果不以同时期中国道教史的发展状况为背景，不将云南道教放在与中原文化关系网中进行探讨，就难免以点代面，以偏概全。

本书对道教在云南传播和发展历史的全面梳理，宏观上以中国道教史在不同历史阶段的特点为背景，微观上以云南地方史料的考证辨伪为基础。一方面将云南道教史的发展放在历史背景之下进行观照，凸现道教传入云南并在传播发展过程中所具有的特殊性，另一方面通过对道教在云南的具体历史发展和在民族地区嬗变的论述，为中国道教史提供特殊而具体的范例，充实了中国道教史的研究。就这个意义上来说，该书不仅是一本成功的地方道教史著作，而且对中国道教史的研究也将产生较大的补益作用。

本书作为第一本较为系统论述道教在云南的传播、发展及影响的学术著作，涵盖面较广。尽管著者做了不少考证辨伪工作，但在一些地方仍难免沿袭前人的观点，如以杜光庭为道教南诏时期在云南有活动的佐证就是如此。（程雅群）

庐山道教初编

《庐山道教初编》，叶至明主编，徐新杰、徐向阳、张理仙副主编。北京：华文出版社，2000年9月第1版，32开。

叶至明，1960年生，山东青岛人。曾任中国道教协会常务理事、江西省道教协会副会长、江西省政协委员、九江市政协常委、九江市道教协会会长。

本书是一本系统论述庐山道教源流的著作。该书主体分为八章，主要内容有简史、宫观、人物、古迹石刻、艺文、掌故、传薪、盛会。

本书采撷的史料，其古代部分主要有《道藏》《道藏辑要》《藏外道书》《文献通考》《太平宫志》、清康熙《庐山志》《星子县志》等，近现代部分主要有《庐山志》《续庐山志》《中国道教史》《庐山金石考》《杨时文集》等。

本书叙事体例纵横经纬，亦史亦今，比较全面地反映了庐山道教的基本面貌。这种体例使其具备可读性，参考价值较高。（程雅群）

瓦屋山道教文化

《瓦屋山道教文化》，李后强主编。成都：四川民族出版社，2000年9月第1版，32开，319千字。

李后强，1962年生，重庆云阳人。四川大学教授。

本书分序、三篇及后记。主要有传说篇、研究篇和综合篇，是第一部全面介绍四川省洪雅县瓦屋山道教文化的书籍。

本书收录了与瓦屋山道教有关的民间传说、文物史料，以及有关专家过去发表的文章。还邀请了一些道教学专家撰写了新的论文，按照传说、溯源、考证和发展的逻辑线路进行了编排。本书在风格和体例设计上突出普及性与学术性、生动性与严肃性、历史性与现实性、开放性与区域性的结合。在研究方法上，突出实地考察与史料查阅相结合、文物考证与科学推理相结合。在内容安排上，力求突出史实性与故事性的结合，以学术研究为核心，以古为今用为指针，坚持"百家争鸣，百花齐放"的原则，兼容并包，集各家之说。

本书如下观点及论述值得关注：一、古蜀开国君主蚕丛生于青神县葬于瓦屋山。死后被羌人奉为青衣神，并建"川主庙""圣德堂"等以祀奉之，称为"青羌之祀"。瓦屋山的"三星洞"与广汉"三星堆"文化、新津"宝墩文化"有缘。二、五斗米道创始人汉代张陵的家乡在武阳（即今彭山江口镇），武阳人张纲为张良之后。张良的长子辟疆入蜀定居武阳，张陵为张纲之孙、张大顺之子。瓦屋山深厚的氐羌原始宗教土壤对张陵学道创道具有强烈的吸引力。天师道初创于洪雅瓦屋山，成型于大邑鹤鸣山。三、瓦屋山有炳灵河（亦名周公河）、炳灵镇，古有炳灵祠，所崇祀之炳灵即为古蜀王鳖灵，又称"炳灵大帝"。炳灵大帝在道教诸神中被列为东岳泰山五显之一，位居第三。道教以三为大，奉为"至圣炳灵王"。传说炳灵曾在瓦屋山一带治理洪水，因而颇受尊崇。四、晋代葛洪（抱朴子）沿老子、张陵足迹到瓦屋山结茅炼丹，在柳江五凤山还有抱朴洞、看花台、老君观等遗迹。五、元末明初，张三丰到瓦屋山苦修，写下了颂扬瓦屋山的诗句，并创立"屋山派"，因与蜀王朱椿交往甚密，朝廷借妖名封禁了瓦屋山。清代崇佛抑道，继续封山，瓦屋山由此沉寂下来。六、瓦屋山是道教发祥地，道教文化底蕴相当深厚，素有"瓦屋仙山"之称，是历史上著名的道教圣地。七、道教生态观与可持续发展观具有内在的统一性。老子之"道"是一种永恒的矛盾运动，其实质是一种非线性的自然法则。老子"反者道之动"的系列理论具有实用性和普遍性，对解放思想、更新观念和改革开放都有积极意义。道教主张的"天人合一""道法自然""自然之道不可违"，也是生态学的出发点。瓦屋山既是进行人与自然的生态伦理教育的理想之地，也是开展道教文化旅游活动的宝贵资源。瓦屋山道教文化的研究，可以为西部大开发的生态环境建设提供传统文化支撑。这些论述都是围绕瓦屋山道教文化展开的，都是珍贵的思想火花，都有自己的道理，故成一家之说，对深化瓦屋山道教文化认识和开发瓦屋山旅游资源都有积极意义。（程雅群）

陕西道教两千年

《陕西道教两千年》，樊光春著。西安：三秦出版社，2001年6月第1版，32开，280千字。

樊光春简介详见《长安·终南山道教史略》提要。

本书分绪论、六篇及后记。主要内容有历史的足迹、教派、宫观概览、教团、仪范撮要、艺术与方术。远述先秦原始道教信仰，近述陕西当代道教现状，研究道教教派、宫观、仪范、艺术等各个领域。

本年以文献资料和实地考察为基础，写出了陕西省境内原始道教信仰到20世纪末，道教的传承及各教派在历史发展中的作用。同时还记述陕西全省各地现存的宫观，包括沿革、景观、殿堂布局、教事传承、金石遗存等方面。另外，书中还介绍陕西与道教有关的民间庙会活动及陕西道教文学、音乐、美术和建筑艺术。

本书收集了大量有关陕西道教的资料，扩展了陕西道教的研究范围，丰富了陕西道教的研究内容。（程雅群）

茅山道院简史

《茅山道院简史》，潘一德编著。上海：上海科学技术文献出版社，2001年7月第1版，32开，213千字。

潘一德，原名潘延川，1962年生，甘肃华亭人。曾在中国道教协会工作，1992年调至茅山道教文化研究室，任江苏茅山道院道教文化研究中心研究室主任。著有《茅山道教简史》，合编《茅山道教文集》，主编《茅山上清灵符》等多种著作。曾在《中国道教》《上海道教》《三秦道教》等刊物上发表学术论文数十篇。

本书分序、十章及后记。主要介绍茅山道院的发展轨迹，按照历史进程叙述西汉三茅真君的事迹，从而揭示茅山道教悠久的渊源。汉末及魏晋是茅山上清经系传播的时期。南北朝时期，茅山上清派得到发展，这一时期陆修静、陶弘景等整理及弘扬茅山上清经系，为茅山道教的发展做出了杰出的贡献。隋唐是茅山道教的鼎盛时期，高道涌现，代表人物有王远知、潘师正、司马承祯、李含光、吴筠等，他们著书立说，弘扬道法，尤其《玄纲论》《坐忘论》等书的问世，对整个中国道教产生过重大影响。两宋时期，茅山道教继续发展，《茅山早午朝科仪》传行于世。元朝帝王在茅山进行了多次崇道活动，刘大彬编撰的《茅山志》为传承千年茅山道统，成绩卓著。明清帝王在茅山也进行了多次崇道活动，尤其明朝设立"华阳洞灵官"来管理茅山道教；清朝笪重光重编《茅山志》，杨承干真人成道于九霄宫，《三茅帝君宝忏》传诵于世。自1980年以后，茅山道院又开始了新的历程，恢复道观，新塑神像。目前，九霄宫、元符宫已初具规模。

本书以尊重历史为原则，力图客观真实地反映茅山道教和茅山宫观两千年来的发展历史，以史料言理。它涉及时代背景、道教人物、神话传说、史籍经文、教理教义及丹道养生等。以史为鉴，古为今用。另外，本书在叙述茅山道教历史的同时，还对道教教义进行了一些探索。著者指出，在茅山道教史上，茅山高道与中医也结下了不解之缘，如陶弘景在著道书的同时，还著有《本草集注》《药总论》等中医书籍。这些都表明茅山高道们对祖国医学

的贡献。（程雅群）

云南道教

《云南道教》，杨学政、刘婷著。北京：宗教文化出版社，2004年7月第1版，32开，101千字，系"云南宗教知识丛书"之一种。

杨学政，云南省社会科学院宗教研究所所长、研究员，云南省宗教学会会长。

刘婷，云南省社会科学院研究员。

本书分序、前言、六章。主要内容有历史源流、云南道教、经典表文与教派、现代云南道教及其组织。本书集宗教学、文学、民族学、文化学于一体，突出知识性、资料性、实用性、可读性、通俗性，把学术知识通俗化、让学术知识拥有更多的读者群，使其产生广泛的社会效益和政治效益。

本书是社会各界人士、宗教工作部门的干部掌握宗教政策、做好宗教工作的综合性书籍，也是了解云南宗教历史、现状和文化的书籍。（程雅群）

茅山道教

《茅山道教》，李永刚编著。南京：东南大学出版社，2005年12月第1版，32开，212千字。

李永刚，陕西华阳人。自号青竹道人，1984年起从事道教事业，1992年调至江苏句容茅山道院工作，曾任武进白龙观住持。茅山道院茅山道教文化研究室主任。

本书分序、前言、二十二章及后记。主要内容有：历史沿革、三茅祖师、宗师名道、福地名胜、宫观建筑、法派谱系、经典古籍、斋醮科仪、养生之术、主要文物、所奉神仙、洞天音乐、香期庙会、历代管理、金石题刻、古今诗选、传说故事、玄门楹联、奇闻轶事、抗日佳话、文化研究、目前现状。

本书吸收前人研究成果，收集了古今中外有关茅山道教的资料，内容丰富，融知识性和趣味性于一体，全面介绍了茅山道教文化。从某种意义上说，

扩展了茅山道教的研究范围，丰富了茅山道教的研究内容，同时也为以后茅山道教的深入研究提供了借鉴。（程雅群）

宁夏道教史

《宁夏道教史》，张宗奇著。北京：宗教文化出版社，2006年1月第1版，32开，230千字。

张宗奇，1964年生，宁夏西吉人。宁夏大学回族研究院研究员，主要研究民族学和宗教学。

本书分序、七章及后记。主要内容有宁夏道教史略、教派、教理教义和经典、道场的历史和现状、宁夏道教众神、宗教活动和民俗、学术和艺术。

本书对中国道教史有自己的观点。比如，认为道教作为宗教的三个要素（神、教职人员和仪式）在西周时已很完备，张陵所创的只是五斗米道，后称天师道，仅开了正一派的先河；他认为道教信仰的核心是道，圣人"设像立教"，是为教化普通大众。实际上，道教与世界上所有的一神教一样，引导信众与同一个造物主（即道）进行交流。所以，著者在写宁夏道教史时，即从黄帝向广成子问道写起，可以说顺理成章了。他是从中国道教史的大广角来写宁夏道教史的，既补充了中国道教史的宁夏篇章，也写出了宁夏道教史独特的地方。这在本书的后半部分表现尤其明显。

本书理论性、逻辑性强。不但如此，本书在写"教理教义和经典"等章节时，适应现代人生活节奏快、生活压力大的特点，也从弘扬道学精华的良苦用心出发，直接、间接地阐明了道教和养生的一些理论。有兴趣的读者，既可将此书作为入门书读，也可作为进一步研究、探索的一个基础。（程雅君）

道教南传与岭南文化

《道教南传与岭南文化》，王丽英著。武汉：华中师范大学出版社，2006年5月第1版，32开，200千字。2009年12月第2次出版，系"道家道教文化研究书系"之一种。

王丽英，1963年生，广东广州人。广州大学教授、中国古代史学科带头人，兼任广东省中小学教材审查委员会委员，广东省罗浮山文化研究会顾问，广东省宗教学会理事，广州市地方志学会理事，广州市道教协会理事等。主要从事中国古代史、岭南文化与道教文化教学和研究工作。

本书分绪论、五章及后记。主要内容有道教南传的历史文化条件、道教的传播与南传的途径、道教在岭南的初传、道教在岭南的衍播、道教南传的特征和影响。梳理道教南传的简单脉络和基本轮廓，分析道教南传的途径、路线、原因、时间、代表人物的思想、活动及其影响，论述道教南传的历史地位。

本书以比较文化学的方法，从道教典籍、历史事件及人物的角度，考证道教南传起始时期为后汉中期以后，传播路线为吴、楚、蜀三方面。该书对南传道教派别及其符箓、丹鼎两大部门的多数支派、历史事件和人物、经典科仪等内容都进行了具体整理和考察。虽没有直接涉及南方山地少数民族，但为相关研究做了比较全面的学术铺垫。（程雅群）

昆嵛紫气：全真道始于胶东历史探谜

《昆嵛紫气：全真道始于胶东历史探谜》，王钦法、王涛著。济南：齐鲁书社，2007年1月第1版，32开，413千字。

王钦法，毕业于山东师范大学历史系，曾任乳山一中校长，后任职于教育局、文化局、党校，是一个生长于斯、对当地古文化史又颇有兴趣的探索者，工作之暇，几倾全力投入烟台和威海地区古文化史的探究之中。

本书分为引言、三编十四章、附录、后记。上编坤厚载物，设"文化：得天独厚""仙话蓬瀛""一方水土蓄一方势"三章，介绍了胶东地区北宋以前文化的地域特色、历史发展及其对全真道兴起的影响。中编出类拔萃，设"王重阳：始创全真""北七真：宏道鼎教""衰微：明、清""与时俱进：沉浮、变通与新生""全真：性命双修""晨钟暮鼓循规戒""桑梓寄情"七章，介绍全真道在胶东地区的兴起及其传承。下编流风余韵，设"紫府洞天之门""文艺中道韵衍延""饮食与养生""避邪文化"四章，介绍胶东地区全真道的文化遗存及其对胶东文化的影响。后有"全真教道行大事记（1112～2000）""胶东道教名山宫观及五会分布图"两个附录。

本书介绍了"人创造宗教"的全过程。论证了道、释、儒三教和谐并存的胶东文化，王重阳来胶东传播"三教合一"的新教；"全真七子"的出现、全真道在全国的振兴。提出了全真道的兴起是社会历史、民族矛盾、道教自身发展等多方因素的作用，同时也是胶东文化影响的结果。正如著者在书中指出："道教全真派发轫于12世纪60年代的胶东昆嵛山绝非偶然，它的诞生壮大与这一区域独特的经济、社会、政治、文化、传统、地理等诸多因素密不可分。"

本书通俗易懂，兼具专业性和趣味性，全面介绍全真道的创建和教旨、发展和兴衰、传播和影响。（程雅群）

西津渡道教研究——铁柱宫和净明道

《西津渡道教研究——铁柱宫和净明道》，董晨鹏著。上海：上海文艺出版社，2007年3月第1版，16开，198千字，系"西津渡文化系列丛书"之一种。

董晨鹏，1966年生，江苏镇江人。1989年7月毕业于武汉大学新闻系。系高级工程师、江苏省作家协会会员，先后担任镇江市作家协会副秘书长、理事，中国镇江赛珍珠研究会常务理事，镇江西津渡历史文化研究中心主任等职。

本书分绪论、七章及后记。主要内容包括：从净明道说起、铁柱宫的祀神体系、净明监度师郭璞、至孝恭顺仙王谌母元君、紫阳洞和张伯端、江南道教的彻底融合和西津渡的道教宫观。

本书是对西津渡宗教历史文化进行系统性研究的第一部专著。著者对西津渡历史上的道教宫观做了详细的叙述，尤其着重考察净明道和铁柱宫的历史沿革、神明体系、思想衍变、人物谱系等，对张伯端和西津渡文化渊源、江南道教在镇江地区的融会等问题做了独到的阐述和辨析。

著者认为，西津渡的神明崇拜从整体上讲属于水神系的崇拜，西津渡的道教神灵崇拜也不例外。在人们心目中，这些神灵主要具有护佑航运安全的职责和功能。镇江王、金龙四大王、天妃、许真君、晏公等，无一不和行舟安全有关。由于西津渡与金山唇齿相依，而历史上西津渡的部分土地又归金山寺所有，因此，如果不是因为道教神祇本身的巨大影响力及处于漕运咽喉的地理位置的特殊性，西津渡的道教文化也不会变得如此发达。

当然，在书中著者还有着许多其他新颖的观点，例如认为郭璞墓葬镇江是历史的唯一可能，认为是施肩吾开启了内丹在南方传布的先河，认为谌母有可能是指茅山宗一祖魏华存，认为镇江是都天庙会、王爷会等的策源地，认为整个长三角地区奉祀的都天大帝是镇江人氏等等。这说明著者很善于运用自己的知识与方法去分析历史事实，并不拘泥于一些所谓权威性的现有结论。（程雅群）

明清时期武当山朝山进香研究

《明清时期武当山朝山进香研究》，梅莉著。武汉：华中师范大学出版社，2007年10月第1版，32开，282千字，系"道家道教文化研究书系"之一种。

梅莉，湖南常德人。时任《华中师范大学学报》编辑部编审。主要从事历史文化地理、道教史研究，著有《两湖平原开发探源》《湖北农业开发史》等。

本书分为绪言、七章、附录。依据著者对武当山朝山进香所做的田野调查资料和历史文献资料，对明清时期武当山的进香活动进行梳理，以历史人类学的视角、历史文化地理的方法，具体描述武当山进香的历史过程、武当山朝山道路的变迁、不同时期香客来源的社会构成、武当山朝山进香与明清时期真武信仰状况之间的关系、香客的空间分布形态以及武当山香会的结构与活动、政府对朝山进香的管理。

本书资料丰富，具有可读性和较高的学术价值。尤其是田野调查资料的搜集和运用，弥足珍贵。而"眼睛朝下看"，探讨民众朝山进香的宗教信仰及行为，对当今民众信仰问题的研究不无参考价值。我们从中可以得到一些启示，乃至进而对于解决某种"信仰危机"提供参考。

由于条件限制，许多本应深入探讨的问题，在本书中却未做展开，或未涉及，如真武信仰与民众生活、香会与外部社会环境的互动等重大问题，如能深入探讨，将更有意义。（程雅群）

茅山道教志

　　《茅山道教志》，杨世华、潘一德编著。武汉：华中师范大学出版社，2007年11月第1版，32开，375千字，系"道家道教文化研究书系"之一种。

　　杨世华，1964年生，江苏句容人。中国道教协会副秘书长、中国宗教学会理事、句容市道教协会会长、茅山道院住持，《江苏道教》主编、《茅山道讯》主编、《炎黄文学》副主编。编有《茅山道教文化丛书》《茅山道教历代碑铭录》等。

　　潘一德简介详见《茅山道院简史》提要。

　　本书分绪论、十八章及后记。主要内容有历史沿革、神仙地祇、圣师高真、宗师名道、道经志书、茅山宫观、斋醮科仪、茅山授箓、茅山养生、茅山道术、历代管理、茅山文物、道教研究、对外交往、茅山景观、珍闻轶事、诏诰副墨、茅山艺文。

　　本书是一部反映茅山道教文化的志书，与过去的《茅山志》不同，本书重新梳理茅山的历史沿革，神仙、真人、宗师等人、神，道经志书，以及宫观和科仪等等。该书既利用了原来志书的资料，又有许多新的补充，全书后半部分的内容，搜集和整理的新资料更多，体现了时代特色、地方特色。（程雅群）

云南道教史

　　《云南道教史》，萧霁虹、董允著。昆明：云南大学出版社，2007年11月第1版，32开，304千字，系"云南宗教系列专史"丛书之一种。

　　萧霁虹，云南省社会科学院宗教研究所所长、研究员，云南大学宗教学特聘硕士生导师，云南省宗教学会会长，云南省委统战部宗教理论与政策研究基地主任。长期从事道教和古籍文献、宗教理论与政策、云南宗教历史与现状研究。

　　本书除导言、附录资料外，正文共七章。导言简介中国传统宗教道教的产生、教义、主要派别、经书、教徒、宗教活动仪式等各方面常识；第一章论述东汉末年道教创立后初传入滇的具体时间、路线、情况及魏晋时期云南道教的历史；第二章至第四章分别论述唐宋（南诏大理国）、元代至明初、明清等三个历史时期内，云南道教的演变发展历史、道教对云南地方及少数民族文化的影响；第五章论述民国时期民国政府及云南地方官府对待道教的政策及云南道教的变化情况；第六章分为20世纪50年代至60年代、"文化大革命"时期、80年代以后等三个阶段，论述云南道教在当代的曲折恢复发展历史状况及其活动变化；第七章从云南道教宫观建筑、著名高道、道教典籍和音乐等方面，论述了云南道教文化的内涵及其特点。附录有民国时期昆明市及云南各地道教会组织、当代云南省及地州市县道教协会组织情况介绍。此外，尚有汉代至当代各个历史时期的云南重要道士242人名录，详载昆明市及各地州市道观情况的云南道观一览表、汉代至2007年6月云南道教大事记等资料，编排认真而细致，也非常可贵，极便浏览查阅。

本书是迄今为止第一部贯通古今的云南道教通史著作，它包含了地方志书、碑刻文物、历史档案、社会田野调查等多层次的资料，吸纳、整合了前人对云南道教研究的相关成果，系统地记述了东汉末道教初传入滇至21世纪初约1800年间，云南道教在各个历史时期的演变、发展情况，以及对云南地方及少数民族文化的影响。（程雅君）

昆明道教史

《昆明道教史》，昆明市宗教事务局、昆明市道教协会编。昆明：云南大学出版社，2007年12月第1版，32开，250千字。

本书共分八章，且有附录。第一章道教初传昆明，主要阐述道教初传昆明的时间及派别、元代之前昆明道教史迹以及元代昆明道教信仰和宫观兴建情况；第二章明代昆明道教的兴盛，主要阐述沐氏家族与昆明道教、明代高道刘渊然入昆传道创派以及明代昆明道官设置和地方官崇道；第三章清代昆明道教的发展，主要阐述清代道观的修建、道教教派的发展、清代昆明道教的盛与衰；第四章民国时期昆明道教的衰微，主要阐述庙产兴学对昆明道教的冲击、民国时期昆明道教管理部门的设置、昆明道教的组织戒律、昆明道教与民间信仰、昆明道教的衰落；第五章当代昆明道教的恢复，主要阐述新中国建立时期的昆明道教以及改革开放后的昆明道教；第六章道教对昆明少数民族的影响，主要阐述道教对彝族、白族的影响；第七章宫观建筑艺术，主要阐述宫观建筑传统的沿袭、宫观建筑的特点、昆明现存道教建筑及其艺术，诗、联与碑刻、绘画与铸像；第八章昆明道教经典、斋庆和音乐，主要阐述经典文献、斋醮节庆、昆明道教音乐与洞经会。

本书是昆明市宗教事务局、昆明市道教协会主持编纂，由政府宗教管理部门、宗教团体、学者三方共同撰写的地方专史。通过梳理云南地方志及各类史籍、档案及碑刻资料，在前人研究的基础上进行实地调查，进一步广征史料，考证道教于东汉末年由内地传入昆明以来一千多年的历史，理清昆明道教史的发展脉络，阐述昆明道教的地方特色和民族特色，融学术性、史料性于一体，具有一定的学术价值。（程雅君）

广东地方道教研究——道观、道士及科仪

《广东地方道教研究——道观、道士及科仪》，黎志添著。香港：香港中文大学出版社，2007年版。

黎志添，香港中文大学文化及宗教研究系教授、道教文化研究中心主任、中国文化研究所副所长。研究领域包括西方宗教学理论、六朝道教史、天师道经典、道教科仪、香港及广东道教史。专著有《广州府道教庙宇碑刻集释》《宗教研究与诠释学——宗教学建立的思考》等，另撰有学术论文数十篇，登载于国际重要期刊。

本书分绪论、九章及后记，主要内容有道观、道士、科仪三个部分。对于香港正一派喃呒道士，香港新界建醮仪式传统：道坛、道士及科仪本，香港殡仪馆的道教打斋仪式，香港道教斋醮中的超幽施食仪式等方面，都有详细的探究与论述。长期以来，中国道教学者多侧重于历史、思想、经典的研究，对于道教在中国地方社会上不同的生存形态、道派传统和历史发展，尚未充分重视。本书走出书斋，观察生活中的道教，在香港及广东地区进行长期道教田野调查之上，为中国道教研究提供了结合宗教历史学和人类学的研究典范。

对于道教研究而言，田野经验绝不仅仅是为了重返历史现场，更是理解

贯穿于两千年来道教根本问题的一把钥匙，即土生土长的道教为什么是"中国文化的根柢"。本书从道观、道士、科仪三个层面，试图从地方道教个案研究出发，为此问题提供一种答案。（程雅群）

武当文化概论

《武当文化概论》，杨立志著。北京：社会科学文献出版社，2008年10月第1版，20开，416千字，系"武当山文化研究丛书"之一种。

杨立志简介详见《武当道教史略》提要。

本书分绪论、八章及后记。本书对武当文化的地理背景和基本精神、道教历史、玄帝信仰、建筑文化、斋醮科仪、武当武术、进香民俗、山水文学等进行了系统阐述，界定了武当文化的概念、基本精神，探讨了道教玄天上帝信仰与武当山神仙造像、宫观建筑、朝山进香等文化现象之间的内在联系。

本书史料丰富，考证翔实，是专门研究武当山历史文化的学术著作，不仅为武当文化研究提供了理论框架，也为今天武当山文物保护和文化开发提供了有益的参考。（程雅群）

台州道教考

《台州道教考》，任林豪、马曙明著。北京：中国社会科学出版社，2009年2月第1版，16开，430千字。

任林豪，1963年生。曾任临海市博物馆馆长、临海市政协文史资料委员会副主任。

马曙明，主编有《临海宗教志》《临海文物志》等书。

本书分绪论、八章及后记，系统地介绍了台州道教从东汉发展至民国的曲折历程，尤其对上清派、南宗和龙门派在该地的传播发展有较多考察。

本书重在"考"字，以历史为经，人物、宫观、事件为纬，勾勒了台州道教的发展线索；内容丰富，涉猎甚广，重要人物与重大事件均有阐述。同时对历史上的主要资料做了剖析，梳理了宗派的发展脉络，重在信史，考述甚详。

本书展现了台州道教的风采，提出了一些独特的见解，有助于了解台州道教曲折发展的面貌。（程雅群）

武当山千古之谜

《武当山千古之谜》，谭大江著。广州：中山大学出版社，2009年7月第1版。曾于1994年由人民体育出版社出版，32开，210千字，原名为《奇异的北纬30°武当山千古之谜》。

谭大江（1947—2016），道号"孔德"，1947年生，湖北丹江口人。曾任《武当》杂志社副总编、中国武当山武当拳法研究会秘书长，致力于武当武术及武当文化和道家仙学养生研究。

本书分为序言、八章、后记。主要内容有武当山山水之谜、武当山飞碟之谜、武当山风物之谜、武当山动物之谜、武当山植物之谜、武当山道教文化之谜、武当山神仙之谜和武当山八宝紫金锭之谜。

本书搜集、整理武当山的山水（风水）、植物、风物、动物、道教文化，以及历代在武当山隐居修炼的人物等自古以来的不解之谜，与宇宙自然联系起来，力图以现代科学观念和假设性解说破译这些奇异现象。（程雅群）

崂山道教史

《崂山道教史》，任颖厄著。北京：中央编译出版社，2009年12月第1版，16开，280千字。

任颖厄，1969年生，山东汶上人。青岛理工大学马克思主义学院教授、硕士生导师，主要从事中国传统文化方向的教学与研究。

本书于绪论后分六章，书末有附录二。主要内容有：崂山道教的思想文化渊源、崂山道教的发展轨迹与脉络、崂山道士的生活、崂山道教宫观、崂山道教文化与道术、崂山道教碑刻史料。

本书以正史资料以及本人仔细搜罗、缜密考证的碑刻、笔记、文集等重要史料为依据，分别从纵、横两个维度对崂山道教的发展历程进行了全面梳理和探索。在纵向上以时间为主线，全面系统地梳理了崂山道教的发展轨迹与脉络，概括为秦汉魏晋时期的孕育与萌芽、唐宋时期的发端、金元之际的兴盛、明代的曲折发展、清代的渐趋衰落以及近代以来的劫难与新生六个阶段，基本理清了崂山道教孕育、发端、兴盛、衰落、新生的发展脉络；以阶段特征为框架，深入分析了崂山道教发展过程中所涉及的诸多重大问题。如：关于西汉张廉夫与崂山道教的发端、崂山与灵宝经的传说、《道乡集》《大成捷要》两部道书与崂山的文化渊源、张三丰与崂山道教的关系等问题，逐一进行了考证与澄清。在横向上，对崂山道教的思想文化渊源、崂山道士的生活、崂山道教宫观、崂山道教文化与道术进行了全方位的研究，基本呈现了历史上的崂山道教全貌。如对崂山道士生活的探讨，就从刻苦的修炼生活、虔诚的诵经生活、神圣的祭祀生活、丰富的学习生活、俭朴的物质生活、广泛的社交生活等六个方面进行深入考察，揭示了丰富多彩的崂山道士生活。再如，对崂山道观特点的研究，也是利用翔实的道观资料，对道观的派别、命名、奉祀、僧道共处等特点进行了认真探究与总结，以利于深化人们对崂山道观的认识。

本书是一本研究崂山道教发展历史的专著，对于展示崂山的道教仙山形象、挖掘崂山的道教精神魅力、提升崂山的文化地位，起到积极的作用。（程雅君）

西北道教史

《西北道教史》，樊光春著。北京：商务印书馆，2010年3月第1版，精装，16开。

樊光春简介详见《长安·终南山道教史略》提要。

本书分七卷及附录。卷一共分五章，介绍西北道教的历史地理背景、道教的建筑群落，指出这些建筑群落是历代出家道众的修道场所和道教信仰者的朝圣之地，也是道教文化的重要载体，故而对道教建筑的研究是道教研究的重要基础和组成部分。而大部分的道教建筑都分布在文献典籍记载的道教名山和洞天福地当中，所以本卷首先对实体和文献中的道教仙山和洞天福地资料进行了稽考和整理，依据地方文献资料，结合道教文献，对道教典籍

《天地宫府图》和《洞天福地岳渎名山记》中记载不详和有相互抵牾的西城山和西玄山两处洞府进行了重新定位和描述，为下一步深入研究奠定了历史地理学方面的基础。卷二考察早期西北道教情况，主要论述道教在西北地区的起源问题。著者参照宗教学的构成要素，横向形成文章的架构，从宗教仪式的起源、宗教组织、宗教思想等几个方面对隋唐以前的道教从产生萌芽到正式形成的过程进行了梳理。从卷三到卷六，按照历史发展顺序对西北道教的发展兴衰过程进行详细的论述，这部分系本书重点所在。卷七对西北地区的道经和金石文献进行了系统整理。

　　本书始终抓住两条主线，一是横向的道教建筑群落的地理分布，二是纵向的历史发展轨迹。在两条主线的纵横交错中，把道教的历史事件、宗派人物、典籍文献、宫观祖庭等要素依次展开，层层递进，条理清晰，逻辑严谨。本书将西北道教的发展演变历史和独具的西北地方风格鲜活地展现在读者面前，显示出著者驾驭材料的能力和道教学术研究的深厚功底。（程雅君）

香港道教

　　《香港道教》，钟国发著。北京：宗教文化出版社，2010年4月第1版，16开，240千字，系"香港宗教丛书"之一种。

　　钟国发，1945年生，四川金堂人。上海社会科学院宗教研究所研究员。

　　本书分自序、八章和结语。主要有香港道教的历史渊源、香港道教的组织细胞、香港道教联合会、香港道教联合会的道派、香港道教联合会道堂扫描、香港道教四大宫观、香港道教的信仰对象与崇拜活动、香港道教的社会参与。本书纵向上梳理了香港道教的历史渊源以及香港道教联合会的形成与发展过程，横向上则介绍了香港道教的组织细胞——道堂以及著名的四大宫观、信仰对象和崇拜活动，包括社会慈善福利活动等，全面展示了香港道教的历史与现在。正如著者引言所说："本书所研究的香港道教，则以客观上大致符合道教的传统标准，主观上也认同以道教的机构和成员为限，主要不出香港道教联合会的组织范围，另外加上道联会以外的一些众所公认的道教内容。"

　　本书吸收前人的研究成果，收集古今中外有关香港道教的资料，全面介绍了香港道教文化，丰富了香港道教的研究内容，扩展了香港道教的研究范

围，同时也为香港道教的深入探索提供了借鉴。（程雅群）

香港道教：历史源流及其现代转型

《香港道教：历史源流及其现代转型》，黎志添、游子安、吴真著。香港：中华书局，2010年4月版。

黎志添简介详见《广东地方道教研究——道观、道士及科仪》提要。

游子安，香港中文大学文化及宗教研究系助理教授、道教文化研究中心副主任。专著有《善书与中国宗教：游子安自选集》等。

吴真，1976年生，广东潮州人。中国人民大学文学院副教授，香港中文大学文化及宗教系兼任助理教授。专著有《为神性加注：唐宋叶法善崇拜的造成史》等。

本书是第一部全面阐释一个城市的道教传统和发展的专著。著作目的是要让对道教感兴趣的普通读者掌握和明了：道教在香港地区过去百余年来的发展、传承、演变、现况和种种宗教活动。全书共五章，分为三部分。第一部分共三章，分别阐述形成今日香港道教整体面貌的三个主要传统及其历史的演变，包括：吕祖道堂、正一派喃呒道馆和先天道道堂。第二部分介绍香港道教科仪的传统。第三部分简析道教团体和香港社会变迁的互动关系。

本书研究考察了香港道教联合会现有的会属道堂九十多间，这些道堂多数供奉吕祖为主坛神祇。每间道堂各自采用不同的派诗字辈，反映其道脉来源的多元性。香港道坛大多是在20世纪20至40年代以后，从广东地区的祖堂分支传入香港。特色在其集体宗教活动常常体现为扶鸾降乩、道场法事、神诞斋会、慈善济世及刊派善书等的融合。最早将道教仪式传统带入香港的，当是清代中期正一派的职业"喃呒道士"。

此外，观察民国初年就已传入香港的先天道，在现今香港道教联合会中约占四分之一会员。在中国内地被归类为"民间宗教"的先天道，在香港取得了"道教"的身份。其宗教修行的特色是三教合一，即行儒者之礼，持释家之戒，修老子之道。

道教是"仪式型的宗教"，著者归纳香港道教科仪的传统可分两类：一是由职业性的正一派火居道士（俗称"喃呒先生"）主持的道教斋戒科仪，主要是殡仪馆的丧葬功德法事和新界乡村周期性的大型太平清醮仪式。二是道堂的道教法事科仪，由经过经忏科仪学习的道堂入道弟子入坛主持。道堂弟子统称为"经生"，但按科职类别，又可分为高功、都讲（俗称"二手"）、监斋（俗称"三手"）及其他散众。道堂与正一派在科仪传统上差异很大，主要表现在科仪的节次安排、背后的仪式理念、行仪演习的做法以及使用的科仪经本上。

20世纪70年代后香港发生了现代化与都市化的转变，许多道堂顺应社会，都由信众的私人团体转变成公开的慈善团体并注册成为法人代表有限公司。香港道堂也对20世纪80年代后中国内地的道教复兴贡献极大，包括宫观的修复重建，及公共福利事业的捐助等。（林翠凤）

罗浮道教史略

《罗浮道教史略》，赖保荣编著。广州：花城出版社，2010年版，32开，230千字。

赖保荣，1958年生，广东博罗人。中国道教协会副会长、广东省道教协会会长、广东省政协常委、罗浮山冲虚观主持。

本书分上、中、下三篇及附录，上篇罗浮道教的历史发展，按照历史朝代，分七章阐述罗浮道教的历史。第一章主要讲述汉代以前的罗浮道脉；第二章主要讲述魏、晋、南北朝时期罗浮道教的主要人物，如奠定罗浮道教地位的葛洪、著名道教人物鲍靓和鲍潜光、传奇地行仙黄野人、亦道亦释单道开及其他道人；第三章主要讲述隋、唐时期罗浮道教的发展，以隋朝时期内丹创始人苏元朗的故事为切入点，展示隋唐罗浮道教鼎盛时期的情况。第四章主要讲述宋、元时期罗浮道教的传播，如宋朝的三位内丹南宗道祖、元朝罗浮道教归入全真道及宋、元时期的其他罗浮道士。第五章主要讲述明、清罗浮道教的延续，如明朝罗浮道教发展艰难、清朝罗浮道教的复兴。第六、七章主要讲述民国时期罗浮道教的遭遇以及新中国罗浮道教的复兴。中篇罗浮道教宫观史迹，包括第八章至第十二章，共五章。其中第八章至第十一章分别介绍了冲虚观、酥醪观、九天观、黄龙观的历史沿革、殿祠、观外仙迹。

第十二章主要介绍罗浮道教分支和新建宫观。下篇罗浮道教诗词楹联精选，共有三章。其中第十三章、十四章主要讲述罗浮道教诗词，十五章主要讲述罗浮道教楹联，如冲虚观联、黄龙观联、酥醪古观联、九天观联、陈孝女祠联以及其他宫观联和罗浮宫观佚联。附录主要有历代志书记载的罗浮道观和罗浮道教大事记。

本书收集了大量有关罗浮道教的资料，对罗浮道教两千年的历史进行阶段划分，做了史料性的梳理。从某种意义上说，扩展了罗浮道教的研究范围，丰富了罗浮道教的研究内容，为罗浮道教的深入研究提供了借鉴，同时也为政府有关部门开展宗教工作提供决策依据，对于道教在新时期传播发展具有一定参考价值。（程雅群）

北京道教石刻

《北京道教石刻》，孙勐、罗飞编著。北京：宗教文化出版社，2011年3月第1版，32开，300千字，系"北京宗教史系列丛书"之一种。

孙勐，1979年生，北京市文物研究所副研究员。

罗飞，大钟寺古钟博物馆副研究馆员。

本书分绪言、七章及后记。共收录碑刻文字278篇，按石刻内容进行分类编纂。包括：御制碑和敕建碑、兴建碑、重修碑、人物碑、香会碑、诸事碑和墓志志文七个部分。第一部分御制碑和敕建碑：共收录20篇碑文，凸显出历代帝王对道教的尊崇，以及道教所处的地位与影响。第二部分兴建碑：收录18篇碑文，这类碑文对于了解北京道教宫观的历史及其分布状况等具有重要的价值。第三部分重修碑，收录49篇碑文，这些碑文是北京道教演进历程的重要史料。第四部分人物碑：收录27篇碑文，这些碑文反映了著名道教人物在北京地区的活动。第五部分香会碑：收录112篇碑文，从一个重要方面体现出道教对北京经济与文化等方面的影响力。第六部分诸事碑：共收录38篇碑文，记载了北京道教的宗教活动、经济状况等。第七部分墓志文：收录7篇碑文，为人们进一步研究道教提供了线索与依据。书中有的碑文辑录自各种金石录或已经出版的著作，有的则是著者做田野调查时亲笔抄录下来的。通过阅读这些碑文，不仅可以了解历代王朝对道教采取的政策，而且还可以真切地感受道教对北京历史文化的巨大影响。

本书扩大了北京地区碑刻文化的研究范围，填补了北京道教碑刻文化研究的空白，为开展北京道教的后续研究或与古代文化生活有关的研究提供了最为宝贵的原始资料。（程雅群）

建水燕子洞道教初探

《建水燕子洞道教初探》，许儒慧、李梅著。昆明：云南人民出版社，2011年5月第1版，20开，140千字。

许儒慧，云南建水县建设局工作人员。

李梅，云南建水县燕子洞风景管理处主任。

本书分序、前言及正文三部分。第一部分道教简介，主要介绍道教、云南道教的由来、称谓、宗教活动、天尊地仙吉神、清规戒律及道藏。第二部分建水道教，主要介绍建水道教活动史、建水现存寺庙、宫观、祭祀活动和道教传说。第三部分燕子洞道教，主要介绍燕子洞道教吉神、祭祀活动、现存道教碑文、现存碑记、文记以及道教龙门派和段至罡道长。

本书是一本有关建水燕子洞道教的专著，其目的是为建水燕子洞旅游开发所写，可作为导游参考的资料。（程雅群）

崂山道教与崂山志研究

《崂山道教与崂山志研究》，苑秀丽、刘怀荣著。北京：中国社会科学出版社，2011年8月第1版，16开，305千字。

苑秀丽，1968年生。青岛大学2015年特聘教授、马克思主义学院教授、习近平系列讲话研究中心兼职教授。主要研究伦理学、中国传统文化。刘怀荣，1965年生，山西岚县人。1992年到青岛大学中文系任教，1996年破格晋升为教授。从1997年起，先后任该校中文系副主任、主任，青岛大学文学院副院长、硕士研究生导师、中国古代文学学科带头人，兼山东师范大学中国古代文学博士生导师。

本书分上下两编。上编崂山道教研究，以丰富的资料为依托，从史学角度梳理崂山道教发展的轨迹，对崂山道教的文化渊源及在各个历史时期的发展特点做了系统的考证与论述。下编为崂山志研究。明末清初黄宗昌父子合著的《崂山志》，作为道教山志，被尊为道书，收入《藏外道书》。除黄著《崂山志》之外，本书又选取近人周至元所撰《崂山志》。从两书著者家世生平的考证，到内容、体例安排等文本层面的比较，再到学术价值的探讨，步步深入，细致入微地对两部《崂山志》进行研究。

本书从先秦两汉到魏晋至唐五代齐地文化中的方术和黄老之道及崂山周边的方术与道教的发展入手，在齐文化的大背景下对崂山道教进行考察，追溯崂山在唐后渐渐成为全真教天下第二丛林的地域文化根源，接着又对崂山道教的发展进行分期，指出从唐末至金代后期为崂山道教的发端期，从金末到元末为兴盛期，元末至明代后期为中衰期，明代后期到清代康熙年间为中兴期，并认为万历以后至康熙年间是崂山道教史上最兴盛的时期，而康熙以后，崂山道教进入衰落期，20世纪以来崂山道教又正经历着一番曲折的历程。具有直探本源、严谨细致的特点。

本书将宏观审视和微观考察相结合，展示了研究的前沿性、学术的思辨性及应用的现实性并重的特点，但由于资料不足的限制，有些方面论述只好从简或付诸阙如，是该书的不足之一。（程雅群）

道心：金阊道教概览

《道心：金阊道教概览》，苏州金阊区宫观管理委员会著。北京：宗教文化出版社，2011年9月第1版，32开，150千字，系"苏州宗教文化丛书"之一种。

本书分自序、五篇和结语。主要内容有历史概况、宫观概说、斋醮科仪、仙话传说、文脉民俗。本书以介绍金阊道教历史为主，以金阊人文、地理、民俗为依据，弥补金阊历史上没有专门介绍当地道教历史现状书籍的空白，对了解道教与民众生活的关联，了解金阊道教的教理教义有一定的参考价值。同时，对金阊道教、苏州道教历史资料的保存也发挥了作用。（程雅群）

杭州道教史

《杭州道教史》，林正秋著。北京：中国社会科学出版社，2011年版，32开，363千字，系"杭州历史文化研究丛书"之一种。

林正秋，曾任杭州师范大学历史系教授、杭州历史文化研究所所长。

本书分前言、22章和附录、后记。前言简要介绍杭州道教历史、道教名胜以及著者的个人建议。其后章节的主要内容有：秦汉之前的神仙传说、东汉张道陵创立五斗米道、汉晋名道踪迹、葛洪与杭州抱朴道院、钱唐名道、唐代杭州道教、五代吴越国杭州之道教、北宋杭州之道教、南宋皇帝与京城道教、南宋京城御前十大宫观、南宋京城的民间道观、南宋京都名道传略、南宋京都流行的道教诸派简述、宋元时期的洞霄宫、元代杭州道教、明代杭州道教、明代杭州名道传、明代道书《重阳庵集》评述、道家食谱《饮馔服食笺》、清代杭州道教、玉皇山福星观的发展、民国成立的杭州市道教会。

本书叙述了秦汉至民国时期的杭州道教历史与文化。全书将杭州道教历史划分为五大阶段，秦汉之前的神仙传说是杭州道教萌芽时期，汉、晋、南北朝为杭州道教发展初期；隋、唐、五代及北宋是杭州道教发展及兴盛时期；南宋是杭州道教鼎盛时期，元代延续了南宋的盛况，明代杭州道教继续发展，到了清乾隆后逐渐衰落。南宋时期道教的发展使杭州成为全国的道教中心，也是全书重点所在。（程雅君）

江西道教史

《江西道教史》，孔令宏、韩松涛著。北京：中华书局，2011年版，16开，400千字。本书为国家社科基金后期资助项目。

孔令宏简介详见《中国道教史话》提要。

韩松涛，浙江大学图书馆副研究馆员。

本书共分九章。第一章汉代三国时期江西道教的酝酿；第二章魏晋南北朝时期江西道教的起源；第三章隋唐五代时期江西道教的发展；第四章五代十国和宋代江西道教的转型（上）；第五章五代十国和宋代江西道教的转型（下）；第六章元明两代江西道教的大发展（上）；第七章元明两代江西道教的大发展（下）；第八章清代江西道教的衰落；第九章近代以来江西道教的复兴。后有附录：不同版本的四十一代天师世系表、1929年江西僧道户口表。

江西道教起源较早，在张陵创教前，江西已经有较多的神仙传说，其中一部分影响了后代道教的发展，甚至有的影响绵延至今。本书选取了贵溪鬼谷山鬼谷子、南城麻姑山麻姑、宁都金精山张丽华、南昌青云谱的梅福等四个至今仍有影响的地方和人物进行叙述。天师道龙虎宗是江西道教传承的重要宗派，也是江西道教研究的核心内容。天师道创始人张陵在蜀地创教前，在包括江西在内的东部有一定的活动。本书对南北朝至唐五代张陵在东部的事迹传说进行了分析，对张陵在东部，包括江西、浙江、江苏等地活动的可能性进行了推测。张陵、张衡、张鲁父子三人递传天师道，张鲁曾建立起政教合一的政权。本书利用新发现的资料对张鲁的卒年进行了新的论证。天师道在张陵的第四代孙张盛时传到江西龙虎山，这仅见于《汉天师世家》，正史中并无记载，学术界也基本上不认可这一说法。本书对此进行了辨析，丰富了对这一问题的探讨。张鲁以后至晚唐龙虎宗兴起，一般认为中间约800年间张天师一系缺乏史料，本书对这一段的史料进行汇合和梳理，提出了张鲁以后，张天师子孙分散于三地的新观点。通过对天师子孙活动踪迹的追寻，认为张天师子孙分散于北方、四川和江南三地。唐代以来，龙虎山一系天师后裔脱颖而出，享有较高的社会声誉，尤其在北宋获得了朝廷的重视与支持，为此后的发展奠定了坚实的基础，在元明两代达到发展的高峰，清代因得不到政治支持而陷入衰退。龙虎山天师道在清末至近代的活动，目前的学术成果中讨论不多。本书对此用较多的篇幅进行了详尽的论述。

本书的时间跨度比较大，从道教的创立到近现代都有涉猎。把江西道教的研究阐述得比较透彻，线索理得比较清晰，为我们今后的研究提供了一个方向。本书对江西风水派写得过少。江西道教的发展是不平衡的，尤其是北方和南方，风水在南方比较发达，在这一章里面，如果把它平衡一点，那么南方（赣南）这一带道教的发展支撑就饱满一点。（程雅君）

长江流域道教文化遗产与旅游开发：
基于文化线路视角

《长江流域道教文化遗产与旅游开发：基于文化线路视角》，卢世菊著。北京：中国社会科学出版社，2012年8月第1版，16开，279千字。

卢世菊，1967年生，湖北恩施人。中南民族大学管理学院旅游管理专业教授、硕士生导师。主要从事旅游管理方面的教学科研工作。

本书分八章，末附有后记。主要内容有：第一，长江流域因水系的发达和辐射、收敛功能的强大，而使水流之地赋予了特定的区位性和地域性。这条流域波澜壮阔，气势恢宏，具有相当强的整体性与关联性，为文化线路提供了自然纽带与空间特征。第二，以文化线路为视角，可以拓宽文化遗产的保护和开发利用范围，以长江流域为脉络的线性区域性展示道教文化，可以最大限度地与长江流域广阔的自然景观融合在一起，形成一个包括道教名山、建筑、遗址等物质文化遗产及道教教义、教仪、武术、音乐等非物质文化遗产在内的遗产综合体系，可以克服单纯点状研究的缺陷，有效地建立起整体保护、旅游规划开发的体系，建立起共生共荣的理念。第三，有开展研究的背景基础。尽管道教根植于中国社会深层中，道教的胜迹遍布大江南北，但其发展则与长江流域有着更为密切的联系，道教的发展演变与长江流域结下了不解之缘，它与长江流域古代文化的关系十分密切，长江流域留下了道教的众多仙真遗迹。根据杜光庭《洞天福地岳渎名山记》的记录，道教的洞天福地约有百分之七十分布在长江流域。第四，"文化线路"因其独特的资源特征及其与旅游天然的内在联系，给文化遗产旅游的发展带来巨大的机遇。长江流域的道教文化线路可以成为经典的宗教文化旅游线路，但怎样使文化遗产保护与旅游发展取得共赢，是值得我们思考研究的课题。

本书在大量考察、调研、查阅资料的基础上，参照国际上对"文化线路"的界定标准，对长江流域道教文化的传播与发展、有形遗产资源要素、无形遗产资源要素进行分析研究，并对长江流域道教文化线路遗产资源的保护与旅游开发展开系统的论述，期望从一个全新的视角来展示长江流域这条极具特色的沿线文化带。（程雅群）

天台山道教史

《天台山道教史》，朱封鳌著。北京：宗教文化出版社，2012年10月第1版，16开，200千字，系"中国名山文化丛书·天台山系列"之一种。

朱封鳌，1938年生，浙江天台人。中国名山文化研究专家、天台宗学者。曾任中国名山文化研究会理事，浙江省地方志学会理事，天台县志总纂，浙江省普陀山佛教文化研究所研究员、办公室主任，天台宗硕士研究生导师；现任浙江省天台山文化交流中心理事会副会长、研究员。

本书分绪言、六章及后记，按照先秦至六朝、隋唐五代、宋元、明清、近现代五个时期的划分来阐述天台山成为道教名山的历史。著者指出，天台山道教神话传说始于轩辕黄帝时期。灵宝派创始人葛玄（164—244）来天台山隐修，居桐柏山建法轮院、降真台等，立坛授道。六朝时期，魏夫人来天台山修道。从此，赤城山玉京洞被道家定为天下十大洞天之一。唐代上清派高道司马承祯居天台山，道功甚高。两宋时期，高道张伯端创南宗，又称紫阳派、道教天台宗。元明清时期，龙门派取代南宗而起，天台山桐柏宫成为龙门派的重要传承地。20世纪末至21世纪初，天台山道教事业发展很快：天台山玉京洞、鸣鹤观重新整建，轩辕台、桐柏宫新址等也开始建造，中国南宗养生文化院在桐柏山成立。此后，天台桐柏宫致力于南宗历代祖师养生长寿的研究和推广工作。

本书收集了大量有关天台山道教的资料，比较详细地介绍了天台山道教的历史。从某种意义上说，本书扩展了天台山道教的研究范围，丰富了天台山道教的研究内容，为天台山道教的深入研究提供了借鉴，同时也为政府有关部门开展宗教工作提供了依据，对于道教在新时期的发展方向而言也有一定的参考价值。（程雅君）

泰州道教

《泰州道教》，张葛珊著。北京：宗教文化出版社，2013年1月第1版，32开，250千字。

张葛珊，道号罗道，江苏省道教协会常务理事，泰州市道教协会副会长兼秘书长，泰州市城隍庙住持。

本书以泰州为叙述范围。著者指出，泰州地处神州中华之东，古称"海陵"。在汉代，道教便在此留下遗迹，出现了不少道教神仙人物和著名道教宫观。本书以泰州古籍、泰州历史文献为基础，全面介绍泰州道教的历史、人物、传说、宫观、音乐等，属于地域文化之作。

全书主体七章。第一章道教概说，主要阐述道教的建立、成长、繁荣，以及宋元、明清时期、十九世纪末的道教。第二章泰州道教追踪，主要阐述泰州、姜堰、兴化、泰兴、靖江道教概况。第三章泰州知名宫观钩沉，主要阐述泰州城隍庙、泰州心圣观等57个宫观的历史概况。第四章泰州名道辈出，主要介绍泰州名道的传记及思想。第五章泰州道教仙话，主要阐述该地区道教神仙故事以及灵应传说。第六章泰州道教音乐，介绍该地区流行的道教科仪音乐等。第七章泰州历代名人与道教，主要介绍该地区文人学士、达官贵人与道教的关系。（程雅群）

（四）道家道教流派与信俗

汉代老学者考

《汉代老学者考》，杨树达著。上海：中华书局，1922年9月初版。1928年版《增补老子古义》中附《汉代老学者考》。此文原刊载于民国文学杂志《太平洋》第四卷第八号，后收录于《积微居小学金石论丛》（增订本），杨树达著，科学出版社（北京）1955年10月第1版，16开，308页，该文则在第275页—282页。

杨树达（1885—1956），湖南长沙人。当代语言文学学家，号积微，晚年更为耐林翁。中华人民共和国成立以后，被聘为中国科学院哲学社会科学学部委员，湖南省文史研究馆馆长。主要著作有《词诠》《马氏文通刊误》《积微居小学金石论丛》《中国修辞学》等。

由于作者曾受过中国传统学术训练，本书主要以考据为主，对每一位曾研习过老学之人的研习事迹都一一做了考证。以窦太后为例，在《汉书》之中，有三处记载了窦太后好习老学，分别为《田蚡传》《外戚传》《儒林传》，作者将这些一一列出，并对此做了注释，可见作者考据功夫之深。

稍显不足的是，作者将这些文献一一列出之后，未能够对这些文献再进行深入挖掘，我们对于这些汉代的老学者仅仅能够知道他们研习或是爱好老学，却不知他们对于老学研究有何贡献，或是他们对于老学有多少了解。但作为一本早期研究汉代老学的著作，本书无疑为后来的老学勃兴奠定了基础。
（杜恺健）

庄子学案

《庄子学案》，郎擎霄著。上海：商务印书馆，1934年11月初版，1935年5月再版。全书有《自序》《凡例》，而后是十三章正文，末附有《庄子书目》。本书曾于1974年由河洛图书出版社出版影印版，1990年天津古籍出版社也影印了本书初版；1992年，本书收入上海书店《民国丛书》第四编，现市场流通版本多为上海书店版本，该版本于2014年再版。

郎擎霄，安徽怀宁人。20世纪20年代曾非常推崇托尔斯泰的思想，著有《近代世界大思想家托尔斯泰生平及其学说》。之后转入国学研究，著有《老子学案》《庄子学案》《孟子学案》《中国民食史》《古代非战思想研究》等，可谓著作颇丰。他的《孟子学案》《庄子学案》《中国民食史》还被收录于上海书店出版发行的《民国丛书》之中，不得不说这是对他学术能力的一种肯定。

作为民国时期重要的一本道学著作，本书既是对民国以前庄子研究的总结，同时又开创了庄子研究的新境界。本书正文十三章分别为庄子事迹，庄子篇目及其真赝考，庄子之宇宙观——本体论，庄子之宇宙观——自然论，庄子之宇宙观——进化论，庄子之人生哲学，庄子之政治学，庄子之经济思想，庄子之心理学，庄子之辩证法，庄子之文学，庄子与诸子比较论及历代庄学述评。本书文献功底扎实，举凡论证皆引《庄子》原文论述，同时依著者观点"本书各章所述，先乎老，后及庄，以明学统二资互发"，因此在其叙述庄子思想的同时，言必称老子。而在研究方法上，著者采用了中西结合的方法，既有中式传统的考据手法，对庄子的生平、《庄子》一书各篇目的真伪进行考证，也有运用西方理论来对《庄子》进行解释。概括一下，主要特点有二：

首先是援引西学以释庄子，书中大量引用西方各类名家如罗素、马克思、亚当·斯密等人的理论来解释《庄子》。利用西学来研究《庄子》，为庄子的研究注入新鲜血液。其次，在总结前人经验的基础之上，撰写述评以明晰庄学的学术脉络。本书也存在不足之处：首先是利用西学来附会庄子学术，自然会有很多理解不到位之处，并且作者对于西方学术的理解也存在误解，因此他对于庄子与西学的融合并没有做到十分完美；其次，在解读过程中，因过于注重引用前人话语，他的学说有些甚至就照搬了前人的说法，难免有些重复之处。

但总的来说，本书依然是民国庄子研究不可多得的佳作，既继承了中国古代的学术传统，又将西学引入中国学术做了积极的尝试。（杜恺健）

道教徒的诗人李白及其痛苦

《道教徒的诗人李白及其痛苦》，李长之著。长沙：商务印书馆，1940年8月版。另有：重庆：商务印书馆，1943年7月版，系"中法文化丛书"之一种；沈阳：辽宁教育出版社，1998年3月版；天津：百花文艺出版社，2010年2月版（与《李白传》合编）；北京：商务印书馆，2011年版（与《司马迁之人格与风格》合编），系"中华现代学术名著丛书"之一种；北京：三联书店，2013年9月版；天津：天津人民出版社，2008年5月版，系"隐藏的大家"文丛之一种，2015年10月再版。

李长之（1910—1978），原名长治，后改长植，常用名长之，山东利津人。历任云南大学教师，国民政府教育部研究员，重庆中央大学副教授，《时与潮》文艺副刊主编，南京编译馆代理主任，北京师范大学中文系教授。1952年加入中国作家协会。专著《司马迁之人格与风格》《中国文学史略稿》《西洋哲学史》《北欧文学》，译著《判断力批判》《强盗》《德国的古典精神》《文艺史学与文艺科学》，古典文学研究《诗经试译》，传记《孔子的故事》《司马迁》《李白》《韩愈》等。

本书于导论（第一章）后，又分为五章：李白求仙学道的生活之轮廓；道教思想之体系与李白；失败了的鲁仲连——李白的从政；李白的文艺造诣与谢朓；李白：寂寞的超人。各章节首尾衔接、勾连贯穿，所引用的李白诗歌与著者的分析阐发可谓水乳交融，天然一体。作为小册子，本书在结构上非常完整，它以"生命和生活"为介入点，以李白的道家特征为推阐中心，以李白充溢的生命力和浪漫的热情为贯穿红线，旁涉李白的政治、思想、性情、文学的各个方面，勾画出诗人李白活泼的影子。

本书仅有六万余字，却在20世纪的李白研究中始终独占鳌头，一版再版，主要理由是：李长之受到德国古典哲学和美学的熏陶，也吸收了尼采、弗洛伊德等现代德国哲学家的营养，创造性地运用这些新理论来研究李白。表面上看，从道家的特征阐释李白的为人和创作特点似乎没有超出传统批评，但实际上著者以人的生命流露来研究李白，开创了一个全新的视野，他从生命和生活的角度来解读李白的行事和作品，对其诗歌题材的雄大壮阔、诗歌修辞上的特点、对其游侠豪气和清真风格，做出了具有20世纪全新气息的阐释。在李杜对照研究的传统评论界，他参照了屈原、陶潜、李白、杜甫和李商隐五个大诗人，这种多维度的比较对于我们深入了解李白的性情人格和诗作艺术特点非常有益；但是这需要有敏锐的眼光、丰富的学识和融会贯通的笔力，对于当时刚从清华大学毕业的著者来说是一个挑战。

　　一部学术著作能够传之后世，除了在理论深度和方法上抢占制高点之外，还必须在表述上具有独立鲜明的风格，在文史哲研究领域尤其是这样。既有学术著作锐利的透视，又有散文诗般耐人寻味的气韵，这是本书在李白研究领域成为常青树的原因，也是李长之众多学术专著仍然活跃至今的原因。（杨中启）

全真仙脉源流

　　《全真仙脉源流》，陈志滨著。台北：全真教出版社，1974年2月出版，32开，自序及卷首皆作"全真仙脉源流"，而版权页则载为"全真仙派源流"。

　　陈志滨（1913—1990），号道来子，黑龙江哈尔滨人。礼四川江津（今重庆市江津区）人陈敦甫（1896—1993）为师，成为全真道龙门派的第三十一代"世"字辈法嗣。1974年起，受其师陈敦甫及同门陈墩超（1924—1981）支持，于全真教出版社主编《全真月刊》24期。除本书之外，尚著有《伍柳仙宗白话译》《庄子内篇正注真释：龙门心法》等专书，其余单篇文章，则散见于《全真月刊》各期之中。

　　综观本书，虽非一部体例严谨的道教学术研究著作，但著者在撰作本书的时空环境下，能够善于运用全真各祖、师真的诗文别集、道经丹诀及各地方志，也是值得肯定之处。且此书撰作之前，对于全真道传承的研究，台湾仅见陈援庵（即陈垣〔1880—1971〕，戒严时空背景下，台湾对身处中国大陆之学者著作，通常易名出版）的《南宋初河北新道教考》一书。因此，本书对于全真道之宣扬、传播方面，仍具有一定程度之贡献，不宜因内容之小眚而加以忽视。（李建德）

道教众仙传

《道教众仙传》，五术丛书编辑委员会编。台北：逸群图书公司，1983年版，全二册，精装，25开。

本书收录的神仙共有571位，以神仙的个人传记形式撰写，编排方式虽类似《列仙传》《神仙传》与《历世真仙体道通鉴》三本神仙传记，然三本神仙传记皆以时间先后安排，且《历世真仙体道通鉴》还将男、女神仙分卷分开论述，但是本书却是按神仙名讳首字笔画数排其顺序，自然不会依朝代时间先后顺序编排，也不会分隔男女神仙作论述，虽然较没有体系的概念，却方便查询某位神仙的资料，与词典的概念相同，是本书的特点。虽收录571位神仙，重点不在详述考证诸神仙，每位神仙的介绍采重点性的精简叙述方式，故每位神仙篇幅并不长。本书"白话注解，人人看得懂"，"描绘道教众仙全貌，探讨各家成仙之道的大书"是本书对于选入的每一神仙传的叙述重点。譬如上册第一则《二渔人》："……二渔人曰：'我昔从海上仙人得三一旨，炼阳修阴，亦有年矣！'洞（唐代道士尔朱洞）于是索酒与饮，取丹分食之，至荔枝园中，三人皆升云而去。"（见尔朱洞，第359页）《二渔人》中的叙述重点，强调二渔人与尔朱洞以服丹而成仙的事迹。此外，此则有附注该服食丹药一事的出处，虽未明确说明出于何书，究《历世真仙体道通鉴》卷四十五《尔朱洞》，所载此事的叙述如出一辙，推论元之前的神仙论述，是以《历世真仙体道通鉴》为其重要参考书。再以上册第二则《二张仙翁》为例："二张仙翁，一名道温，京兆人；一名崇真，泽州人。"此则是以其别名与籍贯，作为二张仙翁叙述的开场，可见本书对于诸神仙的名讳与籍贯的注重，这样重视神仙籍贯的想法，经常性的散见于诸神仙传里，如第四、五、六则，分别为"丁义，瑞州人""丁少微，亳州真源人""丁令威，汉辽东人"可证。

本书最大特点，有别于历代各神仙传记的是，取得西德名收藏家乔德华先生的"木刻众仙图像"，约有三百余幅，置放于该神仙传之后。图像除可辅助对于诸神仙的理解与认识外，也为道教神像艺术研究领域提供了素材与宝藏。故无论是对于众神仙的初步认识与其成仙的因素，抑或想对于神仙样貌

的了解，皆可通过本书一窥究竟。（萧百芳）

明代道教正一派

《明代道教正一派》，庄宏谊著。台北：台湾学生书局，1986年11月初版，32开。

庄宏谊，1956年生，台湾台中人。辅仁大学宗教系副教授，此外，亦曾担任中华道家世界文化学会顾问、保生民间宗教学院院长、财团法人台北保安宫常务董事等多种民间团体的职务。研究领域包括道教史、道教养生学、道教丹道学、道教神谱学等范围。其著作除本书外，尚有：《道教炼养禁诫的信仰与科学——以饮食与房中术为例》《宋代道教医疗——以〈夷坚志〉为主之研究》《道教环保观在现代社会的体现》《唐代道士吴筠的仙道思想》《立志为帝王师——寇谦之的宗教理想与实践》《〈幼真先生服内元炁诀〉练气法之研究》《道教四圣的来源与信仰演变》《道教丹道的时间观》等多篇论文，所执行的研究计划有"宋代道教的养生与医疗""宋元时期道教法术之发展——以张继先天师为主之研究""唐代道教内丹学——以吴筠为主之研究""宋代道教正一派——以三十代天师张继先为主之研究""道家道教典籍研读会"等多项。

本书乃著者就其硕士论文《明代道教正一派之研究》整理出版。正一道自张陵创教以来，迄今已1800余年，历史久远，传承明确，而资料分布亦繁广，鉴于著者初研道教，因此内容仅偏重正一派与帝王关系之探讨，共为五章：第一章绪论，除说明研究动机、范围之外，亦简略叙述正一派名称的由来及演变。第二章道教正一派之天师，首先讨论"天师"原义及演变，其次论述天师之封号、行谊、传承及受帝王礼遇之情形。其中自《汉天师世家》《龙虎山志》《明宪宗实录》等典籍中，列表整理出共五十二代张天师以血缘为主，亲疏分明、长幼有序的传承概况，有助于研究者对正一派历代张天师血缘亲疏的认识。第三章道教正一派之宫观与道士，主要讨论明代正一派宫观的修建、经费、组织以及道士的活动等。历代张天师多受朝廷礼遇，有明一代更受封为大真人，掌领天下道教事，秩正二品，是以张天师所行道教事宜，亦属国家宗教行政的一环。然其宫观分布及道士籍贯仍多以江南地区居多，说其发展仍以江南为中心。第四章道教正一派之符箓斋醮，讨论了符箓与斋醮的目的、演变及明代天师的符箓斋醮活动。正一派向以符箓斋醮见长，目的在于"福国裕民，宁家保己"，明代正一派所使用的符，用途、种类、数量已不可胜计，而箓之可考者至少有《太上玄天真武无上将军箓》《高上大洞文昌司箓紫阳宝箓》《太上北极伏魔神咒杀鬼箓》《太上正一延生保命箓》《太上正一解五音咒诅秘箓》等五箓，由箓文可略知正一弟子受箓情形。此外，并整理统计明代自太祖以迄思宗277年之间，由帝王命天师斋醮的次数共有84次，间有灵验，是为天师终明之世受优遇的原因之一。第五章结论，明帝礼遇天师，原因有二：一者，太祖招聘天师有笼络招揽之意；二者，其后诸帝宠遇天师，乃因符箓斋醮可满足祈福长生的心理。遂使正一派成为道教的正统，确定天师的道教领袖地位。（陈昭吟）

全真教与大蒙古国帝室

《全真教与大蒙古国帝室》，郑素春著。台北：台湾学生书局，1987年6月初版，精装，32开。

郑素春，1961年生。现任教于私立真理大学宗教学系，教授中国大陆道教史、道教概论、宗教人类学等课程。除本书外尚有著作《元朝统治下的全真道派（1260—1368）》等，以及《杜光庭》《元代全真教主与朝廷的关系》《十三四世纪蒙古宗王与全真道士的关系》《元代南方丹道学之发展初探——以李道纯的传教活动为例》等论文多篇。

本书乃著者就其硕士论文《全真教与元代帝室之关系》整理出版，以忽必烈建立元朝前的全真教与大蒙古国帝室关系探讨为主题范围，来观察全真教的盛衰。文约十余万言，共分五章：第一章绪论，第二章全真教的初期发展，第三章成吉思汗时代，第四章窝阔台、贵由至蒙哥可汗，第五章后论。

本书最大的特色，在于由《甘水仙源录》《祖庭内传》《金莲正宗记》《金莲正宗仙源像传》《七真年谱》《长春真人西游记》等记载全真教之相关典籍，间或参考其他资料，如，《常山贞石志》《秋涧先生大全集》《中州名贤文表》《宫观碑志》《云山集》《草棠集》等书籍中，句稽整理出十三份图与表，或插入内文与论述并陈，或列入书后成为附录，以作为书中论见之佐证，最是清晰明了。图表条列如下：表一，全真道士与金王朝往来事迹一览表；表二，全真道士职掌表（1228—1256）；表三，全真教为蒙古汗廷斋醮祀香一览表（1232—1259）；表四，蒙古官员延请全真道士斋醮治病事迹表；表五，蒙古官员疏请全真道士住持宫观事迹表；表六，全真教宫观一览表（1167—1254）；表七，全真教宫观分布地区统计表；又，图一，全真教宫观增加曲线图。通过这些图表的呈现，读者对于全真教与金王朝及蒙古朝廷的往来情况，可谓一目了然。而全真教宫观增加曲线图，则可知全真教在元代的地位消长。至于表八至十二，则列出马钰、刘处玄、王处一、郝大通、丘处机等真人弟子之事略，作为附录列于书末，以知全真教在七子之后的活动。惟全真七子各有其支派，其附录未列谭处端、孙不二，亦未说明未列原因，未免遗憾。
（陈昭吟）

台湾的王爷与妈祖

《台湾的王爷与妈祖》，蔡相辉著。台北：台原出版社，1989年版。本书为著者博士论文《明清政权更迭与台湾民间信仰关系之研究》中抽取出"台湾王爷、妈祖信仰"的部分，再增补部分资料，改题名后出版。

蔡相辉，空中大学人文学系副教授，曾任人文学系主任、秘书处处长、台北中心主任。研究专长在台湾史、中国近现代史、宗教史等方面。著作有《台湾的祠祀与宗教》《妈祖信仰研究》《台湾社会文化史》《台湾民间信仰》等。

本书上篇"台湾的王爷"，下篇"台湾的妈祖"。多方运用中国古籍及宋元以降闽、粤、台三省方志、文人笔记及近代调查资料探讨之。于典籍外，更亲履相关庙宇考察，文献文物互证。内附"清代台湾方志所见王爷太子庙宇表""清代台湾官建妈祖庙表""清代台湾民建妈祖庙表"等，皆足资参考。

著者研究称台湾民间对王爷的崇拜，始于明末。百姓基于崇功报德的心理，在郑成功逝后奉祀为"将军庙"，郑经逝后与父合葬合祀为"二王庙"，郑克塽逝后奉祀为"太子庙"，郑成功祖孙三人合祀者称"大人庙"或"三老爷庙"，脸色深褐色者为郑成功、红润者为郑经、白皙者为郑克塽。诸庙多集中于台南、澎湖一带，奉祀至今。著者观察清代时期文网严密，但台湾百姓却新建不少崇祀郑成功的庙宇，并未因受异族统治而遗忘故土。王爷庙虽多但方志中却讳言记载，甚至阙如不录。王爷并非瘟神，仅系民间为防止清吏禁止百姓崇祀延平王三世，而借送瘟之名以为之。送王爷船习俗，一为送瘟，在夜晚走避敬畏送之；一为王醮又称请王，群众热闹进酒食，二者不同。明郑军师陈永华于亡故前，将己宅改为奉祀池王爷之庙，以此名义暗中奉祀郑成功，首创以私人建修郑成功庙的先例。永华逝后，民间遂以他为郑成功的陪祀神。

妈祖是中国沿海居民的主要信仰之一。她生前精通法术，应为宋代政府严加禁止之摩尼教神职人士，死后更受徒众宣扬。著者指出，台湾地区最早建有妈祖庙之地，是澎湖马公，且施琅在平定澎湖时，澎湖并无妈祖庙存在的事实。明末台湾官方并未祠祀妈祖，而是主祀玄天上帝。从精神上看，玄天上帝为明朝最重要祀典，祀之即有奉明正朔之意。从实质上看，玄天上帝自宋代以降即是受闽南百姓所崇奉之航海守护神，郑成功以水师抗清，子弟多闽南籍，奉玄天上帝可大大慰藉子弟兵。再者，郑成功个人对北极星有独特的崇仰。在闽粤民间有重要影响力的妈祖信仰，于明郑时期难以与玄天上帝抗衡，清吏遂趁机运用妈祖信仰做心理战，由万正色开其端，施琅总其成。朱一贵事件后亦师法此故技，在朝廷支持下，妈祖信仰迅速在台湾发展，如日中天。（林翠凤）

十大道士

《十大道士》，章冠英主编，章冠英、胡知凡、丁常云撰写。上海：上海古籍出版社，1992年11月第1版，32开，105千字，系"十大系列丛刊"之一种。

胡知凡，1952年生，男，上海师范大学教育学院美术学教授、上海市宗教学会会员、上海市美术家协会会员。主要从事中国美术史、美术教育理论的教学和研究。代表作有：《人神之间》（主编）、《中国绘画故事》《改写美术史：20世纪影响中国美术史的重大发现》（合编）、《形神俱妙——道教造像艺术探索》等。

丁常云，1964年生，江苏句容人。1986年3月入道教正一派，师从陈鼎昌道长。第十一届全国政协委员、上海市道协副会长、上海市浦东新区道协会长、上海市政协委员、中国宗教学会理事，中国统一战线理论研究会理事，《上海道教》杂志主编、浦东新区政协常委、上海钦赐仰殿管委会主任等。

　　本书前言指出，道教产生离不开特定的民族文化和历史、社会背景，是古代中华文化的产物，主要有三个方面的来源：古代社会流传的鬼神崇拜和巫术、战国秦汉的神仙方士和方术、先秦老庄哲理，当然在发展过程中还吸收了儒释两家学说，包容了古代医学、生理学、养生健体等知识。道教认为世界本原是无形无象的道，世界形成过程分为三个阶段，分别由元始天尊、灵宝天尊和道德天尊代表。道教尊奉的神仙非常庞杂，主要分为四类。

　　本书试图将道教的起源、主要的教义、发展变化的脉络以及它在历史上的作用和社会影响等，寓于十大道士的传记之中。通过对十大道士其人其事的介绍，勾勒出道教发展兴衰的轮廓和轨迹。书中十篇文章，分开是各个道士的传记，串联起来，则可窥见两千年道教发展史的梗概。这十大道士各具个性，在道教发展的各个阶段，都起过重要的作用，是一些具有代表性的人物。他们的事迹丰富生动，各具特色，十大道士名前称语均标出了他们各自的主要特点，使读者一目了然。道教鼻祖张道陵、帝王之师寇谦之、三洞道士陆修静、山中宰相陶弘景、传真天师杜光庭、"睡仙"陈抟、南宗始祖张伯端、万乘国师丘处机、隐仙张三丰、抱一高士王常月，他们既为高道，必有异于常人的传说。对于这类传说，本书不一味追求神奇怪异，只择用其中能说明问题者，以虚含实，适当加以分析。至于外丹派的祖师、炼丹家葛洪，因收入本丛书的《十大名医》中，故本书中不再立传，以免重复，只在本书前言中略做介绍。（杨中启）

高道陈抟

　　《高道陈抟》，汪毅、周维祥主编。成都：四川大学出版社，1993年3月第1版，32开，140千字。

　　汪毅时为四川省安岳县文化馆馆长。

　　周维祥时为四川省内江市法制局副局长。

　　全书除序、概述、后记外，主体部分分四编。

　　第一编故里考订，收有清代周元位的《陈希夷故里考》（原载清道光《安岳县志》）、四川社科院李远国的《陈抟籍贯小考》、安岳县文化馆白中培的《陈抟故里考订》、四川省文史馆游时敏的《陈抟生平小传》、内江教育学院姚诚的《陈抟籍贯考》等五篇。主要内容为考证陈抟故里为今四川安岳龙西乡。主要理据有：其一，与陈抟同时代的李宗谔的《祥符图经》（成书于1014年，距陈抟离世仅25年）载"陈抟，普慈崇龛人"。其二，《宋文鉴》所载先生的《易龙图序》中自题"西蜀崇龛陈抟"。其三，据《普慈志》载："铁山枣、崇龛梨、天池藕三者，皆希夷所种也。"

第二编理易研究，收有李远国的《试论陈抟的宇宙生成论》、刘联群的《〈易龙图序〉考注》《〈易龙图序〉学术价值初探》《〈先天方圆图〉整体观浅探》、蒙文通的《论陈抟学派》《陈图南学派》等六篇。值得注意的是，《试论陈抟的宇宙生成论》一文中指出《道藏辑要》鬼集五收录的《玉诠》卷五中载有一段陈抟的文章。著者摘引其要，并分析说此文阐述了陈抟的太极阴阳说，同时论证了此文的修炼理论、人生哲学以及宇宙生成论和陈抟《正易心法·注》《观空篇》《指玄篇》《胎息诀》的思想完全一致。著者认为《太极图》是陈抟宇宙生成模式的首，《先天图》《河图》《洛书》为体，形成完整的朴素唯物主义宇宙生成说。著者还指出陈抟第一次提出"静亦动"的辩证命题。著者认为陈抟提出了一个完整的宇宙生成图式，分五阶段：1.从无极过渡到太极；2.太极自身的运动，混沌未分的阴阳开始显现；3.从阴阳到四象；4.从四象到八卦；5从八卦演化为六十四卦。

第三编气功养生，收录李远国的《论陈抟〈无极图〉丹法及其影响》，邓振中、刘联群注的《〈二十四气坐功〉及注释》《〈二十四气坐功〉释义》《〈睡答〉及浅注》《〈睡功图〉及浅注》《〈胎息诀〉及浅注》，李远国的《陈抟睡功第一玄》。其中《论陈抟〈无极图〉丹法及其影响》一文认为在唐宋之际儒释道三教合一的思想潮流中，陈抟顺应时代，融贯诸家学说，改外丹黄白之述为内丹修炼之道，鄙弃符箓小数而深研易理象数，启宋元道教内丹一派，其历史功绩是不可忽略的。

第四编诗词要语，分《陈抟诗解》和《陈抟要语注》两部分。《陈抟诗解》部分收录有《归隐》《题石水涧》《石刻诗并序》《辞上归进诗》《睡答金励》《绝句》《赠种隐君》《对御歌》《绝句》《咏毛女》《赠张乖厓》《题西峰》。《陈抟要语注》分为《自赞铭》《济世安民》《易学要语》《气功内养》《不为名利》等部分，有原文与词解，个别处有附记。（谢清果）

吴真人与道教文化研究

《吴真人与道教文化研究》，吴真人研究会编著。厦门：厦门大学出版社，1993年12月第1版，32开，250千字。

本书所谓吴真人，又称保生大帝，俗称大道公，是福建闽南、台湾地区汉族民间信仰中香火旺盛的神祇之一。为了推动学界的吴真人研究，在台胞保生大帝庙宇联谊会董事长周大围先生支持下，闽台学者共同努力，吴真人研究会得以成立，并收获了不少研究成果，其中一部分就集结为本书。本书于绪论之后，收录两岸学者研究吴真人的50篇论文。书末附录：吴真人研究会1993年年会暨学术讨论会综述。

从民俗学角度看吴真人信仰的形成，这是本书的一大特色。书中多篇论文涉及闽南地区的吴真人信仰，例如泉州的吴真人信仰、厦门吴真人公庙的地方特点，漳浦、平和、龙岩等地区吴真人宫庙的建设以及民间对吴真人信仰的缘由等等，著者都进行了详细考证，从不同侧面反映以吴真人为神祇的道教文化在民间的流行程度，体现了该地区人们的精神风貌。此外，本书也注重探讨民间对吴真人医术、医药的崇拜。如厦门中成药与吴真人药签、深沪宝泉庵及其药签、道教气功与医学、吴真人"三五飞步"之管见，从道医角度阐发吴真人医术的精湛和流行，反映了民间百姓信仰吴真人的一些原因。著者认为，老百姓之所以欢迎与敬重吴真人，是因为他的医术能够祛除病害，拯救世人，具有济世利人、积德行善的优良品德。

本书从文化角度来考证吴真人信仰，指出其道教文化属性，论述吴真人信仰的流行和对人的精神信仰的影响，考察吴真人信仰特定人群的团结互助、明辨是非，有助于读者对民间道医贡献的认识，也有助于海外侨胞寻根问祖，寄托乡思。（赵晟、林凯）

庄子评传——南华梦觉话逍遥

《庄子评传——南华梦觉话逍遥》，汪国栋著。南宁：广西教育出版社，

1996年11月第1版，32开，130千字，系"中华历史文化名人评传·道家系列"之一种。

汪国栋，1929年生，湖北应城人。教授。先后任教于武汉大学、广西师范大学。主讲中国哲学史、中国传统文化等课程。主要著作有《荀况天人系统探索》《孔子哲学新论》等。

全书有总序、序、前言，而后是十章正文，末有后记。本书从庄子生平入手，认为庄子虽然隐居修道，但他的心中却蕴含着伟大而朦胧的科学思想。紧接着著者从庄子思想的三个方面入手去评价庄子思想。在哲学思想方面，庄子继承老子思想，以"道"为哲学最高概念，他认为"道"生天生地。所以从"道"的角度，即从物质角度来看，天与人，物与我，都是平等的，没有低贱之分。又由于庄子生活在动乱的战国时代，国家兴亡、社会变迁，使他认识到一切都是在变，进而形成了运动变化思想。但他似乎对运动强调过头，而有相对主义之嫌疑。

在政治思想方面，著者认为庄子反对等级制度以及统治者违背规律的作为，而提出了以无为代替有为，认为"上必无为"，即统治者让老百姓自由发展，安时顺命，使物物各尽其性，终其天年。而"下必有为"即强调生产实践的重要性。这种思想继承自庄子的"道"，因而他不认为人类社会是受神明掌控的，这种思想在本质上是唯物的，著者认为这是古代理论思维的一大进步。

在文学思想方面，著者认为庄子是有一定成就的。庄子通过文学艺术形象，寄寓自己的情意，运用寓言故事，表达自己的观点，而不是进行生硬的说教。他在文学理论方面，提出"寓言""重言""卮言"三言理论，阐述了他的文学形式、内容和表达方式的巧妙结合，对中国"文以载道"的传统产生了深远影响。他是古代浪漫主义与现实生活相结合的典范，也是古代寓论散文的创立者，对中国古代文学的发展产生了深远影响。

总的来说，本书对庄子思想的评价是综合的、多方面的，有其独到的特色。（杜恺健）

神明的由来（中国篇）

《神明的由来》（中国篇），郑志明著。嘉义：南华管理学院宗教研究中心，1997年版，25开。

郑志明，1957年生，台湾新竹人。辅仁大学宗教学系教授、台湾民间宗教学术中心执行长，研究领域包括台湾民间宗教、中国宗教哲学、民俗医疗、民俗学、神话学、生死学、生命教育等。著有《道教生死学》《民间信仰与仪式》《中国神话与仪式》等专书30余种。

全书共有9章。第一章绪论，探讨中国神明的信仰寻根；第二、三章探讨《山海经》《楚辞九歌》的鬼神崇拜与巫祭；第四章探讨《庄子》的鬼神观；第五、六章探讨《搜神记》的鬼神崇拜与鬼神观；第七、八章探讨《西游记》《封神演义》的鬼神崇拜与多重至上神观；第九章探讨当代神话研究的趋势。

本书所谓"神明的由来"不是为神明写传记，这种传记式的研究无助于对传统文化的了解，而且依旧被视为宣扬迷信的神话。本书不采传统的写作方式，而是从神话思维的立场来讨论鬼神崇拜的问题。所谓神话思维是以神话为客体所进行的一种思维活动，问题是作为客体的神话，其内涵颇为不稳定，使得"神话思维"这个概念极易产生分歧。早期认为神话是原始社会的产物，如此神话思维成为一种原始思维，即神话思维是人类最初形成与发展起来的一种原始的思维形式。也有些学者认为不是原始社会才有神话，指出神话是人类精神的一种自主性的表现，因此新的神话会随着历史的进展不断地产生，神话成为描述社会行为的一种方法，可以说是社会一种信仰、态度与情感的混合物。

本书的鬼神崇拜偏重在社会民族宗教集体意识的思维活动上，这种思维活动是与传统文化合为一体与联成一脉，进行文化的整合与心理的认同，且经由神人秩序的新沟通，形成了一定的文化心理与行为规范。如此鬼神崇拜不单是幻化的思维活动而已，同时也是信仰意识综合组建的思维活动，能够经由熟悉的生活情境有着出神入化的取舍组接，丰富了人们的文化模式与行为模式。鬼神崇拜是社会文化的一种心理依托，也是人们生活的精神支柱，随着传统文化的成熟，其思维活动更加的复杂，同时也就更具有个性，表现出民族文化的集体意识与行为模式，进而建构出一套完整的思想体系与行为规范。（简一女）

台湾的恩主公信仰：儒宗神教与飞鸾劝化

《台湾的恩主公信仰：儒宗神教与飞鸾劝化》，王志宇著。台北：文津出版社，1997年版，25开。

王志宇，台湾逢甲大学历史与文物研究所教授。台湾史，民间宗教史，方志学与中国近、现代史为其学术专长与研究领域。著有《闽台神灵与社会》《民间教派兴衰史》等书。近年关注台湾乡镇地方发展，参与纂修《竹山镇志》与《苑里镇志》，期刊论文也以台湾地方及其宗教探讨为主，有《区域社会的妈祖信仰组织——以台中市大里区为例》《寺庙分合与风水——以台湾彰化县田尾乡镇化堂与圣德宫为例》等文。

本书分成八章，全面从儒宗神教的产生、发展、活动、阶层变动、神学体系与其社会救助等角度做探察。第一章绪论，第二章儒宗神教的产生及其发展，第三章儒宗神教的崇祀与活动，第四章儒宗神教派下的鸾生的阶层变动，第五章儒宗神教的神学体系，第六章儒宗神教与社会救济，第七章儒宗神教与一贯道、慈惠堂三教派之比较，第八章结论。

本书为有关儒宗神教发展史的首部著作，透过儒宗神教发展史的建构，为儒宗神教确立历史地位。讨论的面向从产生到来台时期随台湾政治变革的发展皆有详尽的论述，并完整地从儒宗神教崇祀的神明、活动、领导阶层、神学体系，以台湾各派为例做详尽的论证。对于分散于台湾各地庞杂的儒宗神教而言，著者能整理掌握各派的动态与发展，并区分同样为扶鸾起家的一贯道与慈惠堂的差异，实是难能可贵，借由该书讨论儒宗神教的诸面向，也能了解台湾民间宗教发展的特质。（萧百芳）

西王母信仰

《西王母信仰》，郑志明主编。嘉义：南华管理学院宗教研究中心，1997年印行，25开。

郑志明简介详见《神明的由来》（中国篇）提要。

　　全书分为三篇：总论篇、信仰发展篇、台湾信仰篇。总论篇收录两篇文章：郑志明《西王母神话的宗教衍变》，探讨神话传说中的西王母、道教信仰下的西王母、民间宗教结社信仰下的西王母、西王母神话的社会意义；施芳雅《西王母故事的衍变》，论述神话传说中的西王母、文学艺术中的西王母等。

　　信仰发展篇共有五篇文章：小南一郎著，孙昌武译《西王母与七夕文化传承》，探讨牵牛织女故事、乞巧奠、七夕与西王母、人日与玉胜、昆仑山中心的象征、阴与阳的交会与天地构造相对应、两性共具绝对者的西王母、神话的原理及其人化；魏光霞《西王母与神仙信仰》《西王母三种样态之递变》《昆仑意象下西王母之衍变》，分别探讨了神仙信仰之兴起发展与时期界定、材料性质与研究进路，以及神话意象之西王母、人化意象之西王母、仙化意义之西王母和西王母与东王公的并峙，西王母信仰的多维面向与转变等问题；魏光霞《西王母与道教信仰》，论述西王母的道教化历程、道教化西王母之发展；姚宝瑄《域外西王母神话新证》，内容主要探讨中亚西亚有关西王母的传说。

　　台湾信仰篇收录有两篇文章：郑志明《台湾瑶池金母信仰研究》，内容为台湾瑶池金母信仰与台湾民间教团、瑶池金母信仰与道教西王母、瑶池金母与罗教无生老母、瑶池金母信仰与台湾宗教环境；魏光霞《台湾西王母信仰的类型研究》，内容为西王母信仰的历史沿承与神话基调、类型分析、结构分析。

　　本书精选了有关西王母信仰的学术著作，探讨了西王母为民众提供了信仰的力量。神话是信仰的表达方式，其素朴的内涵，透露了人类长期累积的精神文明，是人类现实生活中的共同理想与愿望，且在庄严的信仰下，安顿了个体的具体存在。（简一女）

当代道教人物

　　《当代道教人物》，袁志鸿著。北京：华文出版社，2000年9月第1版，32开，165千字。香港华夏文化出版社2001年再版，将书名改为《中国道教当代宗师》；香港中华儿女出版社2008年第三版，恢复《当代道教人物》书名。该版虽然文字没有增加，但版式得到了进一步美化，且增加了数十幅与人物有关的图片，最主要的是，第三版对全部内容进行了认真校对，对初版、再版出现的错误，尽量予以纠正。

袁志鸿，1955年生，江苏句容人。北京东岳庙住持，中国道教协会副会长。著作有《道教神仙故事》等，发表论文多篇。

本书主体八章，分别记叙了谢宗信、黎遇航、陈莲生、曹祥真、闵智亭、傅圆天、墨道人、任法融八位当代道教界德高望重的道长们的生活修道经历、思想道德情操以及他们在"爱国爱教、团结进步"方面所做出的贡献。

本书出版之后，在社会上引起强烈反响。已故香港商界翘楚、道教前辈者宿汤国华先生认为本书撰写的人物，"皆是中国道教界有影响有成就的当代宗师"，故而他表示："俾诸高道的事迹及精神得彰于世，道教的修身济世主旨更能光大弘扬，实厚望焉。"当代著名道教学者陈耀庭先生说："当代的高道生活在人间，他们同普通人一样，同样经历了本世纪中国土地上的艰难曲折、翻天覆地的变化。他们亲身经历了新旧社会，与国家和民族的命运紧紧相连。"他认为："客观而忠实地记载道门高道和研究弘扬道教优良文化，既是道门的需要，也是中国社会发展和中国文化传承的需要。这是一件对于道教、对于国家和民族都有好处的事情，值得所有有识之士颂扬和支持。"（赵晟）

刘一明修道思想

《刘一明修道思想》，刘宁著。成都：巴蜀书社，2001年8月第1版，32开，200千字，系"儒道释博士论文丛书"之一种。

刘宁，1961年生，四川三台人。中共绵阳市委党校教师，发表论文多篇，参加《改变历史的科学名著》等书的编写；本书系著者第一本学术专著。

本书前有"儒道释论文丛书"缘起、序。正文于绪论后分六章，再续以结论、参考文献举要、后记。

刘一明，号悟元子，别号素朴散人，全真道龙门派第十一代宗师。主要著作有《周易阐真》《孔易阐真》《象言破疑》等。著者认为，刘一明是清代少数几个有学有证的高道，他既有内丹修炼的实证体悟，又有较强的理论思辨能力，他的修道学说，代表了道教理论在清代发展的一流水平，其著述具有很高的学术价值。本书从刘一明生平入手，首先叙述刘一明人生的几个主要阶段，联结了他的道学生涯。著者指出，刘一明年少时因体弱多病而步入道学门槛；继而拜龛谷老人为师，开始了自己的修道生涯；复经仙留丈人点拨，而得以"顿悟正道"，并开始了弘道之旅。他的著作基本都是在他悟道之后所著，思想脉络在此时也基本定型。除了刘一明的个人经历，当时所处的时代也为我们理解刘一明的思想提供了社会文化背景。

以往对刘一明的研究，或停留在粗线条的大体考察，或限于某方面思想的探讨，本书在以往研究基础上推进了一大步，可以说是一个典型思想家的微观个案剖析，它更加系统、全面、细致地把握了刘一明的修道理论体系。不过稍微不足的是，本书在考察上虽然做到了全面，但深入还是稍显不足，希望未来能有进一步开拓。（杜恺健）

台湾神明的由来

《台湾神明的由来》，郑志明著。台北：中华道统出版社，2001年版，精装，25开。原名《神明的由来》（台湾篇），经著者增补相关论文，重新出版改名为《台湾神明的由来》。

郑志明简介详见《神明的由来》（中国篇）提要。

本书分十二章，著者希望将长久被忽略的民间宗教，通过本书反映出该有的价值。第一章到第四章，可视为本书一些理论架构的建立。第一章台湾鬼神灵感思维的现代意义；第二章台湾鬼神崇拜与信仰意义；第三章台湾鬼神信仰与神话思维；第四章台湾民间信仰多重至上神观。第五章到第七章可视为女性神的探究。第五章台湾的观音信仰；第六章台湾的妈祖信仰与祭典；第七章日据时代北港朝天宫的宗教地位。第八章讨论的是信仰与传说的关系；第九章台湾的王爷信仰与传说；第十章台湾的鬼信仰；第十一章台湾的西王母信仰的文化意义；第十二章台湾神明信仰的深层文化心灵。

本书讨论台湾神明的由来，与一般论证与考据神明的论著不同，并不是巨细靡遗地说明台湾诸神产生的原因历程，或者某一教派的教义教理的过程，而是在既有的神明与史料中，用哲学与反思的观点来讨论台湾神明的由来，并从深层文化的心灵里去检讨目前民间信仰的可贵与困境，以此来说明民间信仰的重要，希望相关教派人士能看到问题，反映著者对于民间信仰的文化关怀。此外所选的主题神明，皆为台湾民间信仰的代表，诸如天公、观音、妈祖、王爷、鬼与西王母，从这些主要神明的信仰由来，延伸论述相关的神

明与教派教义，网罗台湾的神明信仰全貌，为本书珍贵与过人之处。（萧百芳）

一代大师谢宗信

《一代大师谢宗信》，李福著。北京：宗教文化出版社，2002年8月第1版，32开，70千字。

李福，1971年生，湖北天门人。中国道教协会理事、楚天古筝学会会员、亳州市政协委员、安徽涡阳天静宫主持。系谢宗信门徒，跟随谢宗信习修道法有年。

谢宗信，俗名谢仁铭，1911年生，原籍湖北黄陂，自幼生长于武汉。系德高望重、受人敬仰的一代宗师。年少时皈依玄门，为全真龙门派第廿三代玄裔弟子。1989年在北京白云观举行全真派传戒盛典，受方便戒。1992年任中国道教协会常务理事、常务副会长，驻会主持工作。1995年在青城山协助傅圆天方丈主持全真道士传戒活动，担任证盟大师。2000年任北京白云观方丈，同时担任中国道教协会顾问，兼任湖北、安徽两省道教协会会长。其为人淡泊名利，有济世之志，堪为当代道教楷模。

本书从谢宗信童年写起，谓自幼丧父的谢宗信，因曾受过木兰山李理清道长的帮助而与道教结下不解之缘；之后，他师从李理清道长在木兰山出家。在李道长仙逝之后，他遵从师父教诲，到各地"云游参访"。在重回木兰山之后任木兰山祈嗣顶道观当家。在他的治理下，祈嗣顶道观得到了很好的发展。他虽然是修道之人，但心系祖国。在抗战时，他经营维康药店，治病救人，发挥了一名道人的独到作用。新中国成立以后，谢宗信曾经营过药房，当了较长时间的临床中医师，直到"文革"结束之后才被武汉市政府请回长春观。他根据实际需要，提出了宫观自养的思路，通过创办素食馆、服务部、蜡烛生产等方式实现了道观的自给自足，减轻国家负担。在这之后，谢宗信先后担任了中国道教协会常务理事、常务副会长等工作，为道教的发展贡献了自己的后半生。

作为一本道教人物传记，本书内容完整；但有所不足的是对谢宗信的道教思想没有深入触及，这无疑是一个缺憾。（杜恺健）

神霄雷法：道教神霄派沿革与思想

　　《神霄雷法：道教神霄派沿革与思想》，李远国著。成都：四川人民出版社，2003年7月第1版，32开，400千字，系"山东大学宗教、科学与社会问题研究所成果"系列之一种。

　　李远国简介详见《四川道教史话》提要。

　　本书是研究道教神霄派的专著。首为丛书总序，次为王家祐先生所作之序，再次为前言。正文部分凡八章，包括：第一章神霄派肇始期——唐代；第二章神霄派形成期——北宋；第三章神霄派兴盛期——南宋；第四章神霄派延续期——元明清；第五章道教神系的基本概况；第六章神霄诸帝与雷部众真；第七章神霄雷法的渊源与特征；第八章神霄雷法的内奥与影响。前四章叙述神霄派的发展历史，基本以朝代分期来对应道派演进，选取各个时代具有代表性的道士予以重点介绍。第五章和第六章讲述道教神系与雷部众神。第七章和第八章介绍神霄派的理论学说、雷法流变及其社会影响。书末有"附录：道教符箓学讲义"，介绍符箓的源流、种类、结构、功用、原理及影响。

　　作为神霄派研究的拓荒之作，本书具有填补学术空白的意义。著者翻检《道藏》，从中梳理出大量有关神霄派与雷法的资料，依此建构了一个脉络清晰、血肉丰满的道教宗派史研究个案。要而言之，本书为广大读者开启了认识道教神霄派的神秘之门。（褚国锋）

老子与范蠡

　　《老子与范蠡》，王振川著。北京：宗教文化出版社，2004年8月第1版，32开，150千字。

　　王振川，上海市宗教学会会员、政协委员，安徽省作家协会会员。多年研究老子文化，20多年往返于上海与涡阳不下百余次。坚持田野考察，对老子故里（楚国苦县）在安徽省涡阳县的确定具有重要贡献。被涡阳县授予涡阳县荣誉市民称号。

全书分五章。第一章老子、范蠡与西施；第二章老子与范蠡的思想关系；第三章老子出生地考；第四章老子与文景之治。附录包含老子、范蠡年表，《老子》语录、孔门弟子录，春秋末相同地名表。这是对正文涉及的信息进行补充，方便读者对照阅读。

本书广泛参阅史料记载，并参考著者田野考察，将老子、范蠡、西施生平之争议、其人物关系等做出详细考证，特别是本书对老子出生地（安徽省涡阳县）的确定，为老学研究领域做出了重要贡献。本书还就老子、范蠡、关尹子、庄子、文子、列子等老庄代表人物，以及他们的著作之真实性进行考证，厘清了人物之间的关系，解释了老庄思想的历史脉络，对老庄思想与后期黄老思想等的关系也进行了说明。本书有助于还原老子的身世，也有助于澄清老子与其同时代重要人物的关系，对《老子》思想的进一步考证具有重要价值。本书以古人的身份、古代地名的真实位置的考据为特色，论据充分，思辨清晰，特别是老子出生地之辨的部分，考辨其为河南省鹿邑县还是安徽省涡阳县，体现了著者的学术功力之深厚。总之，作为一部底蕴深厚的学术著作，本书给予了老子、范蠡等历史人物活动的充分论述，对人们认识道家人物之思想和行动具有重大意义。

即便如此，本书也有一些瑕疵，如其在对范蠡作为老子学生之一的考证方面，更注重其思想之间的相似性，其活动时间地点的接近，而非确切的范蠡拜老子为师的可靠记载或充分的后世证言。这一事实虽然可以说明范蠡的确受老子影响，然而却不完全能够证明范蠡师从老子是事实。当然著者这一假设，虽不至于得到确认，但也有很大合理之处。（包力维）

生命的追求：陈撄宁与近现代中国道教

《生命的追求：陈撄宁与近现代中国道教》，吴亚魁著。上海：上海辞书出版社，2005年9月第1版，32开，220千字。

吴亚魁，1963年生，浙江嘉兴人。先后出版著作多部，独著有《江南全真道教》（2006）、《浙东宁绍台地区全真道教考》（2011）、《江南全真道教（修订版）》（2012），编著《江南道教碑记资料集》（2007）、《吕洞宾学案》

（2016）、《上海城隍庙志》（2017，副主编），并撰有多篇学术论文。目前旅居美国，从事道教文化研究。

本书有两篇序及引言，而后是上下两篇正文，上篇有三章，下篇有四章，三篇附录，末有后记。

本书上篇主要介绍陈撄宁的生平事迹。著者用"上下求索、大隐于朝、晚年余晖"，形容其青少年时期、中年时期以及晚年时期。第一章叙说其青少年时期，描述了陈撄宁如何对仙学心生向往，而后又出佛入道，拜访了当时的各类名山道场的过程。对于那时的经历，用陈撄宁自己的话说是"都是空跑，并无结果"，却铸就了他独特而鲜明的宗教观，他认为，仙佛两家，立场不同，各人有各人的志愿，虽不必舍己从人，亦不可强人就己，更不可居高傲慢，轻视外教。第二章叙说陈撄宁的中年时期，即由1910年左右到新中国成立的事迹。著者指出，在这段时间内，陈撄宁不仅继续仙学修行，而且有了"兼济天下"的道志。他相继创办书局，出版《扬善半月刊》《仙道月报》等，担任中国仙学院教授，成立中国道教会等机构，传授道门仙学。第三章叙说陈撄宁晚年时期的主要事迹。晚年的陈撄宁，担任中国道教协会秘书长、副会长、会长等职务，主要负责当时中国道教协会的日常工作，期间他还创办了中国道协研究室以及中国道协的刊物《道协会刊》。

本书下篇着重讨论陈撄宁的学术思想。著者对陈撄宁的"仙学"思想展开论述。他认为，人们谈及陈撄宁的道学思想都从"仙学"入手，但"仙学"并不能代表陈撄宁道学思想的全部，而是一个不能绕开的话题；在修习道家真实功夫时，陈撄宁着重的并不是表面上的门派之分、授受之名，而是此种功夫是否有利于时代、有利于人群。在论述陈撄宁"仙学"思想时，著者从仙学定义、仙学历史、仙学派别、仙学特质、仙学作用五方面来展开分析。陈撄宁为何要用"仙学"一词？著者认为他独倡"仙学"并不是为了将仙学从道学中独立出来，反过来是为了弘扬道教文化。因此，著者在论述了仙学之后，就接着考察其道学思想，比较详细地介绍了陈撄宁的道学著作，如《孙不二女丹诗注》《〈黄庭经〉讲义》《口诀钩玄录》《道教起源》等。最后对陈撄宁的道教文化贡献以及他的思想做了归纳。

本书史实翔实，内容丰富，对陈撄宁的生平事迹、思想构成、文化贡献诸方面都做了考证。稍显不足的是，本书引用前人论述较多，分析相对较弱，尤其在陈撄宁思想文化渊源问题上，有待深入透析。（杜恺健）

六朝道教上清派研究

《六朝道教上清派研究》，萧登福著。台北：文津出版社，2005年11月出版，32开。

萧登福简介详见《周秦两汉早期道教》提要。

本书共十三篇，第一篇东晋上清派源起试论；第二篇六朝杨许《上清经》三十一卷之存佚及其所衍生的相关经典；第三篇上清派首经《上清大洞真经》探述；第四篇试论道教内神名讳源起——兼论东晋上清经派存思修炼法门；第五篇道教上清经身内诸神名讳及修行时所常观想之神祇；第六篇道教及上清派"守一"修持法门之源起及其演变；第七篇周秦至六朝道经及上清派道经中所见的尸解仙；第八篇周秦至六朝道教及上清派之辟谷食气说——兼论其对佛教之影响；第九篇六朝道教上清、灵宝二派经书的传播与管理；第十篇陶弘景与上清派之关系及《真诰》降真中之房中偶景说；第十一篇陶弘景《真诰》中所见修真治病药方及冢讼鬼注说；第十二篇试论胡适《陶弘景的真诰考》；第十三篇陶弘景《养性延命录》与六朝道教养生说试论。

透过本书，吾人当可对其宗派溯源与传播过程、经卷成书始末、宗派思想渊源与修炼法门进次、修炼功夫对后世道教法门及佛教经卷之影响、重要典籍之前有所承等面向，有较翔实而深入的了解，在道教宗派研究史上，具有极重要的学术价值。（李建德）

台湾传统信仰的鬼神崇拜

《台湾传统信仰的鬼神崇拜》，郑志明著。台北：大元出版社，2005年版，25开，系"宗教丛书"之一种。

郑志明简介详见《神明的由来》（中国篇）提要。

本书分十三章，第一章台湾传统鬼神崇拜的文化心灵；第二章台湾传统鬼神崇拜的信仰形态；第三章台湾传统信仰的多重至上神观；第四章台湾观音信仰的现象分析；第五章哪吒信仰与神话的生命观；第六章台湾妈祖信仰与祭典；第七章台湾西王母信仰的起源与发展；第八章陈靖姑信仰与法派的宗教形态；第九章台湾义民信仰与祭典；第十章客家社会大伯公信仰在东南亚的发展；第十一章台湾鬼神信仰与祭典；第十二章民间财神信仰；第十三章医药神与药签文化。

本书主在讨论台湾的鬼神崇拜，不仅从实际的信仰神明系统做讨论，还从信仰与宗教哲学的观点，来剖析台湾传统鬼神信仰的诸现象与问题，有别于一般讨论台湾鬼神信仰的专著。选取的鬼神信仰的角色，皆为台湾最具代表、也最为重要的民间信仰神明，有与佛教关系密切的观音与哪吒；有源自道教的妈祖与西王母，融合佛、道与民间宗教的陈靖姑三位女性神的讨论；此外也顾及较被忽略的客家族群的义民与大伯公信仰，以及与日常息息相关的医药神、财神与鬼，是为一本深入浅出、能全观台湾民间信仰与鬼神崇拜之佳作。（萧百芳）

道教地狱教主——太乙救苦天尊

《道教地狱教主——太乙救苦天尊》，萧登福著。台北：新文丰出版公司，2006年11月版，32开。

萧登福简介详见《周秦两汉早期道教》提要。

著者指出，太乙救苦天尊又名太一救苦天尊、寻声救苦天尊，简称救苦天尊；以救苦为职司，属下眷属神有十方救苦天尊、救苦真人、大惠真人、普慈真人、普救真人等等；这些是救赎亡魂时所常奉请的神祇。道教太乙救苦天尊的信仰，究竟始于何时，难以有确切的时间，但大抵可以确定在六朝中晚期，甚或三国时已经存在。

著者研究认为，太乙救苦天尊神格的形成，源出于周时的"太乙"思想。太乙即"太一"。太一，即是《老子·四十二章》"道生一"的"一"，亦即是《易经·系辞上》"易有太极，是生两仪"的"太极"。无极为道体，而太极（太乙）则为道之动、道之用，为生化之始。所以《郭店楚墓竹简·太一生水》有太一生水、水辅太一生成天地万物之说。

著者考察现存《正统道藏》《道藏辑要》《藏外道书》《庄林续道藏》及敦煌史料中和太乙救苦相关的经典，自六朝迄清都有，而著者经目者约有百余种。这些众多和太乙救苦天尊相关的道典，大都是太乙救苦天尊及其眷属神十方救苦天尊，在地狱中破狱引渡亡魂的科仪。早期与太乙救苦天尊相关的经典中，大都偏向于地狱救赎科仪，较少述及神格。著者谓以叙述神格为主者，当属《太一救苦护身妙经》《太上洞玄灵宝救苦妙经》二者，因而遂使此二经成为太乙救苦天尊神格相关的主要经典。此二经所重，略有不同。《太一救苦护身妙经》偏重在三界救苦（天界长生、人间救苦、冥界度亡）；《太上洞玄灵宝救苦妙经》偏重在冥界度亡，后世度亡，大都诵念此经。所以太乙救苦天尊可以说是道教地狱亡魂的救赎主神、道教的地狱教主。

道经《太一救苦护身妙经》说太乙救苦天尊化身于天地人三界：在天界居于东方长乐净土、在地狱荐拔亡魂、在人间则寻声救苦，具有此三种神格。著者认为，太乙救苦天尊的东方长乐净土，类似于佛教阿弥陀佛的西方极乐净土；而地狱荐拔，则类似佛教的地藏菩萨；在人间的寻声救苦，则等同于观世音。所以道教太乙救苦天尊的神格，可以说是佛教阿弥陀佛、观世音、地藏菩萨等三神的综合体。太乙救苦天尊虽有此三种神格，但自六朝迄清，我们所看到和太乙救苦天尊相关的道典，绝大多数都和地狱救赎相关。研究称六朝时太乙救苦天尊的地狱救赎科仪有：为死者度亡及生者为自己预修两种方式。唐宋后则偏向在为死者度亡上，但此时在度亡科仪方面，除破地狱引渡地狱亡魂外，又加入南宫炼度、超升天界的叙述。今日道教为死者度亡的科仪中，依然是太乙救苦天尊为主神，太乙救苦天尊俨然成为道教地狱的救赎教主。（林翠凤）

江南全真道教

《江南全真道教》，吴亚魁著。香港：中华书局，2006年11月初版，系香港中文大学"道教文化研究中心学术丛刊第一辑"。另有：上海：上海古籍出版社，2012年10月修订版，32开，315千字，系"上海太清宫道教文化丛书"之一种。

吴亚魁简介详见《生命的追求：陈撄宁与近现代中国道教》提要。

本书是著者的博士论文，一部地方道教史研究专著，其研究范围的时空跨度较大。"江南"是一个有着多种理解与解读的地域概念，本书主要从文化地理和宗教地理的角度出发，将"江南"确定为"环太湖为中心的东南部"当中的六府一州之地，即苏州府、松江府、常州府、太仓州、杭州府、嘉兴府和湖州府。在时间上，始于全真道南传，终于20世纪初期，长达600余年。著者以江南六府一州地区的全真道教为研究对象，依托地方志、碑铭、笔记等教外史料以及《长春道教源流》等教内文献，以道教宫观为研究切入点，通过梳理道观的历史沿革，兼及与宫观有关的全真道士、道派和事件，按照时间顺序叙述了全真道教在江南六府一州的发展历程，并将其划分为"初兴"（1271—1368）、"沉寂"（1368—1644）、"中兴"（1644—1861）和"重振"（1862—1911）等阶段，从而构筑了一幅条清缕晰的地域道教历史图景。

本书具有鲜明的问题意识。著者在"绪论"部分开宗明义，指出将以"江南全真道教"为研究主题，并将这一主题细分为若干问题，包括全真道教传入江南之时间与情况、南北宗合流、明代江南全真道教的实际状况、龙门中兴与清代江南全真道教发展情形、江南全真道教的地域特征等。不同于过往研究成果对《金盖心灯》等少数道门文献的倚重，本书以史志、碑铭和笔记等数量丰赡却久被忽视的资料为研究基础。在着力挖掘教外资料的同时，本书也重视使用《道统源流》等新出教内文献。本书共引用总数高达282种的一手文献资料，为全面深入研究江南全真道教传播历史提供了足够的支撑。

本书采取了迥异于道教思想史研究的新进路，即"问题史学与叙事史学"并重的研究方法，以江南全真道教宫观为节点，通过对宫观沿革的追溯，从历时性和共时性两个方面来还原历史面貌。著者着重考察了江南全真道教的宗派传承、信仰网络、经济基础、管理制度、入道缘由、信众构成等内容，精当描述了外来全真道面对江南正一派时所采取的适应策略与融合过程，也注意到了女冠群体、道教居士等不同信众群体。与此同时，著者注意江南全真道教与社会的互动交涉，通过对全真道士社会交往关系的考察，揭示了儒释道三教群体之间的互动。基于长时段的宏观考察和具体个案的微观研究，著者还原了江南全真道教多个层面的情况，并从教派融合、回归世俗、成分构成和叛道缘由等四个方面对其地域特征予以了总结。（褚国锋）

陈撄宁与道教文化的现代转型

《陈撄宁与道教文化的现代转型》，刘延刚著。成都：巴蜀书社，2006年12月第1版，32开，220千字，系"儒道释博士论文丛书"之一种。

刘延刚，1965年生，四川名山人。执教于绵阳师范学院。系中华孔学会会员，四川省记者文学研究会常务理事。自著和与他人合编有《笔政鸿爪》《走马古蜀道》等书，主要学术兴趣在道家文化和易学研究，本书出版时已发表学术论文十余篇。

本书首先对陈撄宁所生活的社会背景做了一个交代，而后论述陈撄宁的基本履历与学术思想。著者认为，不论是创立仙学、提出"仙道救国""仙道独立"，或是强调仙道与科学结合、仙学的平民化意识、男女平道，陈撄宁的学术思想都与"现代性"密切相关。面对当时特定的社会条件，陈撄宁开展了诸多文化活动。其中，最重要的就是他主笔的《扬善半月刊》《仙道月报》。著者充分运用了这两份杂志，将陈撄宁与这两份杂志的关系解释得非常清楚，就陈撄宁在这两份杂志上所发表的文章、信件做了详尽考察，为后人理解陈撄宁的现代仙学思想提供了很好的帮助。

为了彰显陈撄宁在近现代道教文化转型中的作用，本书将陈撄宁与冯友兰、太虚法师三人做了对比。著者认为，就文化地位而言，陈撄宁与其他二位虽然无法比拟，但他却是中国道教史无法绕开的人物。毫无疑问，陈撄宁堪称近现代道教文化转型的杰出代表和一代大师。（杜恺健）

混元仙派研究

《混元仙派研究》，李显光著。北京：中国社会科学出版社，2007年10月第1版，16开，436千字。

李显光，1951年生，江苏武进人。曾任台湾中华宗教哲学研究社秘书长、常务理事，现任极忠文教基金会副董事长，兼任华东师范大学涵静书院副院长、西北大学蓝田文明中心研究员。主要从事中国传统文化研究，特别是道家、道学与道教研究。先后出版著作多部，著有《古华山与方仙道》（2016）、《神仙传解析》（2018），和胡孚琛先生共同整理《道藏源流考（新修订版）》（2014）。发表学术论文数十篇，并多次组织两岸三地及海外学者进行学术文化交流活动。

本书以混元仙派为研究对象，对其历史演变、传法派系、人物事迹及互动关系等进行了详细考订。全书首为《玉溪子丹经指要》之《混元仙派图》（1264），次为胡孚琛先生所作之序言，复次为自序，末有附录一《玉皇心印妙经》研究、附录二《无上玉皇心印经》。正文部分凡十二章，包括前言、时代背景、关于南北宗、法脉源头、正阳真人与其弟子、吕洞宾传说、刘海蟾传说、张伯端的传承体系、华山学术圈、王重阳与七真、混元仙派年表及混元仙派人物简表。

本书认为混元仙派是金丹、内丹之同派异名。该派祖述太上老君，以钟吕为宗，专务内丹修炼。因单传密授之故，未曾形成教团，故少为人知。《诸真宗派总簿》所记载的混元派有可能是混元仙派。鉴于历史上曾有多个以混元为名的教派，著者特对金元时期的混元道和混元派、明清时期的混元教等予以考释，并就道教与民间宗教、国家宗教管理政策与道教发展之间的联系进行了讨论。

唐末五代两宋时期内丹道蓬勃发展，高道辈出。学界对于内丹道的传承谱系早有关注，如刘咸炘先生在《道教征略》中列有钟吕传授图，蒙文通先生在《陈图南学谱》中列有《陈抟学系表》。任继愈先生主编的《中国道教史》注意到了《混元仙派图》，认为它是"一份最早、最系统的内丹传承史料"，并对此图有所分析。本书在前贤的研究基础上，集中考察南宋李简易所著《玉溪子丹经指要》卷首之《混元仙派图》。虽然《混元仙派图》在《道藏》中只有两页（《道藏》第4册第404—405页），但其内容却非常丰富。它始于混元教主万代宗师太上老君，终于混元大宗师赵虚静（赵古蟾），中有纯阳真人、陈抟、白玉蟾等近百位高道，充分反映了两宋内丹道的整体面貌。本书以此图为线索，一方面考诸道教历代高道传记，另一方面则广征正史、笔记、方志、碑帖、类书等史料，对教内教外文献进行综合考证。最终，本书清晰勾画出近百位仙真高道的生平事迹、师承关系及交往互动，完整呈现了混元仙派的传承体系。

金丹派南宗与全真道的合流是道教史上的大事，学界通常以元代陈致虚《金丹大要》（约成书于1331—1336）所列传承谱系为南北二宗合流的标志。在南宗内部，早有为南北二宗合流开道的"道统说"，如萧廷芝《大道正统》（1260）、柯道冲为《玄教大公案》所作之序（1324）等。《混元仙派图》的编撰者亦为南宗传人，其说属于南宗内部道统说之一。《混元仙派研究》据图认为，"传承统绪大体已形成南北宗，并以钟吕为祖，将刘海蟾与王重阳并列于吕洞宾下，反映出当时北宗鼎盛，南宗不堪与北宗并列的情况"。尽管只是一家之言，但著者的观点对于学界进一步认识南北宗合流问题当有所启迪。

要而言之，本书资料丰富，考证精当，在高道传记、丹道史和道教宗派史等研究领域做出了一定贡献。（褚国锋）

道教金丹派南宗考论——道派、历史、文献与思想综合研究

　　《道教金丹派南宗考论——道派、历史、文献与思想综合研究》，盖建民著。北京：社会科学文献出版社，2013年6月第1版，2册，精装，16开，1176千字，系"道教南宗研究系列"之一种。

　　盖建民，1964年生，新疆乌鲁木齐人，祖籍山东莱阳。哲学博士，教育部长江学者特聘教授。现任四川大学道教与宗教文化研究所教授、所长，四川大学老子研究院副院长、《宗教学研究》主编（执行）。著有《道教科学思想发凡》《道教医学》等。

　　本书是国家社科基金项目的结项成果，作者广泛吸收前人成果，以地域道教研究为视阈，采纳各种道书、方志史料、碑刻文集及田野调查材料，运用多元的研究方法、严密的逻辑、翔实的史料、规范的语言、细致的考辨，对金丹派南宗的历史、人物及丹道思想加以综合研究，得出了令人信服的结论。本书分上下两册，正文分为九章：第一章道教金丹派南宗形成的区域社会历史之维；第二章南宗典籍文献史料厘正与辑存；第三章南宗祖师生平系年；第四章南宗道士及传法谱系考订；第五章白玉蟾与南宗教团组织的创建；第六章金丹派南宗与儒释关系；第七章金丹派南宗丹道思想发微；第八章道教金丹派南宗的历史地位及其影响；第九章金丹派南宗起源发展的地理分布与遗存田野调查。

　　卿希泰先生在序言中说："作者从20世纪末涉足道教金丹派南宗以来，在国内外学术界研究的基础上，以地域道教研究的视阈，挖掘了大量第一手资料，在白玉蟾文献稽考、道脉传承谱系、宗派关系、修道思想和南宗宗教遗存田野调查诸多方面，均取得新的突破，纠正和澄清了日本学者和国内同行在白玉蟾文献、生平、入室弟子等问题上的失误，弥补了相关学术盲点，最大限度地破解了长期以来笼罩在白玉蟾创立的道教南宗之上的学术纷争与谜团，推进了国内外道教南宗研究的深度和广度，具有较高学术价值和理论价值，显示了作者扎实的学术功底和理论造诣。"

　　作为国内外学术界第一部系统深入探讨道教金丹派南宗的学术专著，本

书使用的文献和田野史料翔实，对南宗的思想体系阐发到位，堪称金丹派南宗研究的里程碑式的作品。（赵芃）

明代灵济道派研究

《明代灵济道派研究》，王福梅著。成都：巴蜀书社，2013年12月第1版，32开，280千字，系"儒道释博士论文丛书"之一种。

王福梅，1976年生，福建仙游人。先后毕业于福建师范大学历史系和厦门大学哲学系，现任莆田学院马克思主义学院教授。参编《透视中国东南：文化经济的整合研究》《中国宗教通论》，在《世界宗教研究》、《湖南大学学报》（社会科学版）、《中国道教》、《福建师范大学学报》（哲学社会科学版）等期刊上发表多篇学术论文。

本书先有丛书缘起与序，绪论之后分四章。绪论部分界定了"灵济道派"概念，指出本书所要展开研究的"灵济道派"指的是明代以灵济真君（即徐知证、徐知谔兄弟，又称二徐真人、灵济真人、洪恩灵济真君等）为主要崇拜对象、以灵济宫为主要活动场所的道团组织。第一章灵济道派的嬗变，从时间纵向上分析考证灵济道派的源起与形成、发展的基本史实过程，梳理灵济道派的发展脉络。第二章灵济道派主要经籍综考，对早期灵济道派经籍、明代灵济道派经籍以及民间散佚灵济道派经籍进行综合考察并分析其中的特点。第三章灵济道派的教团组织及教义思想，以明代作为灵济道派"典型性的发展点"，着重从横向上考察灵济道派的各宗教构成要素。第四章灵济道派的历史地位与影响，分析灵济道派与明代社会的互动关系以及明代以后灵济道派的活动余绪，认为灵济道派对福建民间信仰有一定渗透，至今仍有一定的社会影响。

本书首次在学术界提出了"灵济道派"的概念，并从道教宗派研究的视阈入手，对其进行较为系统的文献和田野资料的整理挖掘，梳理出了灵济道派兴衰嬗变的历史脉络，探讨了灵济道派主要经籍、教团组织、教义思想、斋醮科仪、历史地位与社会影响，以比较翔实的史料论证分析了灵济道派与明代社会的互动关系，有较高学术价值。（赵芃）

（五）道教洞天福地与宫观文化

永乐宫

《永乐宫》，山西省文物管理工作委员会编。北京：人民美术出版社，1964年2月第1版，大16开，278千字，206幅图片。

山西省文物管理工作委员会是山西省文物管理和保护单位，也是掌握永乐宫资料最为全面的权威机构。本书的文字说明部分由山西省文物管理委员会撰写，图片由人民美术出版社于1957年在永济原址上拍摄，图像名称根据《文物》1963年第八期对三清殿画上那些传统画像的传统名称，进行了校对。

本书分为文字部分和图片部分。文字部分包括出版说明、编辑例言、序言；图片部分收集编辑了206幅永乐宫的图片，是我国古典艺术研究的重要资料，极富有说服力和震撼力。

本书以大量图片的方式，展现了永乐宫的全景全貌，并以必要的文字，对永乐宫的历史、艺术给予说明。内容丰富翔实，图文并茂，具有较高的文化艺术价值，是国内出版最早、内容最为完善、研究永乐宫最具有权威性的图书，代表了当时永乐宫艺术文化编辑出版的最高水平。自出版以来，本书受到宗教、文化、艺术和建筑设计、保护管理等有关人士的青睐。由于本书印数稀少，故具有较高的收藏价值。

本书所介绍的永乐宫壁画的艺术造诣很高，成为全国不可多得的精品，在民族艺术遗产中具有一定的代表性。其思想内容、故事情节和艺术形象，都是神权崇拜、阴阳五行、天人相应、善恶报应等宗教思想和观念的反映。壁画或恐怖狰狞、神秘险恶，或妩媚多姿、美丽动人，是人们对天堂、仙境、地狱、仙人、玉女、魔鬼、妖怪等的崇拜、羡慕、追逐、向往、厌恶的心理情感和宗教情怀的交杂再现。该书按"先历史、后艺术"的次序谋篇布局。在艺术之中，以壁画为重点，建筑等次之，再以其他文物做辅助。配合206幅照片，对其艺术特点和建筑需求，采取图文对照的方式在文中加以说明。但该书限于当时的技术条件仅仅提供了黑白照片，对于永乐宫壁画及相关文物、建筑装饰器物没有较好地反映原始色彩真貌，实为一大遗憾。（赵芃）

青城山志

　　《青城山志》，王文才纂。成都：四川人民出版社，1982年7月第1版，32开，112千字。封页有元代张道陵像、明刻青城山图，青城山记原序、青城山记补正原序。全书分上、下两编，凡八章。

　　王文才（1922—2008），四川崇州人。1953年后调四川师范大学，历任中文系及古代文学研究所副教授、教授。1984年后兼李白研究学会会长、四川省社科联副主任、省古籍整理小组委员等职务。原以研究唐宋文学为主，后兼治唐五代历史文献与敦煌学。出入文史，稽考阙疑，校辑古籍，辨证旧闻。主编《杨升庵丛书》《李白研究论丛》。著作有《白朴戏曲集校注》《元曲纪事》《杨慎学谱》《升庵著述序跋》《杨慎诗选》《杨慎词曲集》《成都城坊考》《蜀梼杌校笺》等。发表有关文史考订及敦煌学之专题论文约30篇。

　　本书设上下篇，各五题：溯原、群山、宫观、古迹、物产、纪事、书目、金石、文录、诗录。最能反映青城山道教名山的是该志"溯原""宫观""纪事"部分。在"溯原"一题中，确立了青城山为道教名山之地位，《先天本纪》有"黄帝南至青城山，礼中皇丈人，问真一之道"。《玉匮经》："青城山为第五大洞宝仙九室之天，一名赤城山。黄帝封青城山为五岳丈人。"《茅君内传》云："大天之内，洞天三十六所。青城是第五洞天九仙宝室之天，周围二千里，十大洞天之一也。"《五岳真形图》"青城洞天所在之处，其下别有日月，分精以照其中"，从而确立了青城山为天下十大洞天之一，而山中又有八大洞。在"宫观"一题中系统地论述青城山道教宫观。著者认为，青城宫观，半多晋唐所建，惟年代辽远，兴废迭见。宋人所称六道宫，乃举其大者。王象之《蜀山考》云："青城山中有六道宫，丈人观、上清宫为最。五道宫皆在山之麓，五里至上清；又至成都山，则为半山。至大面山，则为山之巅；大面山后即老人村不可通矣。"此六道院皆在青城，考杜光庭《青城功德记》山中有丈人、常道、威仪、洞天诸观及上清宫，《纪胜》载诗，以长生观、丈人观、上清宫、延庆观、储福宫、清都观六道院及飞赴、香积二佛寺为最有名。《大明一统志》成都府寺观条记载：长生、丈人、清都各在灌县（今四川都江堰）西南二十、五十、六十五里，飞赴寺在灌县西南三十五里，里数不确。在"纪事"中，著者认为，青城为仙真所托，隐逸所栖。《舆地纪胜》永康军有人物十二、仙释十九、不尽关系山中胜迹。罗氏《补正》山志，汇录高真十五、道流三十四、释氏八人、隐逸十七、杂纂又约五十人。基于此，本书系统梳理了青城山的道教仙人，包括五岳丈人、岷山真人、张道陵、李阿、范长生、鸡骨禅师、罗公远、玉真公主、刘无名、杜光庭、句台符、张愈、蒲芝、谯定、寄谯先生、姚平仲、上官道人、宋汝为、安世通、青城道士、赵昱、采药民、孙思邈、徐佐青、青城王老、青城仙伯、杨通幽、杨鼎夫、费孝先、关寿卿、真本无、李若无、樵阳子等。

本书史料丰富，编写规范，应该是第一部系统梳理青城山道教宫观、仙人遗迹和金石文录等内容的青城地方史志，在青城山史志编写历史中留下了浓彩的一笔。本书引文详细规范，内容全面准确，考证有依有据，用词准确恰当，具有较高的史料文献价值。（赵芃）

兴庆宫史话

《兴庆宫史话》，董长君、刘志堂编著。西安：陕西旅游出版社，1986年8月第1版，32开，53千字。封面"兴庆宫"三字，系唐玄宗李隆基御笔，选自《石台孝经》，刻于唐天宝四年（745），是唐玄宗李隆基亲自作序、注释并书写的。此碑于北宋元祐五年（1090）由国子监迁入西安碑林。书中最后还选取了《长安与洛阳》中的《兴庆宫图》。

董长君，1952年生，陕西西安人。陕西文物考古和唐代文化艺术研究专家，长期从事文物鉴定、考古研究、大遗址保护、隋唐历史文化研究等工作，主要著作《凝望长安：唐代文化与艺术》（英文版）、《盛唐：大明宫》、《唐代中日友好史话》等。

本书以优美流畅的语言、翔实的史料，系统介绍了兴庆宫的历史、传奇和浪漫故事。著者通过正史、笔记史料、文人题咏等有关兴庆宫的记载，力求达到寓知识性于趣味性之中，满足多方读者的求知欲望。但本书将史料文献与传奇演义相互结合，不少文献记载有限，演义、传说、推论描写过多，在一定程度上影响了本书的史料价值。（赵芃）

永乐宫的传说

《永乐宫的传说》，骆士正、刘觉生、薛亚编著。北京：中国旅游出版社，1987年4月第1版，32开，180千字。

骆士正，原名骆先卿，笔名万里，1933年生，山西芮城人。大学学历，主任记者。历任《山西日报》社总编室编辑、记者部副主任，驻深圳经济特区特派记者、主任记者。《羊城晚报》《经济日报》《山西法制报》特约记者，《当代中国·山西卷》编辑室主任，《生活潮》杂志总编辑。

原国家文物局局长王冶秋作序并撰写了《神宫变异记》，孔筱撰写《永乐宫——旅游的好地方》，陆鸿年撰写《永乐宫壁画艺术》，杜仙州撰写了《永乐宫的建筑》以及《今日永乐宫》、民间传说故事、永乐宫壁画的故事、洞宾与牡丹的传说、永乐宫大事年表等。本书系统介绍了永乐宫的变迁、壁画艺术和建筑风格、历史，旅游资源，收集了大量的历史故事和民间传说，是中外人士学习研究永乐宫的宝贵文献资料。（赵芃）

中岳庙

《中岳庙》，王雪宝著。郑州：河南人民出版社，1988年1月第1版，32开，70千字，系"河南名胜古迹丛书"之一种。

王雪宝，1943年生，河南登封人。曾任登封政协委员兼政协文史委秘书、文管所副所长，河南省考古学会、博物馆学会理事等，著有《中岳嵩山》《嵩山少林寺》《嵩山大法王寺》等。

本书详细介绍了中岳庙的概况，如规模宏伟的中岳庙的主体建筑和附属建筑，别具一格的金石造像，技艺精湛的碑刻，形态奇特的古柏。

本书按类别和游览观赏的顺序安排，力图把中岳庙的兴衰历史、典章制度、名胜古迹、历史传说、馆藏文物、珍草异水、道教传播等反映出来，并严格区分哪些属于"正史"，哪些属于"演绎"。书中以一定篇幅概述了中岳嵩山与中岳庙的由来及其沿革，介绍了太室阙，增加了"阙铭"

这一重要内容，介绍了中岳庙主体建筑及时代特征，评述了金石文物、石雕造像和书画艺术。本书还附有《中国道教与中岳庙道教史略》，试图反映道教的起源、传播与发展，以及道众的生活、中岳庙的特色等，增补《中岳庙诗碑选》《中岳庙嵩山文物陈列馆简介》《中岳庙庙会》《中岳庙名贵药名》等内容。内容详尽、史料充实、通俗易懂，具有很好的可读性、知识性和普及性。但本书的内容结构与编排还存在一些不太合理的地方，相关文献和资料的引用也不够规范，需要进一步完善。（赵芃）

青城山志

《青城山志》，王纯五主编。成都：四川人民出版社，1989年4月第1版，32开，82千字。

王纯五，1932年生，四川阆中人。原青城山市文化馆副研究员、县志副总编。发表《天师道二十四治考》《护花鸟》《李冰巡江升天》《二郎擒孽龙》等民间文学作品25篇和《灌口二郎神话探索》《五斗米道对巴蜀民间文化的影响》等论文。与人合编《都江堰青城山的传说》《成都的传说》。

本书凡八章。概述凡二题：自然地理、历史沿革。详今略古，补前志之缺；简明扼要，讲求实际；尊重史实，但不拘泥于前人的只言片语，着重实地考察。具有四个显著特点：

一是注重实景展现；二是倾向史实的刻画；三是实地的考察；四是实物的归类。本书除将近百年大事列入其中之外，还特别增设了《杂记》一篇，收入近代以来发生在青城山的名人轶事，并附近代有关青城山的论著目录，很有特色。但本书尽收青城山历史文化内容，包罗万象，杂而多端，淡化了青城山作为道教文化名山的特殊地位，对青城山道教历史文化的挖掘和弘扬还需要进一步加强。（赵芃）

齐云山志

《齐云山志》，齐云山志编纂办公室编。合肥：黄山书社，1990年6月第1

版，32开，250千字，系"安徽山水志丛书"之一种。编纂领导组组长吴家祥，副组长张启立，成员王叔平、程天林。主任张启立，主编方平山，编辑方平山、胡奇光。封页附齐云山全图及风景、宫观、碑刻黑白彩色照片13幅，凡八章。

张启立，1944年生。安徽休宁县《齐云山志》编纂办公室主任。方平山，1956年生。安徽休宁县人大常委会主任，发表《齐云山道教建筑的特色》《天然摄影棚猎趣》等论文。

本书收录保存新旧有用的资料，尤其是根据齐云山的特色，在山志"专述"部分侧重记述了丹霞风貌和道教文化。就体例而言，该志依据新山志的科学分类，宏微谋制，以事立体，以意役法，力求志理浑然，图文并茂，融科学性、知识性、实用性于一体。

本书主要选录有关旧志、档案资料、各类著述及口头调查等资料。编排合理、内容丰富，融科学性、知识性、实用性于一体。本书既是一部齐云山上下千余年的沿革史，又是一部囊括齐云山自然成因、气候环境、山水形胜、风土物产、传统文化等方面内容的百科全书。本书是史志编著者、旅游从业人员、广大旅游爱好者的案头必备资料和导游指南，又是沟通海内外炎黄子孙情缘的传播载体。新修山志，展卷有益，本书将作为一笔宝贵的精神财富，留给当今，传与后世。（赵芃）

陕西小武当：凤凰山擂鼓台

《陕西小武当：凤凰山擂鼓台》，樊光春编著。西安：三秦出版社，1991年12月版，32开，128千字，系"陕西文博系列丛书"之一种。

樊光春简介详见《长安·终南山道教史略》提要。

本书系统论述了凤凰山与擂鼓台，认为凤凰山古有"陕南第一峰"之美称，山林苍翠，泉林优美，远在千年以前就有"仙人药园"之称。本书著者跋山涉水、呕心沥血、不辞劳苦，以紫阳县为中心，收集整理了跨越明、清、民国、中华人民共和国四个阶段的道教资料，较完整地反映了擂鼓台的历史变迁，详细记述了擂鼓台的自然风光。

本书短小精悍、层次清楚、通俗易懂、可读性强，具有较高的史料文献价值，对于增进世人对当地道教活动的了解和客观看待宗教现象，具有一定的启迪作用。但本书内容体系相对自由，对擂鼓台道教文化历史发展的研究整理还有待深入。（赵芃）

神仙信仰与西岳庙

《神仙信仰与西岳庙》，夏振英、黄伟、呼林觉编著。西安：陕西旅游出版社，1992年6月第1版，32开，130千字，系"陕西旅游丛书"之一种。封页有灏灵殿、抱鼓石、经幢、碑楼与八角亭、左宗棠篆字碑、颜真卿碑、汉代石人、明石碑楼顶、华岳庙神碑、棂星门九龙口、万寿阁、明石碑楼、金城门黑白照片。陕西省社会科学院张玉良撰写《序言》。

夏振英，1950年生，陕西华阴人。陕西省文物局研究员，发表《陕西华阴境内秦魏长城考》《华阴县城考》《陕西华阴北魏杨舒墓发掘简报》等论文多篇。

本书于引子后，设六章。第一章西岳庙与华山，第二章西岳庙的兴衰，第三章西岳庙的建筑布局，第四章西岳庙的碑碣，第五章西岳庙的神话故事，第六章西岳庙诗选凡十三首。

本书集知识介绍、历史探求、建筑审美、碑石展示、故事叙述和诗歌选集于一体，具有一定的趣味性、普及性，是人们认识和了解华山和西岳庙难得的书籍之一。书中不但系统介绍了华山和西岳庙的基本知识，考察华山与道教的关系，注意到陈抟在华山修炼的关键文化元素，而且系统考察了西岳庙兴建发展的历史过程。著者按汉魏、隋唐、明清和现当代，将其分为兴建、营建、兴盛和衰落几个时期，从建筑审美角度，探讨了西岳庙建筑技术与艺术的关系，分析其对中国传统文化的继承与发展。本书最具有史料价值的是碑刻部分，从中不但可以了解西岳庙碑刻的起源与发展，而且可以感受到丰富多彩的道教文化表现形式、深刻思想内涵。本书所收集的神话故事和西岳庙诗选，进一步展示了西岳庙悠久的历史和辉煌的道教文化传统；但本书碑刻部分缺少相应的拓片或碑刻实物照片，使人略感遗憾。（赵芃）

老子与函谷关

《老子与函谷关》，赵来坤编著。郑州：中州古籍出版社，1993年6月第1版，32开，200千字。

赵来坤，1952年生，河南灵宝人。1972年起从事教育工作，1984年到灵宝文化保护管理委员会工作，先后有《灵宝黄帝陵》《函谷雄关展新貌》等论文发表，为《中国文物分布图表》《中国名人名胜录》等书撰写书稿10余篇。

本书著者从1980年参加文物考古工作，到1987年参加修复老子著经处太初宫，历时8年，翻阅了大量资料，考察了众多实物，对老子与函谷关有了初步了解。在三门峡市、灵宝市等有关部门的支持下，著者先后参照了秦新成、刘升元《老子的传说》，清《灵宝县志》，子墨与尔夫《道德经通解》，孙以楷、钱耕森、李仁群《老子百问》，舒绍昌、马自立《三门峡名胜诗选》等书的成果及章句，同时，还承蒙周秦函谷关、灵宝市北坡头乡王垛村的父老乡亲的热情鼓励，数易其稿才写成此书。

本书在对老子与函谷关进行考察、介绍和论证的基础上，通过故事传说、诗文选编等多个侧面，进一步佐证了老子与函谷关的密切关系，具有较强的资料性、学术性和文学性。但本书还存在考证论述不足、想象猜测过泛、资料收集繁多而解读分析欠缺等遗憾。书中某些观点还有待学术界的深入研究。（赵芃）

道教名山大观

《道教名山大观》，郑石平编著。上海：上海文化出版社，1994年7月第1版，32开，303千字。

郑石平，1956年生。上海教育出版社编审。独著及与人合著有《中国四大佛山》《探索风云》《洞穴探险的故事》《中国的探险家》《地学五千年》《中国宗教名胜事典》《海角天涯——勇士留下的第一足迹》《地理之谜》等。

本书以道教的兴起和名山的由来为开端，从名山看道教文化、详细介绍了五岳和五镇、道教发祥地、符箓派三名山、丹鼎派名山、全真道名山、神仙祖庭、道教石窟、洞天胜景，以及其他道教名山。并有附录便于读者查阅：张道陵汉安二年（143）立二十四治一览表；洞天福地一览表；重点风景名胜区中的道教名山；全国重点文物保护单位中的道教文物；二十一所全国道教重点宫观一览表；道教神仙祖庭一览表；道教节日一览表。

本书对道教名山介绍之详尽，线索之清楚，内容之全面，阐释之明确，资料之充分，观点之独特，体系之完备，图片之珍贵都是其他同类书籍所不能比拟的。特别对道教石窟的介绍，不但有详细的说明、资料的考证、造像的解读，而且附有珍贵的照片，堪称道教名山介绍之绝妙，对于研究唐宋时期道教在该地区的发展具有重要价值。本书结构体系独特，内容丰富翔实，几乎囊括了道教名山古迹的所有内容，并以独特的视角，诠释了道教神仙信仰和道教思想文化融汇其中的神奇魅力，具有较高的学术性、知识性、思想性和科学性，是对道教思想和文化研究的重要贡献。另外，本书对于道教名山分类，没有依照"十大洞天"等类似的划分，而是根据自己的理解给予了独特的归类。（赵芃）

洞天福地——道教宫观胜境

《洞天福地——道教宫观胜境》，沙铭寿著。成都：四川人民出版社，1994年7月第1版，32开，120千字，系"中华道学文化系列丛书"之一种。

沙铭寿（1950—2010），四川成都人。曾为四川省道教协会第五届理事会常务理事，中华道学文化研究中心理事，《成都道教志》编审。

本书前有引言，后分九个部分。

本书以唐代杜光庭编撰的《洞天福地·岳渎名山记》为依据，结合《云笈七签》卷二十七《洞天福地·天地宫府图》以及《白云观志》《太清宫志》等，系统考证了道教"洞天福地"的相关史料，各宫观在道教发展中的地位、功能和作用，不但展示了道教宫观的发展历史、特色，而且还通过宫观划分系统表达了著者对道教"仙境""琴鹤""神仙""真武""老君""仙山""名观"之理解与崇敬。

本书的最大价值是系统梳理了道教洞天福地的主要分布，对古今宫观名称、地理位置进行考证，着重介绍每处宫观的方位、建制沿革、名称由来、地形风貌、建筑艺术、布局特点、民间传说等，其内容翔实、考证科学、资料可靠、简明扼要、突出重点，对于人们系统了解和掌握有关洞天福地的相关知识起到了画龙点睛、循循善诱、由浅入深之效果。本书对于道教初学者、广大旅游爱好者、道教研究者具有重要的参考价值。（赵芃）

道国仙都探秘

《道国仙都探秘》，母学勇著。成都：四川大学出版社，1995年10月第1版，32开，65千字。

母学勇，1947年生，四川剑阁人。曾任中共剑阁县委宣传部副部长，副研究员，县文管所所长。原四川作协会员、四川音协会员、四川孔子学会理事。专著《剑阁觉苑寺明代佛传壁画》《金中古道上的明珠——剑阁》，前者获四川省第六届哲学社会科学优秀科研成果三等奖。在《文物》《考古》《文物天地》《四川文物》等刊物上发表论文10余篇。

本书有王家祐作《序》，其后有《自序》《五斗米教文化从这里开始》《崖壑碑前话仙都》《代表道教文化精华的神像》《仙都石刻图谱的奥秘》《清河崔氏与剑阁鹤鸣山道教》《鹤鸣山"仙都"道教文化探微》《"仙都"周围的宋代窖藏之谜》《"仙都"白塔传奇》。配有珍贵的黑白照片，包括《太阳砖》《纵目人图腾》《持雌鱼的丁神》《持雌鱼的甲神》《五斗星纹图》《六甲神》《六丁神》《六丁六甲图（无极演法图）》《持扁持钵神像》《七斗图中的一神》《无极演法图中的山鬼》《瓦当中的纵目人变形图》。

本书是著者历时5年对剑阁鹤鸣山道教文化资源考察、收集、挖掘和分析鉴别、归纳梳理的重要结晶。结合历史记载、民间传说、图谱神像、摩崖石刻等对鹤鸣山进行了大胆的推测、想象、演绎。但著者在某些重要问题上的分析考证过于简单，有的甚至采用主观推断、想象的方式，这是需要完善的地方。（赵芃）

楼观台道教碑石

　　《楼观台道教碑石》，王忠信编。西安：三秦出版社，1995年12月第1版，32开，230千字，系"陕西金石文献系列丛书"之一种。

　　王忠信，1954年生，陕西省西安人。陕西户县地方志编纂委员会研究人员。

　　本书为楼观台道教碑石专集，共收现存唐武德九年（626）至民国三十年（1941）间的道教碑石84通（百余篇），是一部研究中国道教的珍贵的石刻文献。

　　本书认为，楼观台历史悠久，地域广阔。它以经台为中心。历史上宫、观、池、洞、楼、台、殿、阁，曾遍布于东西十公里、南北五公里之终南山北麓。经历了两千多年，虽经多次地震、兵燹等天灾人祸，如今仍遗有草楼观遗址——宗圣宫、老子著《道德经》遗址——说经台及老子墓等二十多处文物古迹。其文物遗存中数量最多、价值最高的首推历代碑石。这些碑石均系楼观道坛刻立。按其内容可分为记事碑、祖师道行碑、公文碑、经典碑、墓碑、墓志、塔铭、题诗留言刻石等类，从不同角度记载和反映了楼观道坛在各个历史时期的宗教活动与重大事件，又保存了唐宋元时期许多书法大家的墨迹。

　　本书系统整理了楼观台道教碑石的主要内容，使人们对其现存的碑石内容数量、文献地位、文物价值、书法艺术有一个基本的了解和认识。再现了楼观台碑石数量之多、内容之丰富、历史之悠久、道教题材之专一，是碑刻金石集成之精品，加之当年出版数量仅500册，已成为各方竞相收藏之绝版，具有较高的文物和史料价值。但本书部分碑文缺少相应的拓片、照片对应，碑石尺寸、材质等也缺少翔实的记录，略为遗憾。（赵芃）

龙虎山志

　　《龙虎山志》，［清］娄近垣编撰，张炜、汪继东校注。南昌：江西人民出版社，1996年6月第1版，32开，350千字，系"江西名山志"丛书之一种。张鹏翀作《重修〈龙虎山志〉序》、娄近垣作《重修〈龙虎山志〉自序》；刘祖三作《〈龙虎山志〉校注前言》。

娄近垣（1689—1776），字三臣，号郎斋，又号上清外史，松江娄县（今上海市松江县境内）人。其祖、父皆道士。自幼在龙虎山学道，拜提点周大经为师。"冲龄味道，眇爱云松，至性精虔，博综符箓"。清雍正五年（1727），他随五十五代天师张锡麟例觐入京。八年（1730），授四品龙虎山提点，钦安殿住持。十一年（1733），敕封妙正真人，赐大光明殿开山正住持。乾隆继位，封通议大夫，食三品俸，掌道箓司印务，住持北京东岳庙。正是他渊博的道学修养和特殊的恩宠地位，使他得以修成《龙虎山志》。

张炜，曾任鹰潭市文联主席等职。

汪继东，鹰潭职业技术学院教师。

本书十六卷，包括恩赉、山水、胜迹、天师世家、人物、爵秩、宫观、田赋、艺文等内容，丰富广博。本书对历代皇帝特别是清廷对龙虎山天师道派之敕封情况，记录详细，说明了天师道派与中国古代皇帝的密切关系，对研究龙虎山天师道历史及其与封建政治的关系，有着重要的文献史料价值。

本书的价值是多方面的：第一，收录了大量的道教史料，对研究天师道的形成和发展与道家思想理论都是极其珍贵的。第二，收集了历朝统治者对天师道、真人的敕谕，修建天师道宫观、赐田免租的奏稿诏文，有助于研究道教与政治的关系，道学在意识形态中的地位和作用，以及当时道教的发展演变概况。第三，记载了历代文人学士、道士真人事迹及诗文，挖掘这些文化遗产，对继承和发扬祖国优秀文化有着积极的意义。第四，志中还涉及众多宫观建筑，虽大多不存，但山川胜迹犹在。本书为龙虎山道教资源的挖掘与开发提供了重要参考资料。校注整理《龙虎山志》对于今人更好地了解龙虎山及天师道，沟通海内外联系，谋求更多合作，发展旅游事业，推动经济建设，无疑会起到巨大作用。（赵芃）

中国道教宫观文化

《中国道教宫观文化》，朱越利主编，袁志鸿副主编。北京：宗教文化出版社，1996年11月第1版，32开，240千字。执笔人有：丁常云、王成亚、王家祐、王雷生、冯可珠、孙常德、刘军、刘世天、师敏绪、张凯、张兴发、孟崇然、范恩君、袁志鸿、雷宏安、樊光春。

朱越利，1944年生，河北省人。曾任《中国西藏》杂志社副总编，四川大学道教与宗教文化研究所兼职教授、博士生导师，中国道教学院特聘教授等。出版专著多部，发表论文多篇。

袁志鸿简介详见《当代道教人物》提要。

本书由集体创作完成，囊括了各个地区道教历史、宫观庙宇、人物传说、神仙信仰、文化遗风、道派谱系等内容。各部分题目采用四言绝句，对偶押韵，体现出特有的文人雅士之风范。内容丰富、叙述精练、语言流畅、简明扼要、深入浅出，表现出来较好的文风和学风。但本书由于过分注重文字对偶押韵、四言绝句，使各部分在内容表达方面有些词不达意、个别用词词义牵强，不能准确地反映相关道教宫观文化之内容，某些文章的撰写也略显简单，有言不尽意之感。（赵芃）

老子与楼观台

《老子与楼观台》，王荣涛著。西安：西安出版社，1998年1月版，32开，100千字。本书由任法融与焦文彬分别作序，书中有彩色照片14幅。

王荣涛，1963年生。曾任周至楼观台文管所副所长、周至县戏剧家协会副主席等职，有秦腔剧本《楼观传奇》、表演唱《金周至》，曾改编整理《探阴山》等；剧本《纱巾泪》获咸阳市剧本创作讨论会三等奖，《金周至》获西安市建国50周年表演奖。

本书除序及前言外，共计四章：第一章老子与楼观台；第二章道教与楼观台；第三章老子思想简介；第四章楼观台名胜古迹简介。书末附有楼观台石本《道德经》、历代帝王在楼观台活动一览表、当代名人与书画家留题楼观台作品一览表、楼观台历代高道一览表。

本书采用考古学和人类学研究方法，对楼观台展开了比较全面的考察，通过碑刻、实物以及相关史志文献的研究，基本厘清了老子与楼观台、道教与楼观台的关系，全面阐释了楼观派在楼观台的形成与发展。但是本书对楼观台道教思想文化的介绍还有待深入，楼观道教的历史发展、楼观台主要景点遗迹还应采取宗教学、历史学、文化学等多角度考察论证。（赵芃）

蓬莱阁志

　　《蓬莱阁志》，蓬莱市政府办公室史志编纂科编。济南：山东友谊出版社，1998年4月第1版，32开，80千字。封页由叶剑英题词"蓬莱士女勤劳动，繁荣生活即神山"。《蓬莱阁志》修订组组长丁义波，副组长孙文；组员李克、宗德祥。刘树琪作序。

　　丁义波，1952年生，山东蓬莱人。曾任蓬莱市委宣传部部长，市委副书记、书记。

　　本书于概述之后分五章，末有大事记略、编辑后记。本书从1982至1998年历时16年编辑而成。1982年蓬莱县地方志编纂委员会在搜集资料准备编纂蓬莱县志的过程中，决定利用已有的蓬莱阁资料编纂《蓬莱阁志》，该志于1985年2月编印成书，以内部资料的形式在县内有业务联系的部门和个人之间交流。正文七章，依次为位置、传说、沿革、建筑、风景、碑刻、水域；附录有四，包括散文选注、诗歌选注、楹联匾额碑碣、诗文著者简介。1991年县志办在一版《蓬莱阁志》的基础上，进行修订、调整，增加了部分内容，经烟台市新闻出版局批准，获得内部书刊准印证号，于1992年重印。正文五章，包括沿革、建筑、景观、碑刻、游览；附录有六，包括水域、海市、传说、诗文选注、楹联、诗文著者简介。1997年适应对外开放的需要，在二版《蓬莱阁志》的基础上，再次修订，增设凡例、序、概述、大事记略、编纂出版始末、编辑后记等，将海市、诗文楹联等纳入正文，删去诗文注释，正式出版。本书资料丰富、内容全面，编辑科学规范，几乎囊括了近现代有关蓬莱阁的所有资料文献，可以称之为蓬莱阁的百科全书，具有很高的史料文献价值，对于人们了解和研究蓬莱阁的历史发展和仙道文化具有重要的价值。（赵芃）

丘处机与龙门洞

　　《丘处机与龙门洞》，张文主编，陈法永副主编。西安：陕西人民出版社，1999年2月第1版，32开，249千字。本书由任法融作《序》。封页有灵仙岩全景、陇县道教协会第一次代表大会合影、杨虎城将军1936年陇县巡视时参观药王洞留影、定心峰铁塔和丘处机手植通灵柏、三叠潭等黑白和彩色照片。

张文（1930—2008），河北献县人。原西安医科大学教授、陕西医史学会主任委员。

陈法永道长，俗名陈全吉，字常泰，戒号抱元子，1961年生，陕西宝鸡人。1982年，出家于陇县龙门洞道院，礼著名高功法师王嗣琳道长为师，学习全真韵学以及法事科仪知识，并受职于王嗣琳道长名下，为全真龙门暗派出字辈第三十八代高功。

《丘处机与龙门洞》由十个专题构成：洞天福地话陇山、丘处机隐栖龙门事略、丘处机与金元社会政治、龙门丹法概要、龙门宗支源流、龙门洞道院与丛林制度、建筑艺术、龙门高道传、龙门艺文、史事纪要。

本书以事实为依据，以真实的历史文献为基础，将著者的研究考证贯穿其中。其学术性与可读性相互结合，科学求实精神与尊重宗教情感相结合，实为广大读者所欢迎。在记述丘祖事迹之余，还以相当篇幅述及龙门洞的自然风光、人文精神和社会风貌，并对龙门派的传承、对龙门派在中国道教史上的作用和地位做了详尽阐述。但由于是多人合作，在内容体系、写作风格和逻辑结构等方面还有进一步协调之必要，内容和资料还需进一步挖掘。（赵芃）

重阳宫与全真道

《重阳宫与全真道》，王西平、陈法永主编。西安：陕西人民出版社，1999年5月第1版，32开，282千字。陈连笙题词"重振祖庭、弘扬玄风"。封页有重阳宝殿、鼓楼、重阳纪念塔、1962年陕西省道教徒座谈会摄影、重阳墓、"天下祖庭"碑、"无梦令"碑、山门、七真殿和灵官殿照片。

王西平，1936年生，陕西户县人。陕西省社会科学院研究员，著有《重阳宫历史》《重阳宫大事记》《重阳宫道教碑石》等。

陈法永简介详见《丘处机与龙门洞》提要。

本书设《史略》与《修持要义·文献资料》两篇。上篇《史略》凡六章，下篇《修持要义·文献资料》凡二章。

本书以"史书"形式展开，对重阳宫与全真道进行了比较客观的论述。著者力求系统全面，尊重历史事实，凡是涉及重阳宫与全真教的碑石文献资料，尽量予以概括、运用。本书选择陈垣《道家金石略》有代表性的篇章、段落，加以评析，反映当时历史的大略梗概。为了弥补"史"之不足，本书还编纂了"大事记"，进一步勾画"史"的眉目。在叙述历史事实的过程中，本书遵循透过现象看本质的原则，进行理性探讨。通过全真教的兴衰历史，展现了宗教组织者、修持者与社会政治的关系。从中可以看出，宗教组织者、修持者不管怎样宣称远离政治、遁迹山林、不食人间烟火，但实际上总是和当时的社会政治发生这样或那样的关联，受社会政治的制约和影响。关于金元时期全真教兴衰原因的探讨，该书通过历史事实的铺叙与经验教训的解读，意欲引起社会的特别是当代全真教信众的普遍思考。（赵芃）

中国道教文化之旅

《中国道教文化之旅》，陈胜庆、凌申编著。上海：学林出版社，1999年10月第1版，32开，173千字。该书是《中国佛教文化之旅》的姊妹篇，由陈胜庆拟写提纲，凌申执笔撰写。

陈胜庆，1948年生。华东师范大学地理系研究生毕业，理学硕士，特级教师、浦东新区政协常委；全国地理教学研究会副理事长兼秘书长，华东师大资源与环境学院兼职教授、教育硕士导师。编写了20余部教育理论专著、地理教材和科普读物，多篇论文获得全国、上海市的奖励。

凌申，1950年生。1982年毕业于南京师范大学地理系，江苏省沿海开发中心教授、中国地理学会会员、江苏省地理学会理事、江苏省地理教育学会理事、盐城市地理学会理事长，近年来主持各类科研项目10余项，先后发表论文70余篇。

本书以七言绝句方式，系统介绍了名山庙宇、宫观楼阁，凝聚了著者多年的思考、人生的感悟，对道教洞天福地、名山宫观的理解、敬仰和热爱。本书以《中国道教》《中国名胜辞典》《道教名山》等书为参考，通过实地考察，系统介绍了全国各地道教旅游胜地的名山、宫观、洞府，概括了这些旅游胜地的景观特征，介绍了道教的起源发展、主要宗派、著名代表人物。各地道教宫观、洞府的建筑特色、碑碣石刻和壁画雕塑的艺术价值以及有关道教神仙的传说故事、道教人物的珍闻逸事等，使读者在阅读此书并游览胜地的同时，对博大精深的道教文化有一些初步的了解，增强对祖国大好河山和悠久历史文化的自豪感。本书定位于道教文化之旅，内容排列、文章风格相对潇洒自由，是一本普及性、工具性、指导性较强的大众读物。但有关中国道教文化之旅到底是以时间发展、地理区域为线索，还是按洞天福地、神仙谱系、宫观地位为模块去领略、观赏、考察相关名山胜境，本书缺少一个明确的主题线索。（赵芃）

道教洞天福地

《道教洞天福地》，李申著。北京：宗教文化出版社，2001年5月第1版，32开，200千字。2005年7月第2次印刷。

李申，1946年生，河南孟津人。曾任中国社会科学院世界宗教所研究员，儒教研究室主任，中国社会科学院哲学学术委员。2002年调至上海师范大学哲学系。担任中国无神论学会副理事长、国际儒学联合会学术委员，国务院特别委托项目、十一五重大文化出版工程——《中华大典·哲学典》常务副主编和《宗教典》常务副主编，"中华大藏经续编"副主编。主要研究方向为中国古代哲学和自然科学、儒教和宗教理论。其他著作有《道教本论》《气范畴通论》《敦煌坛经合校》《易图考》《宗教论》等。

本书设有序及上天与洞天、人间五岳、十大洞天、三十六小洞天、七十二福地、别有洞天、结语等部分。该书是具有鲜明特色的介绍道教洞天福地的著作之一。

本书从哲学思辨的角度，以追求理想世界的美好愿望为基点，诠释了道教洞天福地的内涵，展示了人们的崇拜心理和梦想。

本书对于道教洞天福地的理解是建立在批判思维基础之上的，著者在结语中坦率地阐明了自己的观点，认为福地洞天、神仙宫阙，都是不存在的、子虚乌有之事。并认为这一点不必等我们今天去证明，古人也心明如镜，至少从陶弘景开始，许多高道大德，都不把成仙的秘诀告诉皇帝，原因在于所谓成仙之事不过儿戏而已。宋明以后，关于天堂地狱、洞天福地就在人的心里之说更能证明这一点。然而，著者又怀着一颗无比敬仰和崇敬的心情，设计出一个虚幻美好的洞天福地社会理想，并脱去了一些俗气、浊气和伪装着意加以追求，编织了无数神秘而又动人的神仙传说和故事，使虚无缥缈中的洞天福地充满着美好梦境，酷似心灵纺织的虚幻花环，给人们留下了无限的遐想。将道教的洞天福地装点成人类梦想中努力实现的美好世界，并用真实的感情采取令人感动的方式去追求，是本书的创新和独到之处。（赵芃）

北京东岳庙

《北京东岳庙》，陈巴黎编著。北京：中国书店出版社，2002年2月第1版，32开，159千字。书首有北京市朝阳区文化委员会、北京民俗博物馆冠名的前言。

陈巴黎，1965年生。北京民俗博物馆馆员、资料研究室主任，北京朝阳区文管所研究员。曾发表《东岳庙里的喜神殿》《从碑刻资料看北京东岳庙的香会组织》《北京东岳庙喜神殿碑识读》《北京东岳庙七十六司概述》《隐于闹市的记忆》《记朝阳门外九天普化宫》《北京东岳庙香会综述》等论文。

本书设"东岳庙史略"凡三题，包括元朝创建、明清扩建、凋敝沉寂与重新开放。

本书通过东岳大帝为代表的神仙谱系的展现，全面梳理了东岳庙所供奉的各类神祇；记述一系列围绕神仙信仰而开展的敬奉和崇拜活动，包括庙会、香会、法事、祭祀，以及有关的道士生活、趣闻传说等。收集整理了东岳庙的碑刻碑文，介绍了东岳庙的发展历史和历代住持。

本书比较全面地介绍了北京东岳庙概貌以及道教文化对民众心理、道德行为等方面的影响。此外，收集整理了很多碑刻碑文、民间传颂的趣闻和传说，不但具有一定的专业性、知识性，而且还具有较好的趣味性和普及性。本书去粗取精、去伪存真，全方位考察东岳庙的发展历史，对于人们更好地了解东岳庙的过去、展望未来都具有独到的价值和意义。本书列举了东岳庙的神仙谱系，却对这些神祇在道教文化中的地位和影响缺乏深入考析，而东岳庙的碑刻也只是罗列出来，其具体内容还需要进一步深入研究。（赵芃）

长安道教与道观

《长安道教与道观》，樊光春著。西安：西安出版社，2002年2月第1版，32开，175千字，系"古都西安丛书"之一种。

樊光春简介详见《长安·终南山道教史略》提要。

本书由崔林涛作序，共八章，附录长安道教大事年表、长安道教宫观一览表。第一章论述了长安道教的历史渊源，第二章黄老之学与道教祖庭，第三章汉武帝与长安道教，第四章承先启后的楼观道派，第五章"老君子孙"的寻根热，第六章唐代长安的仙风道气，第七章盛衰交替的长安道教，第八章明清以后的长安道教。

本书围绕着长安道教的历史渊源、道派传承与宫观、主要特点展开叙述，简明扼要、重点突出、观点明确、线索清晰，不但深入浅出、通俗易懂，而且知识性、专业性较强。在对长安道教及宫观历史性考察之后，对近代宫观概况做了交代。著者指出，辛亥革命后的一段时间内，因军阀混战，政府无暇顾及宗教事务，许多寺庙被兵火焚毁，军警和地方团体占用寺庙的情形也极为普遍，更多的庙宇则受到破坏。全真道祖庭重阳宫至1949年时仅存三座大殿，由一巨型宫观降格为小型道院。保存尚好的是楼观台、八仙宫、西安城隍庙等处。后记虽然对长安道教做了历史性分期，却没有融合于各章道教发展演变中，大事年表和宫观一览表也与各章内容不相互对应，略感遗憾。

（赵芃）

洞天福地——江西道教名山游

《洞天福地——江西道教名山游》，程宗锦著。南昌：百花洲文艺出版社，2002年6月第1版，32开，120千字。

程宗锦，1942年生，江苏建湖人。曾组织和带领"赣江源头科学考察小组"综合考察并确定赣江源头。任中国钱币学会学员、江西省摄影家协会会员。

本书设有庐山、西山、鬼谷山、玉笥山、麻姑山、龙虎山、灵山、金精山、阁皂山、始丰山、东白源、元辰山、马蹄山、葛仙山、三清山等部分，其附录有：《洞天福地岳渎名山记》《〈云笈七签〉洞天福地》。全书尚附有129张江西道教名山彩色照片，图文并茂，色彩鲜艳，如身临其境，倍感亲切，是系统介绍江西道教名山及其道教宫观难得的著作之一。

本书对江西道教名山和宫观进行了系统梳理，开创了以省为主要区域的道教名山宫观调查、考证、整理和研究。本书几乎囊括了江西所有史料记载和民间传说的道教名山宫观，可谓集历史、资料、传说、演绎、描写、体会、感受于一体的研究专著，内容翔实、图文并茂、线索清晰、考证细致、演绎有据、描写生动。但某些有文献记载的内容，却以传说、相传叙述，或依据的材料还需进一步考证、查实，从而影响该书的准确性、可信度。（赵芃）

新编北京白云观志

《新编北京白云观志》，李养正编著。北京：宗教文化出版社，2003年1月第1版，32开，535千字。

李养正简介详见《当代中国道教》提要。

全书凡十三章，书末有著者《跋》。本书设《史志》《殿堂志》《神像志》《戒律志》《醮仪与庆典志》《道苑清规及执事榜文志》《玄门人物志》《诸真宗派志》《珍闻与轶事志》九大模块。

《史志》分上下编，上编肇始于唐，止于民国期间白云观沿革（741—1948），下编载当代白云观的坎坷历程与正常发展（1949—2000）。

本书作为系统研究和梳理天下第一丛林北京白云观的宫观史志，内容之丰富、资料之翔实、体系之新颖、考证之严谨，都堪称中国道教宫观编写史上之典范，也是研究北京白云观和中国道教史不可或缺的重要史料，被国内外学者作为重要和可靠的道教文献资料反复参考引用，如《诸真宗派志》《玄门人物志》《登真箓》等，弥补了以往白云观志资料收集之不足，为全面研究白云观的历史发展奠定了坚实基础。不足之处在于碑名刻石缺少必要的实物或拓片作为参照，许多重要的文献典籍也未按学术规范标出出处。（赵芃）

全真探秘：开封延庆观

《全真探秘：开封延庆观》，刘卫学著。开封：河南大学出版社，2003年5月版，32开，810千字，系"开封旅游文化丛书"之一种。封面摄影时勇。由程民生作序。

刘卫学，1956年生，河南开封人。河南公安高等专科学校高级讲师，发表《试论德性文化传统与智性文化传统的差异》《谈道德教育的继承与创新》《可持续发展与现代德育内容》等论文多篇。

本书凡五题及附录一、二，参考文献，后记。一、打开尘封的记忆；二、延庆观的珍贵文物；三、延庆观与全真教；四、延庆观壁画与六十甲子图；五、延庆观的建筑特点和历史地位。附录主要有延庆观诸神诞辰及纪念日、立教十五论。

作为第一本系统研究开封全真道观——延庆观的书籍，本书不但以丰富的史料为基础，而且能够据理推论，表现了较强的逻辑思辨特征。本书的内容彰显了可读性、趣味性和神奇性，成为研究开封延庆观特色鲜明的文化书籍，为深入研究王重阳归真之后全真弟子在河南地域的活动奠定了基础。（赵芃）

泰山岱庙考

《泰山岱庙考》，刘慧著。济南：齐鲁书社，2003年5月第1版，32开，211千字，系"泰山文化研究丛书"之一种。莫振奎、鲍志强分别作序。

刘慧，1957年生，山东莱芜人。山东泰安市博物馆馆长，泰山景区管委会副主任、研究员。撰有《泰山宗教研究》《宗教与庙宇》《泰山庙会》等著作多部，发表《泰山封禅与道教》等文章30多篇。

本书凡七章，外加前言与后记。

本书是系统研究岱庙及其相关文物的专业性书籍之一，其突出贡献有三点，一是文化渊源发掘之贡献。本书考证了泰山文化的主要方面，包括泰山神、泰山信仰等方面的内容，厘清了泰山崇拜的文化基因，以及与佛道教之间的关系和纽带。二是文物考证之贡献。在原有文物挖掘整理情况下，对新发现的泰山文物，如"瓦当""妙音鸟""官"字砖，给予新的诠释，系统考证了岱庙的各种建筑及其所蕴含的文化背景、功能和作用。三是碑刻壁画研究之贡献。系统研究了岱庙历代碑刻形制及其天贶殿壁画之内容，对于长期困扰人们心目中的有关碑刻形体、比例及特点，以及壁画的制作、内容、形式等问题做了详细的阐释。

本书对于人们了解岱庙及其发展历史，探求岱庙与道教、佛教的发展，考证和学习岱庙碑刻、壁画及其相关文物古迹，具有重要价值。但该书立足点在于泰山文化、考古和岱庙文物的研究，对于岱庙在泰山道教历史发展中的作用和影响，岱庙与泰山其他宫观寺庙之间的关系和相互影响的论述过于简略，涉及不同宗教的相关文物也论及较少。（赵芃）

道教仙境游

《道教仙境游》，郑晓霞、胡黎君编著。上海：学林出版社，2003年8月第1版，32开，208千字，系"中国文化旅游丛书"之一种。

郑晓霞，1967年生，陕西延安人。博士，副研究馆员，研究方向为中国古代文学、文献学。主要成果有：专著《唐代科举诗研究》，古籍整理著作《列女传汇编》《扬州学派年谱合刊》《〈仪顾堂集〉辑校》，论文《汉语古籍的出版纪年》《〈地方志人物传记资料丛刊（华北卷）〉人名索引的同姓名考证续补》《浅谈清末民国图书的版本鉴定》《愚斋书目的两个问题及引发的思考》《新版线装书籍编目中的几个问题》《愚斋书目与愚斋藏书》等。

胡黎君，1977年生，湖南安乡人。硕士。研究方向为中国古代文学，发表论文《浅议孟子人学》等。

本书以内容丰富、寓意深刻、富有特色和感染力的七言绝句为引领，以道教名山、宫观为依托，系统介绍了道教的诸多旅游胜地。

本书对道教各大名山、宫观庙宇做了画龙点睛的推介，将各大名山、宫观庙宇的地理位置、古镇古庙、祖庭盛景、历史传说、成语典故、艺术特色、历史贡献、道教宗派、修道成真、高道大德、神性灵验、神仙妈祖、仙道贵生等一一给予释译。不但简明扼要、重点推荐、特色突出、引人入胜，而且通俗易懂、具有较高的实用价值，寓知识性、神秘性、艺术性与宗教性于其中，令人爱不释手、乐此不疲。但该书仅用七言绝句为题目，试图概括各名山宫观庙宇的基本内容略显力不从心，有以偏概全之嫌。如"十方古乐祷长春"概括天下第一丛林北京白云观略感不妥。还有"第一洞天说愚公"，第一洞天是唐代高道司马承祯对道教洞天福地的划分，将河南王屋山列为道教十大洞天之首，况且该篇内容写的是仙道修炼之事，与《列子·汤问》中愚公移山的古代传说无关，给人以张冠李戴之感。

本书附有旅游提示，包括交通、住宿、餐饮、门票、气候、推荐行程、土特产介绍、名家诗词、楹联等。内容独特，不但是介绍道教洞天福地、名山宫观的学术著作，而且还是一本旅游知识和旅游指南的工具书类书籍，融学术性、知识性、综合性于一体，便于随身携带，适合广大中青年读者和旅游爱好者使用。（赵芃）

道教旅游指南

《道教旅游指南》，尹志华编著。北京：宗教文化出版社，2003年10月第1版，32开，130千字。

尹志华，1972年生，湖南常宁人。主要著作《北宋〈老子注〉研究》《王常月学案》《清代全真道历史新探》，参与整理点校《中华道藏》《国际儒藏》《老子集成》，发表学术论文40余篇。现为中央民族大学副教授。

本书包括：序，道教概述，道教文化与当代社会，道教名山洞府与宫观仙境，道教在港、澳、台地区的传播，道教在国外的传播，道教常识等部分，并附有部分参考文献。

本书以道教知识为基础，以道教历史发展为线索，以道教名山为依托，以道教文化普及为目的，以道教旅游为契机，以道教资源的挖掘和利用为取向，以道教在海外的传播为桥梁，向人们展示了道教文化的博大精深、道教思想的源远流长、道教名山的神奇独特、道教宫观的仙境福地，以及道教在古今中外的影响与传承。凸显了道教文化在当代的社会价值，在道教之真精神、道教之生活态度、道教之环保意识等方面具有一定的创新性和针对性。

本书是一本将道教知识与道教旅游相结合的普及性著作，蕴含着对道教历史的尊重，对道教仙人的敬仰、对道教名山宫观的爱戴、对道教旅游的执着、热爱和向往。本书通过对道教知识和道教的名山宫观的推介，将历史与当代、自然与人文、宗教与哲学、理想与现实较好地结合起来，给人们提供一种净化心灵、栖息于理想世界的仙道意境，为世俗功名利欲的解脱，为陶冶情操、享受道教文化大餐与自然山水之美提供帮助，读后令人心旷神怡、悠然自得。同时，本书还介绍了港澳台以及海外道教文化的发展与传播情况，对道教常识的介绍也通俗易懂、深入浅出，为广大道教文化旅游爱好者开展道教文化常识学习提供了方便。但本书不足之处在于如何将道教知识、道教名山宫观与旅游文化、旅游推介较好的结合，实现三者融会贯通、相互关照、相互促进似乎显得薄弱，港澳台道教、海外道教的传播等内容似乎在本书中的定位不太明确，是道教知识介绍还是海外道教旅游指南，还是当代道教的发展演变，给人一种模糊不清的感觉。（赵芃）

道教玄秘——道教圣地楼观台

《道教玄秘——道教圣地楼观台》，李若驰、许文辉编著。西安：三秦出版社，2003年11月第1版，32开，95千字，系"陕西旅游历史文化丛书"之一种。

李若驰，陕西周至人。民盟盟员，教授。在延安大学任教多年。有《日本女人关中汉》和《中国民办教育史》等合著出版。西安外事学院教授、《民办教育研究》《西安外事学院学报》副主编。

许文辉，1946年生，陕西周至人。大学学历。西安外事学院教授。

本书以简练的文字描写了地处三秦腹地、秦岭北麓的人间仙境——楼观台及其丰富的自然景观、人文景观，揭开了深厚的道教文化底蕴。本书介绍了老子其人、其书及其与楼观台的关系，叙述了道教起源以及与楼观台的历史渊源，对几千年来流传于楼观地区的传奇故事、相关碑刻史料等也进行了发掘整理，具有很强的可读性。本书在内容安排上具有三个特点：一是以点带面，以楼观台道教起源和历史发展为线索，展现了道教从战国、秦汉、隋唐以及宋金元明清各个时期的发展和演变，将楼观台作为道教发展的活化石，给人生动形象的实物例证；二是充分利用碑刻、诗文的资料，展示了楼观台研究丰厚的史料基础；三是楼观胜迹与楼观传奇相互辉映、相互对照，使楼观台的描写具有实物景观的支撑，易于激发读者的想象与崇敬感，令人回味无穷。本书的缺点是书名"玄秘"二字的文化底蕴缺少应有的文献支持，理论分析不足。（赵芃）

钦赐仰殿与东岳信仰
——一个宗教人类学视角的考察

《钦赐仰殿与东岳信仰——一个宗教人类学视角的考察》，丁常云、刘仲宇、叶有贵著。上海：上海辞书出版社，2004年2月第1版，32开，161千字。

丁常云简介详见《十大道士》提要。

刘仲宇，1946年生。浙江龙游人。华东师范大学哲学系教授、华东师范大学宗教文化中心主任、香港蓬瀛仙馆道教文化资料库执行委员、《宗教学研究》编委、大型古籍整理项目《中华道藏》副主编。主要论著有《道教授箓制度研究》《道教法术》《中国民间信仰与道教》等。

中国道教协会顾问、上海道教协会名誉会长陈莲笙和丁常云分别作序，刘仲宇作绪言，凡五章。本书从宗教人类学的视角，系统考察了钦赐仰殿与东岳信仰的关系。

钦赐仰殿是上海乃至全国著名的道教宫观，具有悠久历史，清代曾为申江十大胜景之一。20世纪80年代初重新修复，千年古观，再现生机。今日之道观，殿堂宽敞，楼阁崔巍，香火鼎盛。本书以钦赐仰殿与东岳信仰为基本立足点，深入揭示东岳信仰的历史演变过程、社会影响，通过对一个具体道观的研究，展示当代道教发展的某些侧面，透视其中包含的若干文化特性。当然，作为单一宫观研究，也有其局限性。由于道教在信仰主神的前提下，又有着多神信仰的特点。所以，仅从一个宫观无法全面推导出道教宫观的全貌、覆盖神谱的全貌，更遑论整个道教的全貌。（赵芃）

万寿宫

《万寿宫》，章文焕著。北京：华夏出版社，2004年5月第1版，32开，

357千字。

章文焕，1925年生，江西新余人。1949年后，执教于江西南昌师范专科学校（现江西教育学院）和江西科技师范学校，发表了《云贵川境内江西万寿宫的分布及其来由》《云贵川三省万寿宫考察记》等论文；曾参与编写《江西经济地理》《江西省科技志》。专著有《中华人杰许真君》，于1995年在台北印行。

本书由张继禹与钟起煌分别作序，共十二章并附有江西省内外万寿宫名录等内容。

本书是在台北印行的《中华人杰许真君》基础上，经过八年与研究助手、许真君研究会成员自费到省内外共同考察、酝酿、研究后写成的，首封附有西山万寿宫、南昌万寿宫、南城祥岗山万寿宫、进贤李渡万寿宫、兴国良存万寿宫、丰城剑邑万寿宫、余干瑞洪西岗万寿宫、修水渣津万寿宫、云南会泽万寿宫、贵州镇远万寿宫、四川成都洛带万寿宫、湖南湘潭万寿宫、台北万寿宫以及新加坡万寿宫彩照，封底许真君手植瘗剑柏等照片，可谓图文并茂，形象生动。该书内容丰富、考证详尽，观点新颖、体系严谨，许多材料属于首次发现，对于系统研究全国各地万寿宫的发展历史，许真君在各地的传播与信仰情况具有较好的史料文献价值。但该书对于万寿宫的文化定位（植根净明、许真崇拜），以及对许真君的评价和赞颂还有待商榷。万寿宫在各地的宗教文化属性不能简单归类，还需要与各地宗教文化，特别是道教文化的历史发展、宗派活动、传播演变，与当地的民俗文化、民间信仰相结合，多视角加以分析，才能寻做出合理的论述。（赵芃）

洛阳上清宫——道家道教发源地

《洛阳上清宫——道家道教发源地》，赵荣珦著。北京：中国文联出版社，2005年1月版，32开，185千字。

赵荣珦，字洵石，号宛西居士，1936年生，河南镇平人。河南大学中文系本科毕业，洛阳市第一高级中学高级教师。曾任洛阳市道教协会副会长兼秘书长，洛阳易经学会副会长。著有《河南省道教志》《九都释道》等，已发表《洛阳上清宫》等论文。

本书由中共河南省洛阳市老城区区委书记翟应征作序，其封页附洛阳上清宫方域图，以及清初粘本盛上清宫题诗石刻拓片、上清宫第四进院翠云洞及其上玉皇阁、上清宫翠云洞、上清宫远眺、上清宫道长师惟新在翠云洞前、道长师惟新与本书著者在玉皇阁前、老子出关图、敕建敕修驾临上清宫帝后像（唐高宗李治、皇后武则天、唐玄宗李隆基、后唐庄宗李存勖、宋真宗赵恒）、宋武宗《朝元仙仗图》、汉帛和在洛阳翠云峰所传《五岳真形图》、洛阳市道教首届代表大会代表合影。

本书除了前言及后记外，分为八章。第一章洛阳北邙翠云峰上清宫；第二章道家开山祖老子炼丹处；第三章敕建洛阳上清宫；第四章帝后驾临上清宫；第五章放歌咏唱上清宫；第六章住持事迹载史册——上清宫名道传略；第七章《五岳真形图》新考；第八章附录。

本书是一本研究洛阳上清宫发展演变与文化内涵的书籍。其内容丰富，推演合理、考证翔实，具有一定的史料价值和文学价值。著者根据有关资料，进行大胆而富有创造性的阐释，为上清宫的研究开辟了新的路径。但本书对有关史料的解读、运用和分析演义、推理，想象成分颇多，这是其逊色之处。

（赵芃）

中国道教名山昆嵛山

《中国道教名山昆嵛山》，山东省文登市政协编。北京：宗教文化出版社，2005年2月第1版，16开，520千字。

张玉强，1950年生，山东烟台人。山东省文登市政协文史文教委员会副主任，发表《全真教在昆嵛山兴起的历史根源及其对千古"文登学"的深刻影响》等。

本书设五篇，五十个专题。

本书有三个重要特点：一是图文并茂、系统全面。对中国道教全真派发祥地昆嵛山地理位置、历史文化、人文景观、石像刻石、碑文传记、故事传说、自然生态等进行系统挖掘整理，详细介绍，并配有32幅彩色景点照片、29幅磨崖刻石和7幅石刻碑记黑白照片，以及大量插图、图记等，是一部具有地方特点、系统全面的道教史料专辑。二是史料真实、考证充分。本书由文登市政协组成编写组，开展田野考察和民间资料收集。先后在烟台、栖霞、牟平、乳山、荣成、蓬莱、崂山、莱州，以及北京白云观、陕西终南山全真庵、湖北武当山、四川峨眉山等地收集资料160余万字，拍摄大量照片。通过考证分析，鉴别筛选，去粗取精，去伪存真，编纂出版。三是编纂规范、志史合一。本书涉及内容多、范围广、时间跨度大，收录了许多珍贵的史料文献。既采取道教史志的编辑方式，注意保持全真道史料的真实、全面，又注意结合全真道历史发展演变，做到志史结合，为地方道教史料的编辑树立了榜样。（赵芃）

千年道观炼真宫

《千年道观炼真宫》，苏玉熙著。北京：中国文史出版社，2006年7月版，32开，150千字。

苏玉熙，1955年生，河南方城人。长期从事中国哲学、史学、宗教、民俗等人文学科方面的研究，专著《中国丧葬文化》获南阳市社会科学一等奖。

本书凡五章。在道教宫观研究中另辟蹊径，专注于神仙信仰和神仙谱系，抛开对宫观建筑风格、风土人情或建构意蕴的研究方向，专门研究和梳理炼真宫所供奉的神仙谱系，深入挖掘神仙谱系中的神仙崇拜、道教文化、民间信仰，可谓自成体系，填补了国内研究道教宫观神仙谱系的空白，具有较强的原初性、创新性、生动性。本书在对各宫殿供奉神仙诠释的同时，还一一附素描绘画于后，图文并茂、逼真可亲，使人们在细读品味文字介绍之后，还能从各个神仙绘画中领略其中的奥秘和宗教神性。缺点是未能把炼真宫的建筑风格与神像连贯起来叙述，缺少道教建筑艺术的介绍与内涵分析，引用文献也不够规范。（赵芃）

老子说经的地方

《老子说经的地方》，张长怀著。西安：三秦出版社，2006年9月第1版，32开，160千字。

　　张长怀，1950年生，陕西周至人。曾任周至县人大常委会主任，中国作协会员、中国散文学会会员、陕西省作协会员、西安市作协会员。著有《放情山水》《老井台》《村口有个老碾盘》《楼观竹韵》《庙会风情》和《法融楼观》。

　　本书围绕着老子说经的地方展开考察与论述，力图将老子讲经的地方打造成仙道贵生、神仙游说、胜境真道之地。在撰写编辑上，本书有如下特点：

　　一是诗情并茂，以诗寄情；二是考述结合，古今演绎；三是文史融合，歌颂赞叹；四是文风淳厚，入乡随俗。

　　但本书对老子说经地方的叙述过于随意和浪漫，缺少准确而充实的文献资料支撑。文学性描写丰富，史学考证不足。（赵芃）

中国道教建筑之旅

　　《中国道教建筑之旅》，薛林平编著。北京：中国建筑工业出版社，2007年4月第1版，32开，300千字。

　　薛林平，1978年生，山西吕梁人。现为北京交通大学建筑与艺术系副教授，主要研究方向为建筑理论及其设计、建筑遗产保护等；著有《山西传统戏场建筑》《山西古村镇》《中国佛教建筑之旅》《上庄古村》《窦庄古村》等，发表论文30余篇。

　　本书选取有代表性的120余处道教建筑，大多是道教建筑的杰出之作。包括宫观殿阁庙等形制在内的道教建筑（外延涉及部分具有民间信仰性质的建筑），就其选址、布局、构成、装饰等建筑艺术辉煌成就作了详细、生动而具体的讲解，其中穿插大量彩色照片、图片和线图（建筑结构平面图、平面示意图、立面图、建筑复原图、轴侧图、剖面图），图文并茂，增加了内容的形象性，富有感染力、说服力。

　　本书通过对全国具有代表性道教建筑的研究，归纳总结了道教建筑的思想内涵、文化特征。著者认为，道教自产生以来，多选择深山幽谷作为"静修"之处，道教建筑常常建于名山大川之间，形成了自然山水与道教建筑融为一体的建筑风格，体现了道家"人法地、地法天、天法道、道法自然"的思想本质。道教建筑作为中国古建筑中的重要类型，总体采用中国传统建筑的院落布局，多坐北朝南，中轴对称，主要殿堂设在中轴线上、层层院落依次递进。道教建筑所供奉的神明除了"三清""玉皇"之外，还有影响更为深远的民间祭祀主体，如关帝、土地、文昌、城隍、妈祖、龙王、药王、后土等。该书具有较好的专业性、知识性、可读性和趣味性。但本书侧重于建筑知识和专业设计的研究，对于道教建筑的历史文化渊源、时代背景、思想内涵和道派传承等还有待于进一步深入挖掘。（赵芃）

鬼谷山、鬼谷子与道教文化

《鬼谷山、鬼谷子与道教文化》，房立中编著。南昌：二十一世纪出版社，2007年5月第1版，32开，270千字。

房立中，1949年生，吉林长春人。中国国防大学教授，著名的军事谋略研究专家，中国先秦史学会鬼谷子研究分会会长，当代国内研究鬼谷子及其著作最早的专家学者之一。主要著作《鬼谷子全书》《新编鬼谷子全书》《兵书观止》《姜太公全书》《孙武子全书》《诸葛亮全书》等。

本书著者经多方搜集各类鬼谷文献，对《鬼谷子》一书进行了考据、校勘和注解，补充失之已久的第十三、十四两篇，自成一家之言。著者指出，鬼谷子是自号，既是自号，就是光明正大地称鬼的，因而它不是代表邪恶力量，而是奇绝智慧之"鬼"。在中国历史上号称鬼的人往往行人道，而满口仁义道德者往往心狠手辣。"鬼谷"以其名字显示了浓重的神秘色彩. 再加上历代附会的一些说法，使人如堕五里雾中。越是如此，越激起人们的好奇心，古往今来，人们在不断地探索着鬼谷秘密。

本书系统论述了鬼谷子在道教中的影响与真仙地位。是国内较为系统研究鬼谷子的著作之一。其内容丰富、视角独特，通过文献考证、实地调研、理论分析与大胆推论，比较全面地阐述了鬼谷子在道教文化中的地位和影响。对与鬼谷子有关的文献、传说、诗文、经典等进行了梳理和译注，为读者提供了可贵的资料，但对鬼谷山、鬼谷子与道教文化内在关系的分析还有待于深入，有关人物、传说、活动等文献的注释、引用等尚有不合规范之处。（赵芃）

仙峰道谷大基山

《仙峰道谷大基山》，尹洪林编著。北京：中国大地出版社，2007年6月版，32开，100千字。

尹洪林，1956年生，山东烟台人。业余写作40余年，在省级以上报纸杂志发表作品多篇。近年来专心研究地域文化，有《莱州历史大事考记》《莱州历史人物故事选》《东海神庙》出版。

本书作为系统研究大基山文化的重要书籍，具有三个方面的贡献：一是大基山文化地位的考证。本书根据《史记》《山东通志》《夏训》《中国上古史》《掖县志》《东莱山铭》《东莱山星宿图》，考古材料等，确立了大基山为中国道教第五名山的地位，并从生态旅游资源开发和利用的角度诠释了大基山的生态旅游特点、功能和文化品位。二是道教宫观遗址的确认。本书不但考察了大基山的神仙信仰，太极图、道教源流宝经，道士谷等，还系统整理了大基山的宫、观、殿、祠、台、阁、庙、庵、楼等，特别是金大定八年（1168）全真道祖王重阳在太清宫创立三教平等会，建道庵一座，供奉道教始祖老子。承安三年（1198）全真道七真之一刘长生奉旨兴道，将道庵扩建为太清宫，使大基山与泰山、王屋山处于中国道教五大名山之列。三是大基山民间传说的梳理。本书还系统梳理大基山的神话传说，特别是神人安期生，以及王偲、苏东坡、马渊、刘长生、丘处机、郑板桥等名道、名家的故事，增添了大基山的文化底蕴，彰显了中国道教第五大名山的文化传统和神仙韵味。

本书在资料选取、遗迹考证、人物评述、道教发展等方面都有所开拓性，对于人们认识和了解大基山的文化内涵，享受生态文化旅游带来的乐趣具有积极意义。但该书采取专题讨论和论述的方式，使大基山道教文化的发展历史等方面缺少系统性，在理论体系、逻辑结构等方面还有待加强。（赵芃）

道教海上名山——东海崂山

《道教海上名山——东海崂山》，高明见编著。北京：宗教文化出版社，2007年8月第1版，32开，220千字。

高明见，道名高诚仙，1970年生，山东莒县人。2000年9月出家于崂山太清宫，师从于全真龙门第二十三代玄裔弟子李宗廉门下。2007年任青岛市道教协会常务理事、山东省道教协会理事，2013年当选为青岛市道教协会第五届副会长。历任青岛市青年联合会第九届委员，崂山区政协第十一届委员。发表论文《道，理之者也》《有卫生之道，无长生之药》《道德欲兴千里外，欲罢干戈致太平》《浅谈道德经中的和谐思想》《以德养生寿自长，与人为善福泽广》《屏去妄幻，独全其真——全真道初期改革剖析及启示》。

本书以《崂山志》《青岛道教志》《太清宫志》《崂山道教初考》《中国道教史》《崂山道教建筑群一览》《太岁神传略》，以及《史记》《宋史》《明史》《道藏》等相关资料为依据，在广泛收集和整理崂山道教史料的基础上，通过分析甄别，考究修正。著者历时两年，终于完成了崂山历史上第一部系统介绍崂山道教文化的专著。

本书以序、七章及附录构成，全书围绕着海上仙山这个主题，深入探讨了崂山作为中国道教圣地的方仙遗迹、开山奠基、华盖兴道、皈奉全真、名道云集、劫后新生，以及全真道第二丛林——崂山太清宫。资料丰富、考证充分、编写新颖、内容详细，是具有一定专业性、资料性、学术性的地方道教史研究著作。本书具有三个显著特点，一是历史与现实相结合。本书以崂山道教的历史发展为线索，全面研究了崂山从东汉至民国、"文革"时期的发展历程，将崂山道教的发展分为奠基、开创、发展、繁荣、昌盛、衰落几个时期。并对古今崂山逸闻传奇和游山名人做了详细介绍。二是考证与论述相结合。本书在充分收集崂山地方史志、碑刻文献、民间资料等文献资料的基础上，通过分析甄别、去粗取精、去伪存真，不但内容充实可靠，而且论述充分、细致，真正做到了考证科学、史论结合。三是专业与普及相结合。本书不但道教知识丰富，而且通俗易懂、深入浅出，具有较好的普及性。书中保留了大量的崂山道教诗文、碑刻、神像等资料，特别是周宗颐《太清宫志》

具有较高的文献史料价值。但该书确立崂山为道教海上名山的文化地位，应有一个更加科学明确、系统规范的理论体系。（赵芃）

青城山道教志

《青城山道教志》，张明心、马瑛主编。北京：中央文献出版社，2007年8月第1版，16开，475千字。

张明心，1952年生，俗名张鑫菊，坤道，四川彭州人。1981年8月在青城山天师洞道观出家，受业恩师为全真龙门派青城丹台碧洞宗高道傅圆天大师，为全真龙门派第二十代玄裔弟子。四川省道教协会第四届理事会副会长。现任四川省政协常委，中国道教协会第八届、第九届理事会副秘书长、四川省道教协会第五届理事会副会长、成都市道教协会会长、青城山道教协会会长、青城山道教学院院长、青城山建福宫道观当家。

本书凡十六章，体现四个特点：

一是追踪溯源，谈古论今。本书首先追寻了青城山的道教文化仙源始祖黄帝，轩皇之师宁封子，以及各类长寿之仙。梳理了青城山历史上的道教宗派，以及传承至今的道教派别，道教的各项活动，包括养生活动、传戒活动、文化艺术节等，诠释了道教在当今的历史使命。二是史论结合，突出创新。本书最大的特点在于结合历史，继承和弘扬青城山优秀的道教文化。青城山道士人才济济，文化传承一如既往，总结归纳青城山文化传承的历史经验和做法成为该书重点内容之一。三是凸显文化，重在养生。养生文化成为青城山文化中的灵魂。本书在素食、武术、音乐、丹法、绘画、书法和木雕石刻等方面都得到了传承创新。四是歌功颂德，再创辉煌。本书不但歌颂青城山历代神仙，而且梳理、肯定与赞颂了历代当家主持。（赵芃）

嵩山三教

《嵩山三教》，韩有治著。北京：中国文艺出版社，2007年11月版，32开，320千字。

韩有治，1933年生，河南登封人。曾任登封台办主任、侨联主席、组织部长、统战部长等，兼任郑州老年诗词研究会会员，登封嵩山诗社理事。长期致力于嵩山文化研究，著有《嵩山民间故事》等。

本书由吴聚财作序，凡四编，七十一题。系统论述了佛道儒荟萃嵩山、和谐共处，形成了独特的嵩山宗教文化的历史与现状，对于人们深入研究嵩山宗教及其发展具有重要的指导意义。但该书将佛道儒分而叙述，各自独立一篇，对于嵩山三教的相互融合、相互斗争与发展却避而不谈，给人感觉是嵩山有三个宗教各自发展互不干涉，彼此老死不相往来，而不是三教融合、三教合一或者三教相互斗争、相互排斥又相互发展，这是本书的不足之一。（赵芃）

道教与北京宫观文化

《道教与北京宫观文化》，佟洵编著。北京：宗教文化出版社，2008年1月第1版，16开，440千字。

佟洵，1945年生，北京人。曾任北京联合大学应用文理学院历史学教授；长期从事中国近代史、晚清宫廷历史、北京地方史、北京地域文化、北京宗教史、北京宗教文化的教学与研究。主要著作有《清宫后妃》《佛教与北京寺庙文化》《基督教与北京教堂文化》《伊斯兰教与北京清真寺文化》《宗教·北京》等，曾两次获北京市哲学社会科学优秀成果二等奖。

本书由任法融题写书名，黄信阳、南昌祺分别作序。由北京道教的演进历程、北京的道教宫观、北京地区的高道三章组成。

本书系统全面地介绍了北京道教的历史发展、道教宫观的历史风貌、高道大德的历史地位和重要贡献，凸显了北京道教文化历史的源远流长，道观林立、香火鼎盛、高道辈出、流派异彩。但宫观建设、高道大德离不开一定的历史条件，本书将道教宫观、高道置于道教历史演进部分之外分别叙述，略显散乱。况且本书并未论及道教与北京宫观文化之关系，对于宫观、高道的冠名定位还需进一步斟酌。（赵芃）

道教宫观文化概论

《道教宫观文化概论》，胡锐著。成都：四川出版集团巴蜀书社，2008年5月第1版，精装，32开，190千字。系国家"985工程"四川大学宗教与社会研究创新基地项目、教育部人文社会科学重点基地四川大学道教与宗教文化研究所项目、四川大学"211工程"重点建设学科项目宗教与社会研究丛书之一种。

胡锐，1975年生，四川成都人。2003年博士毕业后留校任教。现为四川大学道教与宗教文化研究所研究员。主要研究方向为道教宫观文化、海外道教学术著作的翻译和研究。

本书于绪论后分为五章及结语，阐释了道教宫观文化的发展历史、神仙崇拜、庙会活动以及神职人员等，从道教宫观文化与现代旅游养生相结合的角度，探讨了传统文化与现代化的结合，开创了道教宫观文化研究的新意境。

本书于每章最后专设个案分析，给人以画龙点睛之感，便于举一反三，产生事半功倍之效果。本书以道教的神仙思想为核心，以道士修炼、戒律、生活为内容，以道教宫观艺术为载体，以道教庙会为引领，全面阐明了道教宫观在道教文化中的地位和影响、功能和作用，展示了道教神仙信仰对道教宫观发展、宫观建筑、宫观艺术和道士生活的影响，深入挖掘了道教宫观建筑艺术、音乐艺术和美术中的文化价值。但该书尚存在两点不足，一是道教宫观在传统上是被作为人神感通之地，在宫观文化中如何实现"人神交汇""天人合一"等，应给予更为深入的解析；二是道教宫观文化涉及诸多传统与现代的继承与创新问题，本书仅论及宫观文化与现代旅游文化的关系，对道教宫观文化的现代转型、道教宫观在现代社会的文化定位等重要问题的论说却寥若晨星，使人略感遗憾。（赵芃）

济南巨观华阳宫

《济南巨观华阳宫》，王晶、张幼辉编著，济南市考古研究所编。济南：济南出版社，2008年5月第1版，16开，140千字。

王晶，1960年生，山东济南人。济南市考古研究所研究员，发表《济南石佛堂》《清末壁画掩埋40年后亮相济南华阳宫》等。

本书由编者前言，后记及十一部分组成。华阳宫是济南地区一处融儒道释为一体的综合性道场建筑，在历史上曾扮演过重要的文化角色。特别是宗教文化方面的演示，各教派的起源与消亡、前后迭起、纵横交替而构成的宗教文化，在济南宗教文化历史发展中占有重要地位。早在远古，山东地区作为东方文明的发源地之一，民间就崇信鬼神。秦始皇、汉武帝多次到泰山封禅，促进了山东地区求神信鬼活动的盛行。方士于此辟谷，服食，炼丹作金，召神摄鬼，养生求仙，一时成为一种时尚。西汉已构筑较为完整的道家学说体系，为东汉制度道教的形成奠定了思想基础，华阳宫就是在这样的条件和环境下修建的。华阳宫自创建起，历经千年沧桑巨变，渐成规模，历史上称为"济南巨观"，成为济南道教文化发展的历史标志之一。

本书从历史沿革、现存建筑、造像艺术、宗教演变、古文拾遗、碑刻、历史名人诗词、传说故事、发展前景、大事记等方面对华阳宫进行了全面系统的描述。对一些无明确记载创修年代的单体建筑，根据其现存的实物结构、建筑风格及有关史料等情况进行了综合考察，进一步理顺其发展脉络，使华阳宫内容更加丰富。本书具有较好的专业性、知识性、普及性，对人们深入了解华阳宫的历史与现状具有重要的参考价值。（赵芃）

丘处机与太虚宫

《丘处机与太虚宫》，孙铭浩主编。北京：华夏出版社，2009年2月第1版，32开，100千字，系"文轩凤凰丛书"之一种。

孙铭浩，1962年生。山东栖霞党员电化教育中心主任。发表各种文章、报告多篇，其中有7篇被《新华文摘》《每周文摘》及中国人民大学书报资料中心转载。其成果有一项获山东省人民政府社会科学优秀成果二等奖。

本书作为一本论说诗词集，设以下几个专题：丘处机与太虚宫的史实，丘处机与太虚宫的故事，丘处机与太虚宫诗词选等。

本书集中体现了四个特点：一是史料性。本书汇聚了有关太虚宫的史料文献，包括《七真年谱》《金莲正宗仙源像传》《山东通志》《玄风庆会录》

《大丹直指》《磻溪集》《鸣道集》等，方便读者查阅。二是文学性。本书收集梳理了大量的有关太虚宫的诗词，既有丘处机对太虚宫的描述作品，又有文人墨客对太虚宫、长春真人、长春仙井的赞颂和敬仰作品。本书对丘处机与太虚宫的故事演义、描写、歌颂和叙述，生动形象，可读性较强。三是宗教性。本书围绕着全真祖师丘处机与太虚宫展开论述，在对丘处机的描写、全真教思想和神仙故事的评说等方面都注重彰显其神圣性。四是地域性。本书以山东栖霞太虚宫为背景，全面阐释了丘处机在栖霞的活动情况，不但凸现丘处机在全国的影响和地位，同时也阐释太虚宫的地理位置特征，包括负阴抱阳，三面环水、一面临山的格局。但本书对丘处机与太虚宫专题的研究和论述稍显散乱，缺少核心主题和系统科学的归类，有关丘处机与太虚宫资料的收集、考证、研究还需要进一步加强。（赵芃）

武当山道教宫观建筑群

《武当山道教宫观建筑群》，李光富、周作奎、王永成编著。武汉：湖北科学技术出版社，2009年9月版，16开，200千字，系"武当道教"系列丛书之一种。

李光富，1955年生，湖北郧阳人。现为中国道教协会会长、第十一届全国政协委员，湖北省道教协会名誉会长，武当山道教协会会长，武当道教功夫团团长。

周作奎，曾任湖北省丹江口市宗教局局长，现任武当道教学院副院长。

王永成，武当山古建筑研究专家。

本书分八章，介绍了武当山道教宫观建筑群特色，包括建筑形制、选址与布点、建筑布局、建筑结构。

本书从整体把握并介绍了武当山道教宫观建筑群的特色，然后梳理了武当山道教建筑的历代兴废和历代帝王对武当山道教的重视，对武当山道教宫观建设的支持情况，重点叙述了明代武当山道教宫观的繁盛情形和其中蕴含的文化义理、审美特征。详细介绍了各个宫观的历史兴衰和明代繁盛时期的状况，并对其他道观庵庙、朝圣神道和汉江水运河道以及武当的古桥、古塔、牌坊等做了独立的叙写。全书集文字叙述、摄影彩照、建筑线图、建筑剖面图、地形构造图于一体，图文并茂、诗情画意、语言优美、行文流畅、内涵丰富、道意深厚，融汇了建筑学、历史学、道教学、美学和风水学等多学科的视角，展现了武当山特有的仙道意境。纵观全书，仿佛重回明代武当山全盛时期的均州城，领略朱明皇帝的风范气度和博大胸怀，以及武当山道教宫观的宏伟气势和无穷魅力。但本书高调赞颂历代皇帝对武当山道教宫观建设的影响，忽略了全真道教在武当山道教宫观中的作用。对武当山道派的发展演变、武当道教与武当山道教宫观之间的关系，以及历代高道对武当山道教宫观建设所做出的贡献梳理挖掘较少。（赵芃）

甘肃临夏万寿观

《甘肃临夏万寿观》，王崇宁主编。兰州：甘肃人民美术出版社，2009年10月第1版，2011年9月第2版，16开，100千字。

王崇宁，俗名王胜平，1976年生，甘肃临夏人。1995年于万寿观玉皇殿出家，拜胡信来道长为师，现任甘肃临夏州道教协会副秘书长，市佛教协会理事，临夏市万寿观管委会主任、白云观住持。出版作品《诗咏万寿观》等。

本书集万寿观发展演变、碑刻、铭记、散文诗歌和书法绘画于一体，对于研究临夏州万寿观乃至整个临夏的道教都具有较高的文献史料价值。附有大量的彩色照片，生动形象，让人感觉身临其中，能使人们对万寿观有一个全面和形象的了解和认识。但本书对于临夏万寿观的历史发展叙述较少，对观藏经典的展示也仅仅限于照片，缺少对于经典内容的介绍和解读，对于道教思想和理论的挖掘还有待深入。（赵芃）

老子庄子故里考

《老子庄子故里考》，董沛文主编，王振川、蒋门马著。北京：宗教文化出版社，2009年10月第1版，16开，390千字，系"唐山玉清观道学文化丛书"之一种。

董沛文，1958年生，河北滦县人。全真龙门派第二十六代传人，中医。河北省政协委员、河北省道教协会会长，唐山玉清观住持。主要著作有《中和正脉：道教中派李道纯内丹修炼秘籍》《新编张三丰先生丹道全书》《新编吕洞宾真人丹道全书》《中国古代相术》等。

王振川简介详见《老子与范蠡》提要。

蒋门马，1970年生，浙江宁波人。1997年开始研究传统道家文化，整理校注道家古籍文献，如《南华真经副墨》《乐育堂语录》。

本书的主体篇章包括：《绪论：中国道家文化圈》《〈老庄地域探索〉引言》《老子故里考辨》《"老子与范蠡"再研究》《汉代"孔子问礼于老子"古碑》《庄子故里考辨》《庄子蒙人考》《庄子与楚文化》《庄子与惠施》《老庄成语选》，以及《中华传统道家文化研习心得》。

《老子庄子故里考》在承认老子故里河南"鹿邑说"成为宋、元以来主要说法的同时，又对"涡阳""蒙城""商丘""东明""曹县"不同说法给予系统的梳理。围绕着"涡阳说"展开了探索与考证，并做了有利于老子故里"涡阳说"的说明、解释和推测。但书中依据的碑文、文献史料，以及引证考证，还有待于深入研究，老子故里"涡阳说"考证任重而道远。

本书认为庄子故里是蒙城，并对蒙城地名变迁加以了考辨。（赵芃）

福清市道教志

《福清市道教志》，何爱先主编。北京：宗教文化出版社，2009年12月第1版，精装，16开，220千字。

何爱先，1929年生，福建福清人。曾任福清县文教局副局长，先后主编《福清县志》《福清市城乡建设志》《福清市建设志》《福清市土地志》《福清市水利水电志》《福清市规划建设志》《福清市电力工业志》《石湆寺志》《宏路志》《占阳何氏家谱》等。

本书除序言、凡例、概述、大事记外，有以下内容：《道教传播》《神灵信仰》《道教文化》《道教诗词题刻》《道教形象艺术》《道教活动》《道教协会活动》《道教修行》《名山道观》《机构》《人物》《人物表》《艺文丛录》《附录》。

本书虽然以"志"的形式命名，但是在许多方面又与一般道教史志有着不同，主要包括：一是贯穿古今，史论结合。本书"大事记"，记录了自汉武帝元封元年（前110）何氏九兄弟从江西临川入闽，修炼得道始，至2008年在石竹山道院举行"中华梦乡福清石竹山梦文化节"的各项重大事件。同时，全面梳理了石竹山道教文化渊源，包括道教的创立、沿革，道教传播福清，石竹法派，以及神灵信仰、道教文化的各种经典、签词、诗词题刻、音乐、形象艺术等。二是重视活动，推介人物。本书全面阐述道教的活动，特别是在福清地域的活动，包括民俗节日、斋醮科仪法事活动；重大法事、善事、对外交往，以及道教协会的各项活动，包括宫观管理、道士活动、安全教育；对古今福清道教人物给予了推荐，包括名道刘尊礼、林炫光、铁脚仙、高原吉、林知源、张真人、周颐真，以及众多的居士等。并重点推介了福清正一派道士授箓简况。三是强调修行，正视管理。本书设"道教修行"一章，不但重视修行的理论介绍，而且还重视推介修行的名山道观，包括石竹山、福庐山、仙井岩、白屿山，以及石竹山道院、福庐山寺、西涧寺、武当别院等。四是图文并茂，文献荟萃。该书在介绍宫堂寺观、人物、碑刻时，附有大量的照片，给人形象真实的感受。该书汇集了道教相关经典、诗歌、楹联、碑刻、趣闻轶事，以及重要的道教管理文件等内容，具有较高的史料文献价值。但细读本书给人"广而不精，博而不深"之感，相关问题还需要深入探讨和进一步研究。（赵芃）

道教建筑：神仙宫观

《道教建筑：神仙宫观》，王佩云主编。北京：中国建筑工业出版社，2010年1月出版，32开，189千字，系"中国建筑之美系列丛书"之一种。

王佩云，1950年生，北京人。中国建筑工业出版社社长兼党委书记。

本书通过论文、彩色图版、建筑词汇、年表等阐释了道教建筑的产生背景、发展沿革、建筑特色，并附有图片辅助说明。其中的彩色照片大体按照建筑分布区域或建成年代为序进行编排，附有图版说明，概要说明该建筑所在地点、建筑年代及艺术技术特色。"论文"部分配有建筑结构图、平面图、复原图、沿革图、建筑类型比较图表等，还附有建筑分布图及导游地图，标注著名建筑分布地点及周边之名胜古迹。本书以中国道教的兴起及其内容——不死的探求，仙道的世界为题，详细介绍了道教的起源与演变、道教的义理与信仰、道教的神仙体系、道功与道术。

本书图文相映，以图说景，以景说道，展示了道教思想文化与建筑之美的巧妙结合，使人在潜移默化之中深深领略了道教宫观文化的博大精深、道教宫观艺术的无穷魅力，其编写手法在同类书籍中颇具特色。但本书仅从建筑学角度探求道教宫观，道教知识文化的介绍略显不足，有待丰富和提高。（赵芃）

洪洞乾元山道教文化

《洪洞乾元山道教文化》，柴虎成、张秀兰著。太原：三晋出版社，2010年6月第1版，32开，750千字，系"山西历史文化丛书"之一种。

柴虎成，1963年生，山西洪洞人。洪洞县委宣传部常务副部长。

张秀兰，1965年生，山西洪洞人。洪洞县文化馆工作人员。

本书主要叙述了乾元山古文化溯源、乾元山道教名山之由来、道教的太乙真人崇拜、元阳观探秘、独龙影壁的文化内涵、元阳观的道场法事、乾元山神话传说等内容。乾元山在山西省洪洞县境内，属于姑射山的余脉，整个山形如同一只抬头望月的神龟，龟峰四周另有九座山头拱卫。乾元山是太乙真人潜修之地，其道观被命名为元阳观。现存元阳观依山而建，三层建筑，主体建筑以36孔古砖窑为基，架木为殿，供奉神灵。元阳观有一字形团龙影壁，镶嵌着玻璃砖烧制而成的独龙图案，竹节和祥云为边。

本书对洪洞山、元阳观及其神话传说做了系统的梳理和阐释，选点独特，内容新颖，对乾元山道教资料进行了充分挖掘，神话传说丰富而具有文学色彩，为道教文化增添了新的内容。（赵芃）

古田临水宫志

《古田临水宫志》，叶明生、郑安思主编。香港：香港天马出版有限公司，2010年10月第1版，精装，450千字。

叶明生，1946年生，福建寿宁人。福建省艺术研究所研究员。发表《中国古代傩仪衍变刍议》《论宗教文化在南戏发生学中的地位》等论文多篇；出版《福建龙岩苏邦村上元建幡大醮与龙岩师公戏》《福建龙岩东肖镇闾山教广济坛科仪本汇编》等著作。

本书由中国人民大学庄孔韶作序，全书图文并茂，内容翔实。

本书共分十章，末有附录。主要内容包括：《信仰志》《祖庙志》《祭祀志》《道坛志》《信俗志》《分宫志（上下）》《文物志》《文献志》《交流志》以及附录。

本书系统考察了陈靖姑信仰的历史与分布、宫观组织与仪式、道坛志、人生历程与年度习俗、文物与著述、信众交流与文化传承等方面，蔚为大观，表现了编者集结工作之用心，敬业之虔诚。围绕着临水陈太后信仰和地方人民的生命历程与社会历程的重要关系，以及临水陈太后信仰的中心与地方信仰圈层展开研究，开阔了陈靖姑信仰圈的视野和基本素材，收集梳理了宫庙众神信仰景观，有助于进一步理解民间信仰的构成，弘扬地方文化。但本书将福建全境、浙江、江西、广东地区、台湾，甚至马来西亚、菲律宾地区宫庙也纳入，有"贪多务得，细大不捐"之感。（赵苋）

寻迹重阳宫

《寻迹重阳宫》，赵国庆著。西安：陕西师范大学出版总社有限公司，2011年12月第1版，16开，210千字，系"西安楼观中国道文化展示区：大道楼观系列丛书"之一种。

赵国庆，1971年生，陕西耀县人。2008年后在陕西省社会科学院宗教研究所工作，从事道教文学方面研究，参与横向课题及纵向课题多项。出版著作1部。近年来在《中国宗教》《三秦道教》《西安日报》等刊物上发表论文及随笔多篇。

本书以文学家的视野开展了对祖庭重阳宫的寻觅与考察，以著者特有的悟性和灵感，展示了重阳宫的艺术魅力和神秘内涵。

本书以文学性的叙述、描写方法为行文风格，试图通俗易懂地讲述重阳宫的历史及文化内涵，使读者在轻松愉快中不知不觉地走进重阳宫，感受重阳宫浓重而神圣的宗教文化氛围，以及奇特的文学艺术魅力。著者对重阳宫的文学性叙述，是建立在可靠的历史资料的梳理上，这些资料来自对原始文献的深入探析，比如作为研究王重阳的第一手资料《重阳全真集》，最真实可靠地记录着王重阳的思想和经历。著者经过认真研读、系统分析，从中寻找到了新的可靠资料，得出了符合历史实际的结论，这是正统著述难以做到的。

本书的最大特点就是注重阅读的趣味性，同时兼顾学术的严肃性。著者以大量翔实的历史资料为依据，运用朴实通俗的文学语言，全面介绍了重阳宫的历史文化，包含许多真知灼见，再现了一个真实的全真道教祖庭，引导读者走出以往文学作品导致的对"全真道"认识的误区，对弘扬中华优秀的道学文化、净化社会风气、促进社会文明进步大有裨益。本书可以作为普及娱乐之读物，不足之处在于用文学性的描述演义历史人物事件，虽然以真实人物为原型，但难免有失实之处，部分文学性描写演义之内容不宜作为历史考证之依据。（赵芃）

鹭岛仙境太清宫

《鹭岛仙境太清宫》，詹石窗、张永宏编著。北京：宗教文化出版社，2012年3月第1版，16开，250千字，系"厦门太清宫仙道善书"之一种。

詹石窗简介详见总主编简介。

张永宏，1983年生，陕西吴堡人。主要研究方向为《周易》与道家道教。在《道学研究》《福建宗教》《闽台文化交流》《海峡道教》《龙虎山道教》发表论文多篇。

本书上编，凡四章。除缘起外，还有建筑，包括斋盛楼、玉皇殿、元辰洞、八仙洞；壁画，包括四海龙王、五路财神、八仙过海、下界收妖、三星拱照、三圣母、嫦娥奔月、王母出巡、九天玄女、女娲补天、老君送子、太子入山、水劫、火劫、玉帝出巡；铭刻，包括厦门太清宫记、厦门太清宫玉皇殿重建记、道德真经颂、上善颂、诗刻两首、楹联、题刻。

下编，凡四章。有仙话，包括三清天尊的故事、玉皇大帝的故事、王母娘娘与海瑞对话、玄天上帝勇斗六天魔王、造人和补天的女娲娘娘、八仙过海、九天玄女助黄帝捉杀蚩尤、财神到、嫦娥服药奔月、二郎神和三圣母、"擅离职守"的四极大帝、册封四大天师、文昌帝君的故事、关公斩蚩尤、三官大帝的故事、姜子牙沤喉证道果、李家父子的爱恨情仇、麻姑的故事、三茅真君入道成仙、三星拱照福禄寿、董双成因桃成仙、凤凰传奇云中君、龙女牧羊、雷公电母的故事、妈祖显灵驱魔佑国、平易近人的土地公、注生娘娘的前史、无处不在的太乙救苦天尊。宝诰，包括玉清元始天尊宝诰、上清灵宝天尊宝诰、太清道德天尊宝诰、昊天金阙无上至尊玉皇宝诰、勾陈上宫天皇大帝宝诰、九灵太妙中天梵气斗姆元君宝诰、混元六天北极玄天上帝宝诰、太乙十方寻声救苦天尊宝诰、三官大帝宝诰、保惠警化孚佑帝君吕祖仙师宝诰、天上圣母妈祖宝诰、关圣帝君宝诰、梓潼大帝文昌帝君宝诰、福德正神土地公宝诰、雷电二元师宝诰、风雨二元师宝诰。经籍，包括《道德真经河上公注》《太上感应篇》《太上老君说常清静经》《高上玉皇本行集经》《高上玉皇心印妙经》《高上玉皇胎息经幻真先生注》。记事，主要记载了远古时代，厦门岛上并无人烟，因为岛上多有白鹭栖息，所以被叫作"鹭岛"。魏晋时期开始有人上岛，唐代中央派遣太子太傅陈邕镇守泉州，其子陈夷首先定居鹭岛。宋代朱熹曾来考察，元代成为物质转运地，明代在岛上首建"厦门城"。厦门岛曾建有天后宫（太清宫），奉祀太上老君、玉皇大帝、天后妈祖等神灵。至2012年10月，厦门太清宫举行隆重的玉皇殿落成开光庆典。

本书结合历史和现代活动情况对鹭岛仙境太清宫给予了系统考察和研究。著者通过前期调研、收集资料、访谈和摄影等活动，全面挖掘了太清宫的历史和发展过程，内容丰富、编辑科学。本书追溯了太清宫的道教因缘，对太清宫建筑、壁画、神话传说、神仙信仰，以及宝诰和经典等都做了系统梳理、归纳和分析，具有较好的专业性、知识性。本书史论、史志相结合的编写方式，为国内各宫观志的编写提供了借鉴。但本书部分内容的编写有罗列之嫌，缺少对相关材料的深入分析和甄别，相关道教知识背景的运用还应加强。（赵芃）

重阳宫志

《重阳宫志》，《重阳宫志》编委会编。西安：三秦出版社，2012年10月第1版，精装，16开，999千字。

陈法永，1953年生。陕西户县重阳宫住持、陕西道教协会副会长、政协西安市第十一届常务委员。论著有《丘处机与龙门洞》，论文有《〈道德经〉养生原则论纲》等。

本书设十九卷，其主体为三十六章。卷一为概况，卷二为史略，卷三、

四、五为重阳立教，卷六为全真祖庭崇立，卷七、八、九为七真弘教，卷十、十一为当代宫观，卷十二为建筑、园林、古迹，卷十三为经籍、著述、诗文、书画、匾联，卷十四为金石，卷十五为前重阳宫羽翼及下院宫观碑石、石刻、馆藏文物，卷十六、十七为仙真高道传，卷十八为年表，卷十九为附录：重要文件、文选、轶事与传说。

本书内容收集之全面、编排体系之独特，都是道教宫观志编写史上的楷模。重阳宫由于其处于全真道祖庭之位置，历来受到道教界、学术界以及社会各界的重视，重阳宫住持陈法永极力筹划此书的编写乃道教宫观史上相当成功之案例，也是由道教宫观住持编写的少数史志之一。本书具有三个基本特点：一是以点带面，以宫叙史。以重阳宫为基点，全面介绍了重阳宫及全真道的发展及演化历史。二是以史说道，以道论宫。以全真道在重阳宫的发展历史为主线，系统阐释了全真道教的思想和基本教理教义，梳理了全真道教的各种经典、碑刻，并以此为基点确立并巩固了重阳宫全真道教祖庭之地位。三是载体全面，资料荟萃。本书收集了表达全真道教思想、教义、人物、发展的各种文化载体，包括语录、游记、训文、摘录、诗文、传记、经籍、著述、书画、匾联、金石、石刻，甚至建筑、古迹、法器等。可谓资料丰富翔实、内容珍贵罕见，是一部重要的道教史料文献集成类书，具有重要的史料价值。融知识性、专业性、专门性和地方性于一体，在全真道资料收集与研究方面达到了较高的水平。但本书在编写体例上不太规范，各卷章节之间缺少系统性、连贯性和统一性。（赵芃）

中国老子文化之乡——河南鹿邑

《中国老子文化之乡——河南鹿邑》，陈大明主编。郑州：大象出版社，2012年12月第1版，16开，220千字，系"中国民间文化之乡丛书"之一种。

陈大明，1957年生，河南睢县人。鹿邑县老子文化研发中心主任，中国老子文化研究中心执行副主任、秘书长。主要著作有《老子现代说》《道德经导读》《道德经新注新译》。

本书设七章。第一章鹿邑概况；第二章老子故里；第三章老子文化的形成和发展；第四章老子及老子文化的地位和影响；第五章老子文化的民间样式；第六章老子文化的传承与传播；第七章老子文化之乡建设。附录老子文化之乡建设大事记。

本书凸显四个方面内容：一是老子故里研究，二是老子文化的形成，三是老子及老子文化的地位和影响，四是老子文化的民间样式。

本书以《史记》及《唐开元神武皇帝道德经注碑》《大宋重修太清宫之碑》《先天太后之赞碑》《亳州请疏碑》《续修太清宫记碑》《元海都太子令旨碑》《太清宫执照碑》《太清宫圣旨碑》《老君赞碑》《清道德经碑》《重修太极殿记碑》《老子造像碑》等太清宫帝王碑刻为资料，考证了老子故里鹿邑的历史渊源、民间传说、风俗传统等，展示了老子文化之乡的形成发展、文化传承、历史贡献等。本书通俗易懂、深入浅出，具有较好的思想性、文学性和普及性。但本书有关老子故里的相关文献还需要充实并深入挖掘，引用文献尚需进一步考究学术规范。（赵芃）

第一福地茅山道院

《第一福地茅山道院》，潘一德编著。北京：华夏出版社，2013年9月第1版，16开，195千字，系"中国道教文化之旅"丛书之一种。

潘一德简介详见《茅山道院简史》提要。

本书分绪言和九个章节。围绕茅山道院的发展传承展开，兼述道院所在地的人文、历史、故事等。主要内容有：开山祖师三茅君、魏晋隋唐众宗师、宋元明清高道济、第一福地灵异多、神像文物聚仙山、先贤事迹显句曲、茅山道士抗日记、道学文化传四海、茅山区域民俗集。

本书以道教宫观为研究对象，采用图文并茂的表述方式，把道教宫观文化承载的建筑、道教义理、生态、绘画等智慧和道教生动感人的故事展现出来，通过一座座宫观的文化之旅，探索出道教的价值内涵。（程雅群）

玉垒仙都二王庙

《玉垒仙都二王庙》，邹理慧主编，汪宗一、张兴旺编著。北京：华夏出版社，2013年9月第1版，16开，195千字，系"中国道教文化之旅"丛书之一种。

邹理慧，俗名邹三琼，1953年生。1977年到二王庙，1980年12月在青城山天师洞道观出家，1989年任二王庙当家，拜师包至清。四川省道教协会副秘书长、副会长，成都市、青城山市道教协会副会长。

本书主要内容有：历来兴衰话王庙、二王道庙传神韵、灌口二郎显神威、人神共仰秦太守、祀典庙会庆圣功、龙门高道演道法等，以及附录部分。

本书是系统介绍仙都二王庙道教宫观的普及性书籍，除文字外，还附有70多幅彩色照片，内容丰富、图文并茂、生动形象。本书在编写方面体现三个特色，一是文史相应、以史为魂。本书注意客观全面反映历史事实，并结合实例，用文学描写、叙述等方式再现了历史上的各种人物、事件，全面分析了仙都二王庙的历史与发展变化。二是评赞结合、传道弘法。本书赞颂了二王庙的神仙奇人及其伟大功绩，表达了对其神威功法的敬仰和崇拜，以及传道弘法的神性机理，水庙一体、人助庙威、庙传人意，蕴含着人神合一、天人合一、水庙合一、心神合一的道教文化。三是史料丰富、可读性强。本书客观公正地叙述评价二王庙的兴衰演变，全面梳理和描绘了二王庙神韵、神威、神人、圣功和道法。本书所附诗词、文类、金石等史料文献，成为研究二王庙最为丰富的资料之一；其史论结合、文史相应的编写方式，增强了知识性、思想性和文学性，通俗易懂，深入浅出。但本书前半部分未能很好吸收附录中的相关资料，其分析亦不够深入，此可谓玉中之瑕。（赵芃）

老子故里在鹿邑

《老子故里在鹿邑》，崔中玉著。北京：大众文艺出版社，2014年1月第1版，16开，950千字，系"中华国学精典老子文化系列丛书"之一种。

崔中玉，1968年生，河南项城人。商水县政协经济委副主任、文史工作负责人。主要论著有《中国老子文化之乡——河南鹿邑》（副主编）等。

本书在前勒口申明：老子故里之争有三种观点，即"鹿邑说""涡阳说""谯城（亳州）说"。本书全面对照《水经注》及有关文献记载，认为应该彻底摒弃非学术因素，历史地看待鹿邑太清宫和涡阳天静宫。在阐释了"鹿邑说"的同时，本书对"涡阳说"展开了批判，并附有各种位置图、碑刻、

考记等，以供考证。但本书评判用词激烈，有完全肯定或否定之嫌。应给读者一定的思考和判断空间，允许百家争鸣。（赵芃）

世界文化遗产中岳庙

《世界文化遗产中岳庙》，吕宏军著。郑州：中州古籍出版社，2014年3月第1版，16开，250千字。

吕宏军，1960年生。河南登封市地方志办公室主任，曾主持编纂《登封市志》《嵩山志》《嵩山少林寺》《嵩山中岳庙史话》《登封年鉴》等；发表《中岳庙建置疑案考》《中岳嵩山帝王祭祀封禅文化及特征》《大禹治水与中国最早都城的建立》《清朝禁教对少林武术的影响》等论文多篇。

本书系统梳理了中岳庙的发展演变，中岳庙的建筑，包括太室阙及画像、中岳庙院中轴、两侧、六宫建筑；外围建筑，古树名木，金石碑刻，祭祀封禅，中岳庙会，北天师道祖庭，道教的古代人物，道教的近现代人物，观光旅游，大事记。

中岳庙作为嵩山的代表性庙宇，是人们祭祀嵩山神灵的专门场所，是人们景仰嵩山、敬畏嵩山的精神家园。中岳庙历史悠久，自古以来有不少关于中岳庙的书籍和文章，但此类书籍文章还存在缺憾，一是很多没有注明采用史料的依据，也没有对史料进行考释；二是不同著者对中岳庙的认识、了解和研究程度存在较大差异，致使已经出版的书籍和文章还存在着诸多的误传；三是已经出版的中岳庙书籍都比较简略，记述的内容不能全面反映中岳庙的历史与文化。针对以上情况，本书力求有所改观，重点在两个方面下了功夫：一是加大对史料的考证，在每章、每节或每段加注了大量笔者按语，用来阐述史实，补充正文，说明和解释采用史料的依据。二是注意记述全面，也注意突出重点。除了总体上的概要介绍之外，本书对中岳庙的古代建筑、金石碑刻、帝王祭祀等都做了详尽记述，使读者可以深入了解中岳庙的文化底蕴。

本书较好的表现了史志结合、以史论今、史论相应的特点。从中可以看出，无论是帝王将相，还是平民百姓，都表达了对嵩山的崇尚、热爱、向往、歌颂、敬畏，为读者了解嵩山、了解中岳庙，敬畏自然、敬畏文物提供了翔实、可靠、生动的教材。细读本书，可以深深感悟中华先哲对包括嵩山在内的山水草木都寄予怜爱珍惜的淳朴情感。本书具有较好的资料性，特别是金石碑刻的收集整理、大事记的梳理等都具有较高的文献价值，但过多的资料汇集，因其分析相对较弱，所以其理论思想性便有待进一步发掘。（赵芃）

王屋山道教

《王屋山道教》，《王屋山道教》编委会编。郑州：中州古籍出版社，2014年6月第1版，16开，380千字。

本书凡七章，末附王屋山大事记。第一章王屋山道教的历史演变；第二章济水与济渎神崇拜；第三章历代名道；第四章王屋山主要道教宫观；第五章王屋山道教碑刻；第六章王屋山古代道文化诗文选；第七章王屋山道教遗产保护、道教文化研讨及道教组织的建立。末附王屋山道教大事记。

本书集地方志、道教志、人物志、文物志于一体，不但叙述了王屋山道教发展的基本历史，而且分析济水崇拜在王屋山道教发展中的地位和影响，论述了济水的文化品格，梳理了王屋山历代高道对王屋山道教发展的贡献，对王屋山道教宫观和道教碑刻进行了全面的梳理和考证，展示了王屋山道教丰富的实物存在和博大精深的思想内涵，融会了历代名人诗词佳作，成为王屋山道教研究具有里程碑式的研究成果。但本书对王屋山碑刻诗文的研究和道教人物的叙述还需要进一步深入。（赵芃）

（六）道家与道教人物生平思想

关于老子年代的一假定

《关于老子年代的一假定》，张岱年撰。出自《古史辨》第四册。上海：上海古籍出版社，1982年版。

张岱年（1909—2004），字季同，别号宇同，河北献县人。中国现代著名哲学家、哲学史家、国学大师。1933年毕业于北京师范大学教育系，任教于清华大学哲学系，后任私立中国大学讲师、教授。1952年后，任北京大学哲学系教授、清华大学思想文化所所长等。主要作品有《中国哲学史方法论发凡》《中国哲学大纲》《中国唯物主义思想简史》等。

本书分为五节，在文后附有著者的"附识"以及罗根泽先生的"附跋"，张岱年对本书进行补充说明和反思，以及罗根泽对著者"附识"的回复，表达他对本书的观点的看法，并就"老子在孔子之后"观点的证据做了补充。

著者认为要考察老子的年代，得秉持"先不要考察老子这个人的年代，要先考察《老子》这本书要表现出的思想在什么年代才会发生；先不要考察老子思想之时代，要先考察《老子》的性质"的次序。经过考察，认为《老子》是一本著作，不是纂辑，但有后人渗入的部分，如"大道废，有仁义……""绝圣弃智，民利百倍……"等数章数段。由此可知《老子》大体出自一个人的手笔，表现出来的就是老子的思想。对于《老子》的时代，作者从《老子》作为私人专著和文体两方面来推测，应是战国时代的书。通过考察"道""天""不言之教""无为"这四个词在孔子时代和老子时代意义的差别，来了解《老子》所体现的思想是什么时候才会有的，认为老子思想定在孔子之后，继而又分析老子与墨子的思想关系，认为老子思想在墨子之后，而且老子至远在战国初年，并证明绝在杨朱、慎到、申不害、孟子前，也就在庄子前了。对于老子的身份，作者认为老子不是太史儋。通过考证与老子有关的史料年份时间表，进一步推测老子的年代在墨子与孟子之间。

著者在"附识"里指出，自己考证得还不够严密，在本书里好多观点是武断的。作者姑信《老子》书绝不是纯粹编撰的，一部分是原著，估计有二分之一的内容是后人不止一次添加进去的，写《老子》原著的人生活在孔子之后，庄、慎之前。作者根据《论语》里面的内容，如孔子说"圣人吾不得而见之矣""善人吾不得而见之矣"等，说明孔子当时无其他伟大哲学家，来佐证孔子绝不可能师从老子，更不曾誉老子"犹龙"。

本书以其严密考证、细致推理的深厚功力，引起了冯友兰的注意，并受到罗根泽等先生的高度评价。（张芳山）

老聃的姓名和时代考

《老聃的姓名和时代考》，唐兰撰。出自《古史辨》第四册。上海：上海古籍出版社，1982年版。

唐兰（1901—1979），又名佩兰、景兰，号立厂（又作立庵），浙江嘉兴人。我国著名考古学家和古文字学家。幼酷好史学，博古参今，于考古学很有建树。曾任教北京大学、燕京大学，讲授甲骨文、金文及古典文献，颇有影响。曾任故宫博物院副院长、学术委员会主任、研究员，兼任中国科学院历史研究所学术委员、中国古文字研究会理事等。代表著作有《故宫学导论》《中国文字学》等。

本书分三章，无小标题，注解是用小两号字体在句末标注，多为补充说明的作用。在写作上，先提出论点再进行观点论证，逻辑清晰。

对于老子的姓名，作者认为老聃是老氏是万无可疑的。老子的名字来源于老子是姓"老"，这与《史记·老子韩非列传》是相矛盾的，《史记》认为老子"姓李氏，名耳"，但是没有积极证据证明《史记》的说法。经过考察，作者得出了三个结论：古书上，老子并不姓"李"；《史记·老子韩非列传》经后人改篡；汉人如郑康成不用李耳的叫法。因此，应该依照一般的称呼为老子或者老聃。

对于老子的年代，当时大多数人都认同的老子生在孔子后的说法，作者根据"孔子向老子问礼"的事件，对这种说法持怀疑态度。"孔子向老子问礼"出自《礼记·曾子问》，通过考察《曾子问》是否可靠来判断"孔子向老子问礼"事件的真实性。且又因为老子对待孔子的语气与庄子相合，直呼其名，作者认为老子比孔子年长，并通过考察《庄子》里面鲜明的提到老子或老聃的十六处的真伪，来了解老子的时代，得出四点结论，如下：老聃比孔子长，孔子曾学于老聃；老子即老聃，是同一个人；老聃住的地方是沛；老聃就是《道德经》的著者——老子。对于《史记》中的老子世系与作者的观点有偏差，作者认为至少《史记》是有一定错误的。近时人认为老子《道德经》在孔子后，但是作者认为《道德经》攻击"礼"，是因为老子处在讲"礼"的环境，这就证明《道德经》在孔子学说盛行之前了，也就是说，老子的时代是在孔子之前。

要而言之，本书言简意赅，论证有据，观点鲜明，通俗易懂。（张芳山）

老子略传

《老子略传》，胡适撰。北京：国家图书馆出版社，2018年12月第1版，系方勇主编《子藏·道家部·老子卷》之一种，据1933年排印《古史辨》本收录。

胡适（1891—1962），字适之，安徽绩溪人。现代著名哲学家、史学家、文学家和新文化运动发起人。北京大学教授。抗日战争期间，任驻美大使，1946年回国，任北京大学校长。主要著作有《中国哲学史大纲》（上）、《白话文学史》（上）和《胡适文存》（四集）等。1998年，北京大学出版社出版了《胡适文集》（全十二卷）。

蔡元培在《中国哲学史大纲》的序中称赞其有四个"特长"，其一为"扼要的手段"。之所以"扼要"，乃是因为他讲中国哲学史，不是从三皇五帝讲起，而是从老子讲起，认为老子是第一位哲学家。《礼记·曾子问》《史记·老子列传》等传统文献认为孔子晚于老子，并多次向其问礼。传统文献还认为，老子作有《道德经》（又名《老子》）。著者在《老子略传》中遵从古说，并首先考证了今本《史记》对老子作"姓李氏，名耳，字伯阳，谥曰聃"论述的错误，认为原本是"名耳，字聃，姓李氏"。其次，据《史记》《左传》《礼记》考证了孔子见老子的时间为大约在孔子34—41岁之间，并认为老子生于公元前570年左右。为何称李耳为老子呢？在著者看来，有两种解释：第一，据春秋时人有把"字"用在"名"前面的习惯（如叔梁纥，叔梁是字，纥是名），而认为"老"或是字。第二，据古时姓与氏之区别，而认为"老"是姓，"李"

为氏，因为姓老，故人称为老聃或老子。这两种解释，因为没有依据，所以难以断定哪种是哪种非。

著者在《中国哲学史大纲》中遵从"孔子晚于老子"的传统说法，受到了梁启超、钱穆、冯友兰等学者的批评与质疑。对此，著者写了回应文章，始终认为批评与质疑所举的理由皆不能让他信服，故而仍坚持其初论。（张培高）

老子学案

《老子学案》，刘其宣著。北京：京华印书馆，1934年1月第1版，32开。

20世纪20至30年代期间，老学研究形式多样，硕果累累。相对中国古代历来以注释方式阐释《老子》义理的研究方法，这一时期的成果为后世老学研究拓宽了思路，影响深远。首先，新的社会思潮催生了全新的研究视角，如桐城派叶玉麟用白话翻译与诠释《老子》；严复《老子评点》、孙思昉《老子政治思想概论》等著述都援引西方政治学说与老子思想相联系。而在研究形式上，仅学案体就有本书、郎擎霄《老子学案》《庄子学案》与王恩洋《老子学案》等数部专著问世。学案体的体例范式成熟于黄宗羲《宋元学案》与《明儒学案》，是继纪传体、编年体等体裁后又一史书体裁，其结构主要包括人物传记、言行录、著作提要、学术流派的传承关系等，对学术思想史的发展研究具有重要意义。

本书以通行本为底本，封面"老子学案"四字为张人杰题。首有自序，次有目次。正文共六章，分别为：老子考异、老学渊源、老子之宇宙学说、老子之人生学说、老子之政治学说、老学之影响。

本书于老子政治观之解读颇见新意。严复在《老子评点》中提出老子学说与西方政治学具有相通之处，著者对此观点表示认同。他认为老子的无为之治可以使个体获得自由，回归到上古之治的淳朴境界，人人平等，"此严几道氏所以主张老子所论为民主国之治也"。老子"无为而无不为""高以下为基""贵以贱为本"等主张与民主之精神相若；而"小国寡民""邻国相望""鸡犬之声相闻，民老死不相往来"的理想社会的设想也与孟德斯鸠的理想之治相似。著者在老子之政治学说一章"慎事"节谈到，老子之说贵自然无为，但至魏晋时期却流为"疏放旷达"的清谈之列。而老子"慎事之教"的本质并不是清谈家放诞清高之举。此为可惜之所在。除此之外，因老子政治学说与儒家大相径庭甚至"尤在相反"，所以多为后世儒者所评；而自黄老兴起、道教始立，老子之说更是多遭曲解，流为养生导引等细枝，守末而失本，实为遗憾。

总体而言，本书对老子其人考证详细，于存疑之处见解独到，"条陈缕析"，试图正本清源。对于老子诸学说，著者点评其"政治学说"价值颇高，而老子本人更是周末之社会革命家，此为本书异于他说之处。然本书虽称"学案"，但观其内容，并未能详述老子学说之传承史，只于"老学之影响"略述一二，此遗憾之所在。（范静宜）

庄子大传

《庄子大传》，陈登澥撰。1934年6月初版，16开，铅印。另有北京：国家图书馆出版社，2011年12月第1版，系方勇主编《子藏·道家部·庄子卷》之一种，据1934年北平文岚簃排印《七闽丛书》本收录。

陈登澥，福建人。因他是气概豪放之人，所以时人称之为湖士。今存不少著述，例如，诗集《恰克图诗历》、族谱《福建七闽陈氏世系不分卷》等。学术成就主要在于经学、子学、训诂声韵之学，有《文键》《庄子大传》和《老子今见》行世。为其《恰克图诗历》作序的林志烜先生曾指出："湖士陈子精训诂声韵之学，年未四十，著书越四五十万言。以余力为诗、古文，尤质朴绝俗。"陈登澥另有《六书转注说》《大学微》《中庸大义》《独卧楼笔谈》诸种，余均未见。总之，其人大约是个以治经为职志的角色，由于在佛学方面也多有涉猎，因而其著作明显具有三教融合的思想倾向。

本书为作者的重要著作之一。在本书中，他不仅对《庄子》这本经典的写作缘由、论述方法和思想主旨进行了解读，而且对庄子的主要经历和人生境界予以分析。更令人敬佩的是，作者还结合儒家文化、老子思想和佛教哲学，对庄子的人格及著作提出自己独到的理解，对学界产生很大启迪。从结构来看，本书没有划分章节，只有一卷。每页在页侧标注书名、页码，并对《庄子》的主要内容逐一做出解释。每引用经典原文后，都有注解，注解比原文字体小一号，内容有长有短。有些是引用古代学者的注解，有些是其本人直接作出阐释，或对个别字词的读音做出标注。如"文王有辟雍之乐"一句下加注内容为"辟音避"；"武王周公作武"一句下加注内容为"乐名"。

作者在解读《庄子》思想时强调："夫道，有情有信……未有天地，自古以固存……黄帝得之，以登云天……"他在继承庄子思想的基础上认为，"道"是天地万物得以生成的根源，得道之人将会转凡成圣。至于如何修道得道，作者指出，《庄子》这部经典其实早已论述过修道得道的诀窍，《庄子·逍遥游》中的至人无己、神人无功、圣人无名三句揭示了全书旨要。在作者看来，天地万物所组成的法界都是缘起性空的，若要修道得道，就应无我相、无我见、齐是非、齐生死。为了说明这个道理，他旁征博引，结合孔子、老子乃至明代高僧憨山德清的言论予以反复说明。

总而言之，本书在三教融合的理论高度上，对庄子的思想旨趣，提出自己独到的理解，给学界提供重要启迪。尤其明显的是，作者在著作的结尾处强调："庄子书释氏书皆以破执为第一义。"可以说，作者释道兼修，善于以佛解庄，通过深刻的对比分析，为学界提出了很多值得关注的新观点。（祝涛、马姣）

老子学案

《老子学案》，王恩洋撰。上海：上海佛学书局，1938年初版，系"龟山丛书"之一种。另有北京：国家图书馆出版社，2018年12月第1版，系方勇主编《子藏·道家部·老子卷》之一种，据民国东方文教研究院排印本收录。

王恩洋（1897—1964），字化中，四川南充人。1927年在四川创立龟山书院，聚众讲学。1930年以后在成都佛学社讲唯识。1942年创办东方文教研究院。1957年出任中国佛学院教授。作者兼通内外学，精通法相唯识学。主要著作有《佛学通论》《法相学》《唯识通论》《心经通释》《摄大乘论疏》《大乘起信论料简》等。

本书包括"导言""老子学说""评论"三篇内容。

上篇"导言"文字不多，作者先后探究了老子其人与其书，后又说明了自己作该书的目的及内容："今为诸生讲国学，乃条而理之，贯而通之，错综全书各章，以义类相从，自显之隐，从始彻终共十二章。各为分疏，发其奥义，而老学之眉目清晰，真面目可睹矣。下篇复抉择至理，指正得失，分别同异，厘定真伪，共为五章。"

中篇"老子学说"为本书的主要部分。在"老子学说"篇中，作者通过"老学之起因""人为之弊""求治者之过""救弊之道""为治之道""无为而无不为""去智而用明""无为而兼济""自胜而畜物""精神之净化——玄德""老学之本源——道""体道以成德——圣人"十二章来论述老子学说。

而在"老学之本源——道"一章中，作者又从七个方面来解"道"："一、道者，绝名言者也，而名言，事物从之以出。""二、道者，不可见闻者也，然有象而非无。""三、道者先天地而生，独立而不改，周行而不殆，而为天下母者也。""四、道者，生养万物而不为主者也。""五、道者，无为而无不为者也。""六、道者，冲虚柔弱而能驰驱天地万物者也。""七、道者，大公而无私，抑强暴而福善柔者也。"由此可见作者对"道"的理解。

在下篇"评论"中，作者又从"老学对人生之贡献，对文化之救正""老学之修正与补足""儒道两家之不同""老学之误解与其真象""老学流为神仙家之故"五章来进行评论。

在本书中，作者也结合了一些佛教的观点来说理，如在下篇"老学之修正与补足"一章中，出现"缘""业""因果"等内容，可见佛教对作者思想的影响。又从下篇"儒道两家之不同"一章中，可见作者对儒学的理解。通过儒道两家的比较，也能让人更好地理解老子的思想。由此可见作者思想的丰富与包容。

纵观本书，条理清晰，解说清楚，对老子学说的论述全面丰富，通俗易懂。（邱沛轩）

老子其人其书及其道论

《老子其人其书及其道论》，詹剑峰著。武汉：湖北人民出版社，1982年9月第1版，32开，291千字；华中师范大学出版社2006年重版，32开，306千字。

詹剑峰（1902—1982），江西婺源人。哲学史家、逻辑学家、哲学家。曾任湖北省哲学史学会名誉会长，中国逻辑学会理事，中国逻辑史学会顾问，湖北省哲学学会副会长。当选过全国人大代表、湖北人大代表和武汉市政协常委。

学术研究的重点是西方哲学，著作《哲学概论》《逻辑》《伦理学》《西洋古代哲学史》《西洋近代哲学简史》《西洋政治思想史》《逻辑与科学方法》《社会学》均是这一方面研究成果的体现。同时，著者在中国古代哲学的研究上也深有造诣，长于墨子及墨家研究，著有《墨子的形式哲学》《墨子的逻辑与科学》。而在老子及道家思想研究方面，著者亦颇有心得，其研究成果考辩论据充足，逻辑严密，令人信服，这正体现在本书中。

本书以考证《老子》的成书时代，其著者的身份、活动时代、真实社会关系，以及老子的道论之内涵为宗旨，为读者客观、富有逻辑地展示了老子思想的来龙去脉，辨析了各种不恰当的对于《老子》各种问题的认识，澄清了老子思想所包含的唯物论内涵。全书分为三编，第一编"老子其人、其书及其学派"，从各种典籍考证老子其人之身份，其论说的成书时代、老学的传授与演变；第二编"'天道自然'观"，讲述老子哲学的社会根源，其思想渊源，以及如何理解《老子》中的核心概念："道"、有与无、变与常、"道纪"、"玄览"；第三编"'人法自然'论"，从《老子》实践意义上对老子思想进行论述，分别说明何为"天之道"与"人之德"，讲解老子的人生哲学与政治哲学，并对老子思想的唯物论意义进行评述。

本书通过详尽而严密的考据和逻辑分析，认为老子的道是整个自然及其运动变化的规律，因此其道论为唯物论的。其论证方法，也是以唯物论为基础，既切实考据各种关于《老子》的资料的真实性和意义，又对各种唯心主义的对于老子其人、其书、其学派的评论做出实事求是的评价。著者西洋逻辑和科学方法的运用，与对中国传统文献的熟悉，使其论证既体现出文辞考据的规范，又体现出对概念解释的明确性诉求。如其在论述老子之"自然"的含义上，就立意鲜明地表示自然确与西方之"nature"意涵相近相通，是"自然之性，是自然界，是大自然，是整个自然（自然的本质、自然的现象）"，而非相反（超自然）。又如在第七章论述"有"与"无"时指出，老子所说的"无"即"气"、"有"即"理"，以及"无"即"虚"、"有"即"实"，其对有与无在各种情况下的意涵都有解释。他在解释的基础上，更进一步认识到："老子用'理''气''虚''实'等范畴以说明宇宙万物之'所以是'。从本体看，道统有（理）无（气），有气必有理，有理必有气，理气对立而统一。可见在本体论上老子是主张理气一元论。"这些论述，不但清楚而切近地表示了老子之"自然""有""无"等概念的含义，也明确了老子道论的一元论、唯物论本质。

从说理上来说，本书无疑从唯物辩证法的角度对老子其人的活动，其思想的时代、含义、意义有着全面的论说，其论据丰富，逻辑严密，结论令人信服。若说该书更需要完备之处，是其为说理而参照的来自西方的概念（如"自然"等），还有考据其意涵的必要。（包力维）

老子传

《老子传》，秦新成、刘升元著。石家庄：花山文艺出版社，1992年8月第1版，32开，372千字。另有北京：中国社会出版社，2005年版，16开，384千字。

秦新成、刘升元是中国鹿邑老子学会的理事，同为中国民间文艺家协会河南省分会会员，对于老子的传说和故事，有着深入的了解和调查。全面搜集老子资料以后，他们先出版一本《老子的传说》（海燕出版社1990年出版），而后在此基础上完成了《老子传》。著者一方面到鹿邑境内和洛阳、函谷关、三系楼观台、崂山太清宫等进行实地调查，另一方面阅古今典籍，搜集相关资料，拜访老学学者，更进一步熟悉历史上的李耳生平，构思出一部关于老子人生的传记作品。本书的出版对于弘扬民族文化具有一定意义，《人民日报》海外版如是对这部作品进行评论："文笔新美，哲理幽深，李耳再生，情节感人，催人泪下，资料翔实，从生到死，真实生动，深刻全面地再现了老子的一生，不仅是一部好的文学作品，而且是一部好的哲学、科学和历史书籍。"

本书所娓娓道来的是老子（李耳）富于神话和传奇色彩的一生，其以文献的各种记载为参考，编撰出一幅幅生动的人生情境。从老子之"问世不凡"，到其成长为"真善青年"，讲述其"异常婚事"，再"无意升员"，刻画出一个超凡人格的成长过程，及至"一身二史""裹乱归园""大书成毁""入秦过函"，勾勒出波澜壮阔的时代景象，也呈现出一个伟大人物之求道的抉择与决心。本书以文艺的笔触，解说着被文化人、学者所津津乐道的传奇和传说。著者对书中人物寄予了深厚而真挚的文学热情，显示了著者传播民族文化的责任心，其心其志令人感动。

这部文学作品对传播老子文化，对以生动活泼的方式理解《道德经》有着重要意义，但若追究本书文学价值之外的可靠性，也许其名并不符实。（包力维）

老子考辨

《老子考辨》，朱恩田编著。沈阳：辽宁人民出版社，1994年10月第1版，32开，230千字。

朱恩田，辽宁省教育厅原副厅长。自幼爱好古今文学，对老子《道德经》心得颇丰。

本书分为考辨、道德经注译及附录，对老子其人、《老子》其书、《老子》的哲学思想、"老学"的传授和演变、老子对中国文化的影响进行了详尽的考察、辨析。同时，依据传统《道经》在前《德经》在后的顺序，重新注译《老子》，并以马王堆汉墓帛书《老子》译文为附录，方便读者参考、对照。本书原文主要依据吴汝纶点勘的《老子》（中华书局1962年版）和王太岳《御注道德经考证》（四库全书本），以及长沙马王堆三号汉墓出土帛书等。注译文字系著者对多家古今注释采择取舍的基础上，自行注译的。主要参考马叙伦、陈鼓应、詹剑峰、陆元炽、任继愈、张松如等人的著作。

作为一本全面反映老子思想的著作，本书一方面注意根源于《道德经》之著者、成书、思想内涵、历史传承、独特影响等问题的考辨，厘清学术上具有争议的各种说法，另一方面，根据各种《老子》注释，以及著者自身的考辨与思考，对《道德经》进行重新注译。在注译上，分为"题解""原文""注释""译文"，紧扣《道德经》诸章之主要内容，进行符合现代人理解方式的解析。（包力维）

老子评传——中国第一位伟大的哲学家

《老子评传——中国第一位伟大的哲学家》，许抗生著。南宁：广西教育出版社，1996年8月第1版，32开，117千字，系"中华历史名人评传·道家系列"之一种。

许抗生，1937年生，江苏武进人。为北京大学哲学系教授，曾担任过中国哲学史教研室副主任、主任等职。著作主要有《帛书老子注译与研究》《老子与道家》《中国的法家》《先秦名家研究》《老子与中国的佛、道思想简论》《魏晋南北朝哲学思想研究概论》，主编《魏晋玄学史》《中国传统道德·教育修养卷》等。许抗生先生是我国老子研究领域的重要学者。

本书分为老子的生平、老子的著作、老子的智慧、老子的历史地位与影响这四个方面。第一部分老子的生平，包括了对老子的姓氏、名与字、籍贯的考证，考辨了各类关于老子生平的说法；第二部分老子的著作，主要对《老子》著作时间进行考证，明确《老子》一书著于春秋末年，之后经过战国中期学人所增补而最后定本，其因此包含一些战国时期的思想痕迹，这部分特别对1973年的帛书《老子》与通行本《老子》做出了比较；第三部分老子的智慧，分别就《老子》中包含的思想：道生万物、德为万物的本性、天道无为与鬼神不神、柔弱胜刚强、以静制动、相反相成、涤除玄览、无为而治、朴素谦下进行论述，考据各种概念的意涵，并解释《老子》之思想境界及其传达的智慧；第四部分是老子的历史地位与影响，这部分宽泛地介绍了老子在中国哲学史上的地位和影响，老子在中国道教史上的地位和作用，老子思想对中国佛教的思想影响。

从体例和内容可以看到，本书是对《老子》以及《老子》相关问题的较为系统的考辨、整理，是一本全面介绍老子思想的著作。按照著者本人对老子的研究进程，其以《帛书和老子著译与研究》《老子与道家》等相关研究为基础，不仅是对前人所做的老子考据的重新梳理，也是著者对自身新发现的介绍和总结。该书所加入的对于老子籍贯、姓氏和生平事迹的详细考察，通过较为充分的考据，将《老子》的成书时间确定于战国中前期，这是许抗生先生对自己过去观点的修正，其为老子成书问题的解释提供了新的参考。值得注意的是，本书通过对于帛书《老子》的研究，从而对以往基于通行本《老子》的一些争议问题进行说明。如帛书《老子》可以校正通行本的章节错误，又如基于帛书《老子》可以明确通行本所引起的"常有""常无"的争论并不符合《老子》的原意。本书中的说明，有益于我们对《老子》的真实意涵有更深入的思索，也为纠正以往研究之偏差起到重要作用。（包力维）

老子与道家

《老子与道家》，李申著。北京：商务印书馆，1996年12月第1版，32开，82千字。此外，山东教育出版社于1991年出版过这部作品，中国国际广播出版社2011年再次出版该书，16开，75千字。

李申简介详见《道教洞天福地》提要。

本书是对老子及道家思想的简明讲解。不仅对老子的思想进行了一番解释和评述，也对中国道家或道教经典《庄子》《黄老帛书》《淮南子》《文子》《阴符经》思想及其与《老子》的关系进行了概括和评析。作为一本通俗读本，本书在保证对经典之要旨的简明论述的基础上，也对道家思想之历史、道家在道教中的沉浮进行了生动描述。全书分为六章："老子和他的哲学""庄子和他的哲学""春秋战国时代其他道家人物和道家思想的影响""汉初道家""独尊儒术以后道家人物和道家学说的命运""阴符经"。本书结合历史政治背景、道家思想自身的演变、老子与道家思想、道家思想在历史中的位置进行解析和评价。无论是《老子》《庄子》，还是代表黄老思想的《黄老帛书》《淮南子》《文子》，还是浸透着道家思想的道教经典《太平经》《阴符经》，著者都以通俗、简要的论述勾勒出其思想内涵，并从唯物论角度评析其中的弊病和问题。可以看到，本书不仅是一部入门老子思想、了解道家思想的大致样貌及其历史位置的"简明读本"，同时也是一本对于老庄思想、黄老哲学及其在历史上的影响有所批判的著作。

本书将《老子》的思想放在一个大的历史背景之中，将老子思想在战国时代、汉代的接受以及重新整理的经过生动讲述，并指出道家思想在道教之兴起中的新意涵。著者以历史唯物主义的态度看待道家思想，一方面看到其中所包含的唯物论因素，看到这些思想中所包含的辩证法观点，另一方面也看到这些思想中的保守、消极因素。作为一部介绍中国传统文化的通俗读物，简明、可读性强、观点明确是其特色，这为初学道家思想的读者打开了一扇知识的大门。然而由于这本书存在对道家思想的过于简化的认识，还不足以呈现出老子及道家，以及道家思想历史脉络的面貌。（包力维）

道家逸品

《道家逸品》，刘韶军、陈业新著。武汉：长江文艺出版社，1997年10月第1版，32开，200千字。福建人民出版社于2010年将这部作品重新出版。

刘韶军简介详见《中国老学史》提要。

陈业新，1967年生。上海交通大学人文学院教授、副院长。主要从事中国历史与文化的教学与研究。出版专著《明至民国时期皖北地区灾害环境与社会应对研究》《灾害与两汉社会研究》《中华五千年生态文化》，发表论文多篇。两位著者也都对中国道家文化具有浓厚的兴趣与深厚的见解，《道家逸品》是其道家、道学思想的集中体现。

本书是一部品读道家经典的通俗作品，虽以浅显易懂的语言来揭示《老子》《庄子》《抱朴子》《列子》这四部道家经典，却体现了著者的学养之深厚、见识之广博。全书正文分为"自然无为的《老子》""超然逍遥的《庄子》""修道求仙的《抱朴子》""顺性忘怀的《列子》"四部分，对道家四部经典的思想之要旨，精神之追求，其对于政治、社会、人生的启示，进行全面的勾勒。从序言"最初的道家与后来的道家"，到老子的玄妙之道、和光同尘、玄牝之门、致虚守静等思想，庄子的螳臂当车、庖丁解牛、心斋、坐忘等学说，再到《抱朴子》的神仙之事、养生要术、修道练功、治身治国等细节，《列子》的生与化、生与死、盗天与盗人、无念、与物和同等要义，本书以引人入胜的解读对四部经典的意涵进行现代阐释，不仅涉及道家，也试图从我国传统之儒释道三家之思想中汲取精华，并以现代人的眼光进行阐述。正如著者在前言中的说明："我们的方法是尽量保持元典的原汁原味，不用枯燥的注释或今译，更不用学术论文的写法。根本目的是让凝聚在元典中的前人智慧，与深奥难懂的古文分离开来，直接现出其本相，而贴近现代的人生。"

按照著者的解释，"元"为元始、为首、主要、根本之义，其所提到的"元典"的意思是浓缩中国悠久文化之精粹的古典作品。而《老子》《庄子》《抱朴子》《列子》这样的经典正是在元典的意义上为人们提供了无尽的精神财富，其因此成为历代中国人为人处世的文化财富。本书以阐明"元典"之精神内涵为标的，简化了繁杂深奥的古文释义，让释义既贴近现代人之生活，又尽量保证"品读"之纯正，使人们在阅读的过程中能够真正进入道家思想的大门。两位著者的用心和努力令人钦佩，其作品也确实为人们阅读道家经典提供了一种清晰而有价值的认识参考。不过，在对道家经典的通俗化解释过程中、在对古文释义的简化过程中，他们忽视了对道家思想意涵的多方面考据。虽然本书的目标在于直接现出古老智慧的本相，然而由于其中的释义多较为随意，因而并不一定能够实现这理想中的目标。（包力维）

老子考辨续

《老子考辨续》，朱恩田著。沈阳：辽宁大学出版社，1997年12月第1版，32开，110千字。

朱恩田简介详见《老子考辨》提要。

本书是著者在《老子考辨》出版三年之后，对老子思想之感悟的补充。其中，既包括著者自己的文字，也集中了几位政要、学者著述中的精粹。

本书是在《老子考辨》的基础上，对《道德经》中的一般问题以及所涉及现代意义上的道文化问题的整理和阐释。著者从"《老子》旨要""再说老子其人""老子与道家、道教""道文化的精髓""道文化与养生""道家与企业文化"的角度来解析老学的内容以及以《道德经》思想为根基的道家、道教的现代应用。为了充实该书内容，展示传统文化的价值，并展现老子智慧的现代意义，著者又集中了政要、学者的相关文章：《大力发扬艰苦奋斗的精神》《〈清贫的思想〉一书缘何畅销日本》《不欲以静，天下将自正》《毛泽东重视传统史学》《从史学中汲取更多智慧》《有感于〈超玄〉再版》《老子出生地之谜揭底》《老子出生地之谜被解开》。这些文章有的是对传统史学的意义的认识，有的是对《道德经》所包含思想的呈现，有的是对关于老子的热点问题的解说。其亦为《老子考辨》所涉及内容的扩展，有助于人们从现代角度重新理解老子、道家、道教的思想。

可以看出，《老子考辨》及本书试图全方位地对《道德经》诸问题进行现代解析，并试图从《道德经》的现代应用来说明其价值。著者在工作之余，历经多年，为世人呈现了较为全面的老子思想旨要，其对补充现代老子思想研究具有一定意义。本书的缺点是内容的选择有拼凑之嫌，某些内容稍显牵强。（包力维）

道教宝鉴

《道教宝鉴》，杨光文主编。台北：中华道统出版社，1998年9月出版，精装，25开。本书为杨光文所著《道教人物要览》及赖宗贤选编《道教经典文选》之合印本。

杨光文，1952年生，四川成都人。曾任四川大学道教与宗教文化研究所研究员，撰有《中国宗教名胜》等书。赖宗贤简介见《台湾道教源流》提要。

本书包括《索引：词条目录》《道教人物要览》与《道教经典文选》两部分。《索引》与《道教人物要览》为杨光文前揭著作之正体字版本，合计565页；后者为中华道统出版社精选的道教经典精华之作及其提要说明，计214页。

《索引：词条目录》依道教人物首字笔画编排顺序，《道教人物要览》所收人物，包括别名、道号、受封之赐号、谥号等，共收3481条，凡姓名或道号相同者，皆另立一目，使之独立成条、不相混淆。纪年则以旧历为主，并加注公元纪年，方便读者转换。如"祖天师"张道陵之历代封号，在"三画：三"中，即分立唐僖宗所封"三天扶教辅元大法师"及宋理宗所加封之"三天扶教辅元大法师正一静应显佑真君"两词条；"四画：王"中，亦将全真道祖师王重阳、王害风分别立一词条。如此的举措，的确方便学界、教内同道及一般社会民众的检索与阅读。

《道教经典文选》所收经典，计有《道德经》《南华真经（内七篇）》《清静经》《黄帝阴符经》《太平经》《五斗米道经》《周易参同契》《度人经》《抱朴子内篇》《上清大洞真经》《太上黄庭内景玉经》《太上黄庭外景玉经》《重阳立教十五论》《悟真篇》14种，涵括先秦道家、早期道教宗派（太平道、五斗米道）、外丹服食、上清、灵宝、内丹炼养、全真道等范畴，可见作者之用心。

然而，作者在选编时，各经提要未标示出著者姓名或节录自何书籍，部分经典仅有提要而未附经典原文，如《太平经》《五斗米道经》《抱朴子内篇》《重阳立教十五论》；并将《老子想尔注》称作《五斗米道经》，若读者未翻查提要，容易引发困惑。此外，在宋代以后，仅列出紫阳派张伯端祖师的《悟真篇》与全真道王重阳祖师的《重阳立教十五论》两种，但张继先天师的《明真破妄章颂》、白玉蟾真人的《道法九要》、张宇初天师的《道门十规》、全真中兴之祖王常月真人的《龙门心法》等书，亦为宋、明、清三代的重要著作，可以看出雷法修持、道门源流、炼度规制、日用工夫等重要层面，却未能见载于本书，成为遗珠之憾，是较为可惜之处。不过，作者的弘道精神与实际行动，仍是吾人所应称赞并加以效法的。（李建德）

重新发现老子

《重新发现老子》，张远葆著。广州：广州出版社，2001年8月第1版，精装，16开，540千字。

张远葆，1941年生，广东潮阳人。1960年考取上海交通大学传动系，1980年写成论文《关于扭振计算新方法》，获得广东省1980年科技成果最高个人奖。其间从事科研方法、读书方法、哲学、数学等领域的研究。其所著《周易本意》受到较高评价。本书是著者在老子研究领域的代表作。

本书使用考字、会意、核实和概念结构化的方法，将《老子》原著及《老子衍》之类的释作，放在全文化基础上进行研究。全书分六篇："问题的发现""问题的提出""怎样认识老子""十六字说""第一概念""《道德经》的卦结构及其自圆之说""《道德经》易说"，从科学、哲学等诸多视角来理解《道德经》。作者认为发现科学和哲学所要阐明的重要观念早已存在于老子《道德经》思想之中了。如：道风＝场；道汜＝信息；道常、普＝基因；道隐（善贷善成）是熵减；玄德＝生机；不害、不争的最优化观念；无为、大顺表现的最小作用原理；万物由三定性而定的范式及其三维辩证法。这些科学概念与《道德经》的概念具有意涵上的相似。作者认为，老子用他结构完整的观念体系构造了自然"存生"的道德哲学，其关于认知如何合乎自然、人为如何合乎天然的一系列先见，被西方两大哲学流派所印证。

本书试图通过结构化的"人造天网"还原老子的求道之理论，认为道作为自然的终极原因，就应与最新科学兼容。因此常以现代科学之发现和术语，来理解老子之道。著者强调，尽管其提出了道与现代科学相对应的自圆解释，但这永远是解释而已。而最重要的仍然是老子哲学的原文，不能用现代人的流行术语去解释它。著者以现代理论解析《老子》，其勇气可嘉，努力值得称道，然而，这种绕过传统训诂和考据的学问方法，虽然有可能达到理论的"自圆"，然而却少了一步一个脚印的实在。（包力维）

发现老子

《发现老子》，杨润根著。北京：华夏出版社，2003年1月第1版，32开，318千字。该书2007年华夏出版社再版。

杨润根，1957年生。江西师范大学古籍研究所研究员。发表的《论中国古代文化中的现代化资源》《老子大义导言——对中国文字、语言、经典及其哲学思想和历史文化传统的全新探讨》《中世纪的经典解释方法的批判与反思》《训诂学的批判》《现代与中世纪的对话》《被敌视的真知》等作品，因其言辞的犀利和尖锐，以及对中国古典文化的超出传统训诂理路的解读而备受争议，特别是"发现系列"（《发现老子》《发现论语》《发现大学》《发现中庸》《发现孟子》等），一方面备受学界的批评，另一方面也得到部分读者的追捧。

本书是对《老子》的现代释义，是对老子思想的一种全新解读。全书以文句的"注释"和《老子》各篇章的"全章译解"对《老子》全文进行细致解释，并就传统中对《老子》的不同理解进行褒贬不一的评价。就其论述而言，著者希望以现代概念释出《老子》之原初意涵。按其说法，是以一种现代的语言形式再现古代之微言大义。著者试图以符合现代概念逻辑的方式来还原《老子》的文本所想要表达的意涵，这种对于古人微言大义的"再现"当然是要打破对于《老子》之解释的常规方法，而走向一种颇具颠覆性的认知。

就《老子》的义理之讲解，可从开篇就言明的道的认识看出，著者实际上是将"道"看作一种类似于西方哲学之"本体"的概念，并将这种本体作为世界之发生的根据。如其认为老子的道的概念指的是世界的本体，自然的本原，存在的本质，整个世界从其中出发和从其中产生的已经经历、正在经历，并将继续经历的全部历史之路。这种对于道的解读，不仅深受西学影响，也富有著者自身的认知特色。他以一种作为整体的世界本身，或作为一种形而上之对于世界的抽象，来看待老子之"道"。这既表示了著者基于人之共通的理性能力而对东西方思想之贯通所做出的努力，也体现出其试图超越传统训诂的《老子》的解析思路。可以从这种解读中看见古老思想与现代观念的遥相呼应，但也发现单纯从哲学视域的认知对于领悟《老子》之道的不足，著者的创造几乎是形而上学地对于《老子》的解释。

毋庸置疑，本书中存在一些对于原典的望文生义、断章取义的解析，虽然这也可看作著者对于传统训诂的突破的努力，然而，这种有些武断的、个性化的思想解读，并不可能一劳永逸地破解《老子》之奥秘，也不可能将《老子》的理解带入真正的开放之中。如果这里有所创建，那也只是为《老子》注释的多样的历史见解再添加一种思想的构型。（包力维）

陶弘景丛考

《陶弘景丛考》，王家葵著。济南：齐鲁书社，2003年3月第1版，32开，366千字。

王家葵，字曼石，斋号玉吅，1966年生，四川成都人。医学博士，成都中医药大学教授，山东大学宗教、科学与社会问题研究所兼职教授。

本书于绪论之后分五章十五节，并有附录：陶弘景传记资料汇编和陶弘景事迹类编。书末有文献征引一览与后记。正文分五个专题，分别为：陶弘景交游丛考、陶弘景著作丛考、《真诰》丛考、陶弘景书法丛考、新订华阳陶隐居年谱。著者从陶弘景所处南北朝时期历史环境的考察入手，进而对其交游、著作进行一番钩沉，挖掘正史、野史的有关史料，解读陶弘景充满矛盾而引人争议的一生，比较客观地勾勒出陶弘景作为宗教学家、学者、书法家的形象。

本书注重将人物品论置于其生活的时代环境。如第一章陶弘景交游丛考，著者以陶弘景交游人物为线索，对与六朝宗教史密切相关的几个重大问题，如梁武帝对三教的态度、陶弘景礼塔受戒的动机、上清派的传授次第等略做探索。"陶弘景与梁武帝"章节，讲述陶弘景入梁后的遭遇，描述了一个抑道扬佛的梁武帝和身为道教领袖而不得不曲意逢迎的陶弘景。陶弘景礼塔受戒现象，是研究六朝佛道关系的重要问题，也是陶弘景佛道双修备受争议的焦点。从傅勤家著《中国道教史》以来，几乎所有的研究者都将此事视为齐梁佛道交融的例证，从未深入分析陶弘景礼佛的真实原因。著者在诸方面做了深入发掘，认为陶弘景此举实非出于自愿，而是为维护茅山道众的生存，不得已而为之。陶弘景悼沈约诗"我有数行泪，不落十余年。今日为君尽，并洒秋风前"，应是陶弘景被迫受戒后痛苦心境的写照。而其入梁后对武帝之小心翼翼，如化名出走、与梁武帝论书、进《周氏冥通记》、两次自杀等一系列事件，都可作为证明。在"陶弘景与沈约"章节中，陶弘景与竟陵八友特别是沈陶的交往，反映了齐梁时期政治、宗教和学术的交互影响的时代背景，也为陶弘景主张三教融合提供了有力佐证。在"陶弘景的道教师承及门生法嗣"部分，著者对比了茅山派前代宗师，确认陶弘景是上清派的真正开山祖师，而非承袭自陆修静，且王远知亦并非陶弘景衣钵嫡传弟子，揭开了陶弘景师承授受的一个网结。

本书在陶弘景著作考证方面花费了比较多的气力。《梁书》谓陶弘景"性好著述"，内容遍及四部，涵盖面之广，堪称古今第一人。著者将历代著录的陶弘景著作80种列表；根据文献记载的线索，对陶弘景的一些遗著予以搜集，进行真赝论辩与存佚考察，尤其着重研究被收藏于《道藏》太玄部的《华阳陶隐居集》，将之与其他不同版本进行对比分析，肯定陶弘景在医药学、冶炼、历算、兵法、书法等多方面的造诣，指出他是南朝一位学识渊博、多才多艺的大学者，对我国医药学、冶炼学、天文学的发展均做了有益的质献。著者认为，陶弘景最大的成就在于对道教的贡献。通过对《真诰》的考证，本书不仅明晰了上清经文的降授次第，更窥见该派主张、政治动机以及陶弘景的宗教思想，具有重要的文献学价值。著者通过《瘗鹤铭》的考证，高度评价陶弘景的书法成就。

总而言之，本书充分肯定了陶弘景在宗教、医学、书法、文学、炼丹等方面的成就，认为陶弘景主张三教融合，继承《上清》经法，开创茅山宗，是南朝道教中最有影响的人物，对后世道教的发展，影响深远。（赵晟、田素美）

北魏道教领袖寇谦之

《北魏道教领袖寇谦之》，韩府著。太原：山西人民出版社，2004年7月第1版，32开，376千字，系"大同历史文化丛书"之一种。

韩府，1974年生，山西大同人。现任中共大同市委党校教授；多年潜心研究中国传统文化，并从事文学创作；出版《札记·评论·研究》《历代咏云冈石窟诗萃》《耍孩儿传统代表剧目选》等10部著作。

本书于引子之后分八个章节，书末附有尾声。该书的主要特点有三：第一，追溯师承关系，论说寇谦之深厚的道教文化素养。例如第二章侧重考察寇谦之与颇具神仙传奇色彩的师父成公兴相遇、相识且一同修道的过程，提出寇谦之跟师父成公兴所学习的主要是医学、佛学和天文历算三个方面的知识。第三章讲述寇谦之遇太上老君得授天师之位，以及遇仙人牧土上师李谱文得传真经与法旨，并与道教先贤相识的传奇故事。通过这两层铺垫，一位道教饱学之士的形象即跃然纸上。第二，透析社会背景，展示寇谦之清整道教的必要性和能力。著者指出，寇谦之出山辅佐北魏太武帝拓跋焘，通过结识并收朝廷重臣崔浩为徒，得以在一片崇佛的环境中重振道教。可以说，在寇谦之改造道教之前，道教组织已经表现得相当无序了。鉴于此，寇谦之着手清整改革旧天师道。在政治上，寇谦之与当朝统治阶级站在一起，维护统治阶级利益；在经济上，寇谦之要求神职人员廉洁自律，减轻教民负担；在组织上，寇谦之采取措施加强内部管理，建立健全科律仪范，详细规范神职人员的名称和职权范围；在制度上，寇谦之增订了戒律和斋仪；在教义上，寇谦之大量吸收儒家和佛教的精华，使道教一方面更加汉化、士族化，另一方面则更加具有宗教的特质。第三，抓住关键事件，彰显寇谦之作为道教领袖的历史作用。例如第七章，介绍寇谦之受到统治阶级的器重和礼敬，得封天师兼国师，天师道作为北魏国教因此兴盛和发达，而寇谦之的整个家族也得到了重用和尊荣，其一时之风光与得势可见一斑。在第八章中，著者指出，在寇谦之得到太武帝宠信时，一方面是道教地位得到提高，另一方面是佛教遭到灭顶之灾，酿成了震惊古今的"太武灭佛"恶性事件；但物极必反，在寇谦之过世后，新天师道在与佛教的较量中失败，逐渐式微。

本书认为，在烽火连天的乱世，寇谦之通过个人的智慧和努力，借用宗教的威力和影响，取得帝王与忠臣的信任和拥戴，由一名小道成长为一代宗教领袖、国师，并使道教随之复兴。其事迹耐人寻味，其所表现出的宗教与政治之间的关系，更是发人深省。（赵晟）

无极老子

《无极老子》，崔波著。北京：中国文联出版社，2004年8月第1版，32开，315千字。

崔波，1953年生，安徽太和人。毕业于安徽大学中文系。历任安徽省阜阳地区文工团乐队队长，阜阳市文联副主席，市作协第二届主席，安徽省作协第二届常务理事、第三届主席团委员，省散文家协会副主席。1995年加入中国作家协会。

本书的特色是将人们耳熟能详的老子生平历史改编为曲折、完整、逻辑通顺的故事，情节具有很强的戏剧性，而描述既富有想象力，又给人一种现实感。因此，其创作符合广大人民群众的艺术品位和理解力。实际上著者也将本书改编出来，作为电视剧《老子》的剧本。本书包含了著者对于老子传奇人生的理解，也包含了著者对《老子》之由来的理解。从老子的抗争、觉悟、弃绝，从其理想中，也可看到著者对《老子》的个性化解读。若言本书有什么不足之处，则在于著者通俗化的解读中，也存在着一些过于讲求小说文路而简化老子思想的问题。这些问题虽然在演绎老子人生的过程中难以避免，然而作为一部类似老子传记的小说，更为深入理解老子思想也应是著者的努力方向。（包力维）

杜光庭评传

《杜光庭评传》，孙亦平著。南京：南京大学出版社，2005年3月第1版，32开，421千字，系"中国思想家评传丛书"之一种。

孙亦平简介详见《杜光庭思想与唐宋道教的转型》提要。

本书于导言后分十一章三十九节，文末附有杜光庭年谱、参考书目及人名词语索引。在导言中，著者回顾了国内外有关唐宋道教及杜光庭的研究资料及成果、存在的不足；著者的研究内容、研究方法及研究视角，杜光庭的道教思想在历史上的地位。正文内容有：杜光庭思想出现的时代背景、杜光庭的生平事迹与著作、对汉唐老学思想的总结与发展、宇宙论的特色、重玄学的运用、心性论的建构、修道论的进路、对天人合一神仙世界的归纳、对斋醮科仪的整理与发展、对道教文学创作的贡献、杜光庭思想对道教发展的影响。

本书特别重视第一手史料的辨析与应用，著者对于各种有关杜光庭的文献进行深入细致的查考，体现了扎实的史学功底。

作为人物评传，分析人物思想是攸关重要的。如何分析，站在不同立场、不同角度将会有不同的看法。本书将杜光庭放到特定的历史条件下和整个中国道教发展的进程中加以考察，寓思想阐述于唐代道教的特点以及唐宋道教的转型的探讨之中。如第一章论说唐代道教的多向度发展，指出杜光庭在总结前人道教理论与实践的基础上，吸取儒学、玄学和佛教中的精华，并且不断创新。杜光庭提出以“心”沟通人与道，主张人人皆有道性的思想，推动了唐宋道教的转型和唐代道教的多向度发展。

本书也注意借鉴哲学、宗教社会学、宗教地理学等不同的学科方法，解读杜光庭的天人合一修道论，将心性论与修道论的分析结合起来。著者指出，杜光庭心性论实为其修道论的思想基础；基于修道的要求和路向，杜光庭将重玄学的思辨转向了对人的生命现象的思考，从心性、道性的角度将道与众生联系起来，从“一切众生皆有道性”的思想出发，说明众生性与道性的不可分离性，这种对天道的淡化和对性命的强调也促进了内丹心性学的兴起。

本书坚持辩证的观点，客观评价杜光庭。著者认为，杜光庭虽然是一名宗教家，但是其理论是为道教信仰服务的，难免存在一些局限性和自相矛盾之处，甚至对人的思想和社会发展起到一定消极作用，但他对生命本真的追求、对现实社会政治的关注，以及大力阐扬的道教“经国理身”的终极理想中所蕴含的顺应自然、尊重生命、提升道德、关怀社会等具有浓厚现实主义情怀的济世精神，即使是今天仍有不小的启迪作用。基于以上认识，本书很自然地归纳了杜光庭的历史地位，指出杜光庭既是唐代道教理论的集大成者，又是宋元道教发展的启迪者，在道教发展历程中起着承上启下的作用。这些评价既有充分的文献依据，又展示了一种历史逻辑，令人信服。尽管这部著作在一些方面的分析还有待深入，但就总体而言，无疑是一部比较全面概括杜光庭一生文化建树与贡献的严谨学术著作。（赵晟、田素美）

陶弘景评传

《陶弘景评传》，钟国发著。南京：南京大学出版社，2005年7月第1版，32开，490千字，系"中国思想家评传丛书"之一种。

钟国发简介详见《香港道教》提要。

本书正文分上篇"时代与生平"和下篇"思想与学术"，共十章三十节，文末有结语，其后还附有寇谦之评传、陆修静评传、寇谦之陆修静陶弘景年表、寇谦之陆修静陶弘景撰述书目表、参考文献要目，以及人名词语索引。上篇包括五章，分别为：时代氛围；伤宋：蹉跎红尘；蓂齐：逍遥山林；随梁：奈何浮名；身后是非。下篇共五章，分别为：哲学思想：天人关系；道教教义之一：基本教义与体制；道教教义之二：神灵与有关方术；科学技术：方术与实证精神；文学艺术：天人合一的审美意识。正因为陶弘景备受争议，所以本书力图通过其生平事迹的深入考证为其正名。著者描述陶弘景历经坎坷的人生，寻找他归隐山林的原因，指出除了他对道教的领悟与成就，还有仕途的淹滞和人生的不得意。关于世人争议的道佛双修的做法，著者认为这与当时梁武帝萧衍佛教信仰以及"兴佛抑道"的政治统治举措有关，并非陶弘景本人所愿。"佛道双修"是当时政治强压下陶弘景的明哲保身之举，此举措也客观上带来了其创建的道教派系的壮大。至于他放弃"白日升仙"的理想，则是其科学精神所致，但这也让他内心陷入了佛道认知的困惑，使其道教宗师的身份遭到长久的非议。家庭氛围的熏陶、年轻时期的仕途经历以及佛道双修的处境，促成了他融会三教一体的愿望。

在经过了层层铺垫之后，著者概括了陶弘景的思想文化贡献，指出他为中国道教在公共关系、教义整理、哲学创新、组织体制和教团建设五个方面做出了不可磨灭的贡献。著者将陶弘景定位为中国古代思想界的一位奇人，好学不倦，好奇心旺盛，将科学的实证思想与宗教式的自由随想融合一炉，更意图打造融汇三教一体的大道教，为读者勾勒出一名求真、求实、求善、求美，追求自由与精神圆融至境的文人学者式的宗教家形象，一个百科全书式的大学者。（赵晟、田素美）

岭南道教先驱潘茂名

《岭南道教先驱潘茂名》，张均绍编著。广州：广州出版社，2006年4月第1版，32开，152千字。

张均绍，系广东高州市社会科学联合会干部。

本书目录前有图片20幅，总标题为"浮山故里"，内容主要是潘茂名诞生地的环境、祭祀祠观以及井园等历史遗迹。全书由序（前言）与其他11部分组成。前言中，著者明言，该书"并非纯粹的学术性著作，而是将学术考证与民间传说相结合而成的历史人物集成作品"。著者介绍说，对潘茂名的系统研究始于清代光绪年间谭应祥编写的《潘仙全书》，约一万余字，国内仅存一册残缺孤本。这部著作正是以《潘仙全书》为基础，经过新的资料调查和补充，最终完成的。

本书第一部分为"生平小传"，共分"天生聪颖，不受羁縻"，"悟破棋理，道人传秘"，"习静后山，潜心修炼"，"寻师学道，参悟无为"，"会晤葛洪，切磋道艺"，"隐居观山，炼丹济世"，"赠医送药，降伏瘴疠"，"率众求雨，祈降甘霖"，"摆渡镇洪，救护黎民""累征不起，弃政从道"，"功德完满，天下扬名"等11小节，相对全面地介绍了潘茂名的一生及其主要功绩。

从第二部分到第十一部分，分别为：朝廷特赐、签语评注、道教文化分析、炼丹概要、潘仙遗迹、碑记选录、诗词礼赞、民间传说、史料选载、经书标句。在这十个部分里，既有关于潘茂名道教思想产生的背景陈述、修炼情状记录、思想主张的分析，也有潘茂名活动遗迹的考察、相关碑文资料的整理汇编。如果说第一部分侧重于叙说，那么从第二部分开始则侧重于相关问题的追溯和资料的整理，由此可以比较全面地了解潘茂名的修道事迹及社会影响。（谢清果）

成玄英评传

　　《成玄英评传》，强昱著。南京：南京大学出版社，2006年6月第1版，精装，32开，432千字，系"中国思想家评传丛书"之一种。

　　强昱，1964年生。1996年任教于北京师范大学哲学与社会学学院，现为该院教授。主要研究道家与道教，专著有《从魏晋玄学到初唐重玄学》《知止与照旷——庄学通幽》等。合著数种，论文多篇。

　　本书分七章二十三节，文末附有参考文献、人名词语索引。著者在开篇即介绍成玄英是初唐著名道教理论家、重玄学最主要的思想代表。著者指出，重玄学继承了魏晋玄学与佛教中观学等认识成就。为了彰显重玄学的思想内涵，著者运用哲学分析方法，诠释以成玄英为代表的重玄学在唐代的发展情况，认为重玄学在以往文化成就基础上解释主体自我存在问题，合乎逻辑地将中国哲学推进至心性论的新时代，建立了中国哲学史上第一个包含本体论、存在论、方法论、修养论、心性论、意义论的完整哲学体系，实现了相当于先秦老庄学与魏晋玄学的老庄学的第三期发展。成玄英不仅为道教教义的成熟做出了划时代的贡献，而且为日后道教内丹学的发展奠定了坚实的形上学基础。

　　本书有两个主要特色。其一，通过对比，彰显成玄英重玄学的思想内涵、基本特征。其二，着重从哲学核心议题入手揭示成玄英重玄学的价值意义。

　　在本书末尾，著者也概括总结了成玄英对郭象哲学的赞扬与批评，以辩证的视角看待各个学派认识哲学的成败，再次强调了成玄英重玄学对中国哲学做出的理论贡献正是统合王弼与郭象哲学之长，运用本体论与存在论哲学，揭示自我存在的价值与意义，最终推动了心性论哲学在本体论哲学的基础上发育和成熟，展示了道教的思想巨人精神创造的历史风貌。

　　本书虽然是关于成玄英的评传，但在内容上却广泛涉及道家思想发展、变革的历史。著者对郭象玄学与成玄英重玄学的对比多有着墨，认为成玄英在继承中批判与超越的学术品格，为中国哲学发展树立起一个光辉典范。著者追溯重玄学的生长历程，为考察道教思想的发展演变直至成熟与圆满提供了一个可以诠释的视角，其基本启示是：思想文化的多元发展是造就兴盛发达社会最为可贵的力量，而道家能够在中国漫长的历史长河中不断闪耀着思想光芒，与其不断创造的精神与海纳百川的博大胸怀是分不开的。（赵晟）

郭象评传

《郭象评传》，王晓毅著。南京：南京大学出版社，2006年8月第1版，精装，32开，348千字。2011年4月再版，改为平装16开，全二册，系"中国思想家评传丛书"之一种。

王晓毅，1954年生。历任山东大学文化学院讲师、副教授，1994年破格晋升教授。1999年4月获国务院颁发的"政府特殊津贴"，2001年9月调入清华大学人文学院思想文化研究所，现任清华大学教授、博士生导师。主要著作有《儒释道与魏晋玄学的形成》《王弼评传》等。

本书前有丛书序、前言，之后附有"向秀评传"三章，然后才是"郭象评传"四章，最后还有附录、索引、后记。

作为一部有关郭象及其《庄子注》的评传，著者认为仅涉及郭象并不能够完全展示郭象的思想全貌。历来关于郭象《庄子注》是否就是抄袭向秀的《庄子注》的争议也是持续不断。因此本书最大的特点在于它不仅仅是郭象的评传，而是向秀、郭象及其《庄子注》的评传。

至于郭象《庄子注》的创新处，著者认为有以下几点：一是融合了儒释道的思想。虽然著者没有提出直接证据表明郭象确实融合了佛家思想，但通过指陈当时佛教思潮的涌入现象，著者认为这本《庄子注》也受到了佛教思潮的影响，只是这些部分因为佛教与道家的表述类似，因而被掩盖在了道家的叙述之中。当然，对郭象影响最大的还是魏晋玄学，尤其是何晏、向秀与裴頠的学说，对郭象影响最大。但郭象最大的特点还是利用诠释去发挥自己的思想，正如刘笑敢教授所说的，中国古代诠释方法存在两种方式，一是"文义引申式诠释"，王弼《老子注》是代表作；二是"自我表现式"诠释，郭象《庄子注》是代表作。著者认为，郭象的方法主要有三，即"迹与所以迹""寄言出意""辨明析理"。这些既是郭象对先前何晏、向秀与裴頠的继承，也有他的独到见解。

虽然郭象使用的方法是对之前玄学名家的继承，但著者认为郭象的《庄子注》是形散而神不散，虽然这是对《庄子》的注释，但通篇也体现了他"自生""独化"的观点。为了介绍这种思想，著者又分别从本体论、历史观、心性论、政治学说与人生哲学五个方面展开，去叙述庄子的"自生""独化"观点。

最后，著者梳理了郭象对东晋玄学理论创建的影响，这一部分也多是偏向历史梳理。总的来说，本书作为一部生平事迹与思想相结合的评传，做了大量的考据引证工作，但对历史爬梳得过于细致，以至于有时读者不能够把握其中相互关联的内涵；但反过来说，著者倒也继承了郭象"形散而神不散"的风格，让郭象的思想弥漫在这些史实之中。（杜恺健）

陈抟老祖——老子、庄子之后的道教至尊

《陈抟老祖——老子、庄子之后的道教至尊》，修功军著。北京：东方出版社，2007年9月第1版，16开。

修功军，安徽亳州人。原任职于安徽亳州市委宣传部新闻科，1989年陈抟家乡安徽亳州（陈抟故里有不同说法）举行陈抟辞世千年祭活动，盛况空前的研讨会触动了著者，萌生了研究陈抟的设想，离休后开始了对陈抟的系统研究。

本书比较系统地整理和研究了一代道教宗师陈抟的生平、传说和易学成就，对陈抟的著述进行了评点，具有较高的史料价值。全书分为五部分：大道陈抟、睡仙陈抟、艺术陈抟、传说陈抟、浅说陈抟。第一部分论述陈抟通过《周易》符号图解方式表征宇宙的生成和发展，指出涡水孕育了老、庄和陈抟三位道家名人，形成独特的涡水道家文化。第二部分重点阐发陈抟的内丹术，解释蕴含其中的深奥哲理，指出道教所传古代服气吐纳一类方术发展而来的内丹术，通过陈抟的丰富发展而日臻完善，从而取代了外丹术的历史地位。第三部分简括交代了陈抟的诗词和书画艺术。第四部分从散见于道教书籍、稗官野史和笔记小说之类文献中辑录出陈抟的轶事，并加以适当分析，指出此类故事传说多出自文人士大夫或道教徒之手，表达了民间对陈抟的尊奉爱戴，其中有许多故事有意附加了个人的想象和精神寄托。第五部分系著者对《易龙图序》《正易心法注》《阴真君还丹歌注》《观空篇》以及陈抟相术专著的读书笔记和

心得思考。

　　关于陈抟易学、易龙图和内丹养生的内容，本书进行重点论述，突出其现实意义和使用价值。著者认为：陈抟"四辞朝命"，独善其身，致力于创绘易龙图，传承河图、洛书的易学数理精髓，成为华山学派的开山祖师；陈抟专注于人体的内修内养，吐纳真气，天人合一，在我国养生性命学领域自成一家，成就卓然。陈抟提倡儒释道三教合一，博采众长，奠定了宋初以后道学和理学的基础，在我国传统学术史上居于重要地位，成为自老庄之后的道教尊师。

　　有关陈抟的易学、图书学、象学、数学和养生学等重要史料，在宋史、道教的《正统道藏》等历史文献中，基本上是真实的，但是有关陈抟的生平事迹在某些方面则带有道教的神秘色彩。著者本着尊重历史、正本清源、再现陈抟作为道家人物真实面目的态度，一方面查阅合肥、北京、上海等地图书馆、博物馆的相关文献史料，另一方面远赴湖北武当山、陕西华山、四川青城山等道教名山考察，搜寻陈抟的遗踪圣迹，收集流传在民间的有关陈抟的故事传说，努力揭开笼罩的神秘面纱，力图还原陈抟形象。（杨中启）

老子、庄子的做人绝学

　　《老子、庄子的做人绝学》，王少农著。北京：中国戏剧出版社，2007年版，全二册，16开，780千字，系"国学大讲堂"系列之一种。

　　王少农，四川泸州人。多年从事中国文化研究与文学创作。著有《重建中国人的信仰》《孔子做人绝学》《老子处世真经》《庄子除烦智慧》《孟子谋事胆魄》《孙子兵法成事之道》《易经成功智慧》《佛家人生智慧》《心灵的盛宴》《竹林七贤》等著作。

　　本书以通俗的语言介绍《老子》《庄子》著述思想，并以生动的笔触将老庄之"道"所包含的做人学问呈现给大家。其中，不仅对于老庄原文有着较为清楚和不拘一格的讲解，也以《世说新语》等故事中的人物为典范，为人们讲述老庄思想的启示，其如何在做人做事中得到贯彻。

　　就本书的写作思路而言，其划分"老子篇"与"庄子篇"，以所要表达的各种道理为主旨，分小节，讲解老庄所包含的人生态度、做人方式、终极追求等。

作为一部通识性的介绍老庄哲学的著作，本书将老庄思想与"如何做人"以文句解读加"讲故事"的形式有条不紊地结合在一起，对老庄思想所包含的"如何做人"的典范价值有着独到的看法。为了清楚地说明老庄的思想对于人之生活态度、生命追求的启示，著者从传统文化中汲取精华，所举例子信手拈来、不拘一格而又别具匠心。本书不仅为爱好老庄思想的读者提供了一个重新认识和理解的角度，也为读者感悟人生提供一些借鉴。然而，由于本书为一部畅销书性质的国学著作，并没有学术著作的严密性以及考据的充分性，其对《老》《庄》文句并无详细释义，所包含的一些认识也具有主观色彩。（包力维）

随心悟老子

《随心悟老子》，王海鸥著。长沙：湖南人民出版社，2008年6月第1版，32开，82千字，系"圣贤指路丛书"之一种。

本书是一部以浅显而生动的语言解读老子及其著述思想的通俗读物，将充满神秘感、同时为中华文化之典范的老子智慧以"人生道理"的方式表达出来，其中不乏有价值的想法和感悟，所感所言切合时代脉搏，离读者很近。

本书共分七章。作为一部介绍老子思想的通俗读物，试图将老子之思想化为一个个简明的做人原则，不同的读者可从中汲取对其有所启迪的道理。著者善于使用西方哲学史中的典故，解释老子之思想，也常常以寓言、故事来作为老子所讲问题的生动阐释。在著者的行文中，老子的思想更主要代表一种做人做事的方略，其原则可贯穿在人的日常生活中，人们也可根据老子的思想来正确面对自身的欲望，解决自身的困惑，同时清醒地做出人生的抉择。作为"做人方略"的老子思想正是著者之"随心悟"的基本指向。一方面，老子的思想落实于现实生活确有其意涵，另一方面，老子思想更有"自然之道""境界之道"，或是"政治谋略"之意涵，著者对这些内涵有所涉及，但并未系统说明。另外，就著者对老子思想之看法的举例说明而言，有的并不很合适。比如以苏格拉底的名言"我唯一知道的就是知道自己的无知"，来说明一味追求完美的弊端，就显得不太恰如其分。或将赫拉克利特的"太阳每天都是新的""人不能两次踏入同样的河流"与《老子》的"曲则全，枉则正，洼则盈……"的思想放在一起，两者虽然都有变化的意思，前者显然没有老子思想的辩证意涵。著者通过举例，确能使《老子》的道理变得浅显易懂，令本书内容更加生动，只不过，一味将老子思想作为人在日常生活中的策略，或者"鸡汤式的"呈现《老子》的外貌，是否能够真正地"悟"到《老子》之实，是我们应该有所思索的地方。（包力维）

李道纯道教思想研究

《李道纯道教思想研究》，王婉甄著。新北：花木兰文化出版社，2008年初版，精装，16开，约100千字，本书系《中国学术思想研究辑刊》第二编第二十八册。

王婉甄，现任台湾清云科技大学通识教育中心助理教授，以"道教文化"为主要研究范畴。本书为著者之硕士论文，另著有博士论文《西游故事与内丹功法的转换——以〈西游原旨〉为例》。

本书分为六章。第一章绪论，论述本书的写作动机、研究的程序及论文所欲达成的目标。第二章李道纯在道教史上的地位，首先从宗教教团与客观政治环境的关系、李道纯道教思想的特色两个论点切入，对李道纯生平进行考察；其次，对李道纯撰作著述，作全面性的掌握与解题，进而观察李道纯在宗派法系与道派传承两方面的传承。换言之，从知人论世的角度，确立李道纯作为"元代著名道教理论家"，且融通南北宗思想，开展"中派学说"之道教史地位。第三章李道纯三教合一之思想基础，从"三教合一"的历史渊源开始，从宇宙论、心性论等思想范畴，考察李道纯在宋元"三教合一"的思想氛围下的表现及其异同，并从三教会通的各个范畴中，提出心性理论。第四章李道纯会通儒释之心性理论，因三教均将哲学问题建立在心性的归求上，本章研究聚焦于李道纯心性论的表现，即从李道纯诸多道教思想中，厘清分判其心性理论之儒道与道释会通的特色，探究其如何在儒、释、道三教思想的融摄中，结合道教内丹"玄关一窍"的说法，开展别具特色之"中派理论"。第五章李道纯性命双修之内丹功法，从修心炼性、顿渐法门以至于守中致和，在内炼成丹以体道之工夫修养上的表现，并整合、比较李道纯内丹思想与金丹南宗、全真北宗修为理论上的传承与相异。第六章结论，对李道纯思想做一全面性的观照与阐释。

本书学术贡献谨列于下：一、因为全真道史并无著录李道纯事略，碑铭刻记亦乏直接史料，李道纯生平事迹只能散见于地方志，本书以李道纯传世的十部作品著述解题以窥其思想梗概，罗列谱系与理论承继以明其道派法系，从而建立其在道教史之地位。二、著者将儒、释、道三教的互动关系区分为四期，继之观察李道纯融通三教思想，提出"三教合一"作为立论体系的显著特色，最后比较异同，作为李道纯融摄三教义理上的检讨。三、著者从李道纯融摄儒家"已发未发"以及禅宗"明心见性"的观点出发，进而发衍李道纯将"中和"观念结合"玄关一窍"所开展的"中派学说"。四、著者论述了李道纯性功的修心炼性，命功的顿渐功法，及以"玄关一窍"作为内丹归求功夫所系之至玄至妙机关。五、著者点出全精、全气、全神之"全其本真"作为基点，逆推炼精化气、炼气化神、炼神还虚之性功与命功的修炼功夫。（郭正宜）

陆西星的道教思想

《陆西星的道教思想》，郭启传著。新北：花木兰文化出版社，2008年初版，精装，16开，约100千字，本书系《中国学术思想研究辑刊》第二编第二十八册。

郭启传，1962年生，台湾桃园人。现任醒吾技术学院通识教育中心助理教授。专长先秦思想史、古书版本学。另著有《太初之道：圣在世界秩序的展开》等书。编著《台湾历史人物小传：明清暨日据时期》等书。

本书总共分为六章。第一章前言；第二章陆西星生平；第三章陆西星的道教修法（上）；第四章陆西星的道教修法（下）；第五章房中术的源流；第六章结论。本书的处理重点，诚如著者所言，不在于陆西星其人如何，其历史地位如何，而在于其思想本身，此思想是指他对道教修行之思想，而不是一般泛指的思想。陆西星希望借此冲淡其技术层面。但丹经之传统用语，往往语多隐晦，故从字面上实难以看穿其底蕴。著者为了突破这个困境，采取比较对照的方法来剥除隐晦语言的外壳。因为这一套道教修行用语在五代以后即开始流行衍生，各家各派都使用它。但每一家都用这一套词汇组织其本身体系，体系中的每个词汇所代表的现实意义，亦随个别立场之不同而不同，而该词汇在体系中的相对位置也随之不同。著者提出这样的比较对照法就是从各家安排处理这些修行用语间的关系，及这些用语与实际修行的关系两方面着手界定各系统的差异。著者提出这样的比较对照法是具体可行的，颇有创见。因为透过这样的分析后，大抵可以归纳出双修法中龙虎丹法与彼家丹法的不同。（郭正宜）

老子智慧今说

《老子智慧今说》，巨天中、李放主编。北京：民主与建设出版社，2009年1月第1版，16开，210千字，系"北大周末国学课"之一种。

巨天中，1963年生，山东巨野人。担任中国国际周易联合会会长、中建堪舆研究院名誉院长、中国姓名学联合会名誉会长，巨天中国际文化公司董事长等职务。

李放，本名李保华。现为民主与建设出版社高级编辑。

本书是一部以现代观念理解老子智慧的著作，主要是从为人、做事、管理的角度来解说老子思想对人们的启示。本书以先贤格言加白话翻译再加现代新解的体例，为大家提供一个较易学习和接受的解说范式；以多达60条的思想内涵解说，呈现出一幅全面重新理解老子智慧的图景。不仅有"祸福相依，万法自然""知人者智，自知者明""防患于未然""不以事小而不为""心底无私天地宽"这样的对老子思想中的个体做事一般性原则的梳理，也有"'上善若水'的管理艺术""'黄老之治'的管理内涵""从管理学的角度看老子""老子的卓越领导艺术"这样专门从管理学视角认识老子之意涵的论述，还有"《道德经》是一部'兵书'""毛泽东品鉴《老子》和《庄子》""《道德经》与《圣经》比肩"等对于老庄思想的评价的介绍。内容丰富，所涉及的材料庞杂，但皆以老子智慧与现代应用的结合为方向。

本书的特色在于关注人的现实问题，并以老子智慧的现代说法，为人们提供一套方案，用以指导人们有条不紊地面对现实和管理现实。其首先关注

《老子》之"用"，而《老子》思想之确切意涵则处于次要位置，或者说，著者绕过了传统训诂的规范而对《老子》进行其在现代生活中的"有用性"的辩说。著者对老子的"今说"虽然有着一些创建，并符合部分读者的口味，然而并不十分令人信服。本书所归纳的老子思想之要旨一方面过于随意，一方面也有迎合"市场主体"的迫切需要的成分。并且，"心灵鸡汤"式的现代表述并不可能达到"老子智慧"之高度。可以看到，本书对于弘扬和传播中国传统文化具有一定意义，然而要准确传达经典之真实意涵，显然还需要著者实事求是地对其进行研读。（包力维）

读老子学处世之道

《读老子学处世之道》，王少农著。北京：海潮出版社，2009年5月第1版，16开，151千字。

王少农简介详见《老子、庄子的做人绝学》提要。

本书是继《老子、庄子的做人绝学》之后的又一部专注于老子思想的通俗读物。以处世道理为纲要，讲解《老子》各章意涵。没有按照《老子》传统的顺序写作，而是以著者"讲道理"的顺序开展，从老子的言谈中汲取19条为人处世的道理。

著者将《老子》看作一篇大的文章，而非一部书，他认为其中包含了"讲道""故事""寓言""辩论""祷告"等内容。总归来看，"道"是一气呵成的。在通读《老子》的基础上，著者创造性地加入了"老子反读""老子正读"，以别样的顺序再次理解《老子》原文。著者引导人们"反读"《老子》，给《老子》加上小标题，认为这些小标题作为书中的原句，可以高度提炼地说明《老子》本段话的主旨，全部串起来就是整部《老子》的思想要义，从而破译老子的宏大思想。而在重新"正读"的过程中，著者将《老子》全书分为三大部分：世界的创造、人类的堕落、上帝的拯救，将这三部分从《老子》中提炼出来，分门别类放一起。"创世篇"：讲上帝创造世界，道（圣灵）做工；"堕落篇"：讲人类的堕落；"拯救篇"：讲圣人（基督）拯救世人，同时也讲世人配合基督的救赎该做的自我修炼。著者将老子思想与上帝创造世界、人类堕落、基督救人这样的思想联系起来，并以这样的思想重新整理

《老子》之顺序，实乃对于《老子》的极为大胆的现代阐释。

本书之附录，即其"反读""正读"《老子》所形成的思想是本书之创新，特别是在反读之时给予《老子》一个基督教的意涵，更是与传统意解极为不同。从本书主体所列的19个《老子》为人、处世之道理，再到后文的附录，著者打乱了《老子》原文的顺序，以全新的视角理解传统的经典，思路独到，所看到的老子思想之要旨与众不同。本书作为老子思想的一种新的现代理解，具有一定的创意。不过，将基督教思想比附于《老子》，并对《老子》文句在缺少全面考据和注释的情况下就进行了重新组合，是否能够真实地呈现出《老子》之要旨，还有待再做认识。（包力维）

丘处机：一个人与一个教派的传奇

《丘处机：一个人与一个教派的传奇》，赵益著。南京：凤凰出版社，2009年5月第1版，16开，229千字。

赵益，1965年生，江苏如东人。南京大学文学院古典文献研究所教授，研究方向为中国古典文献，重点在道家和道教，特别是唐宋时期的道教发展状况。著有《六朝南方神仙道教与文学》等多部学术著作。

本书分为两个部分，分别记述了丘处机生前之事与身后之事，前者称为"身前事"，后者称为"身后事"，分别记述了丘处机的生平经历，以及丘处机之弟子对全真事业的继承与发展。在本书中，著者对如下几个问题进行了分析和研究：1.丘处机之全真思想如何形成？ 2.丘处机如何促成全真教走上历史巅峰？ 3.丘处机西行与成吉思汗雪山论道的大致过程；4.丘处机死后全真教迅速走向衰弱的内在、外在原因。

作为一部文学传记，本书对学术研究具有如下启发意义：首先是著者在写作时所秉承的写实态度。中国文化传统中，"为长者讳、为尊者讳、为逝者讳"是个基本的法则，而在实际情况中，大多数人都倾向于在"讳"的基础上加"赞"，这一点在各种人物传记中更是司空见惯，而本书则例外。如写丘处机隐居修道和雪山论道之事实，能看出著者努力避免让丘处机沾染上玄虚的宗教特性；考察丘处机龙门悟道之事，著者用"真积历久，学道乃成"来概括，将长春的"斗闲"与丹阳的"斗贫"、长真之"斗是"、长生之"斗志"相比较，提出长春之道乃是通过长时间的修炼和体悟而得来，这一点在和道教研究相关的著作中极为罕见，亦是难能可贵。关于丘处机和成吉思汗雪山论道，著者对相关文献中的"一言止杀"进行了辨析和重估，著者的研究虽然去除了神秘特征，却为全真之"真"提供了一个新的注解，在对道教进行"祛魅"的同时，增加了魅力。作为全真高道，丘处机深谙老子主张的"大音希声""正言若反"的道理，"一言止杀"的夸张显然是后来者口耳相传的一种溢美之词，而非当初的真实情况。而从丘处机提出的"没有长生之药，只有卫生之道"，也可以证明他并非故弄玄虚之辈。面对此类情况，著者尽力使之归于平常，丝毫不传讹，从这个角度可以说该书虽然号称传奇，实为传实。

全真教在历史上的发展固然有外在社会背景做基础条件，但其性命双修理论却可以说是源远流长的，这其中既有道家哲学思想、魏晋玄学理论作为铺垫，也有隋唐的重玄学说以及本土原始道教理论的续传，道教由原先的民间方术走向全真之救民于水火之中，由个人追求长生的修炼走向融合儒佛、共同入道，这些内在的因素也是很重要的，但在本书中并非得到体现。

此外，全真教在丘处机殁后，迅速走向衰弱，著者将主要原因归于元朝统治者在宗教政策方面的平衡以及李志常之重修《老子化胡经》一书引发的宗教矛盾，这样的分析也有简单化之嫌。不过，作为一本人物传记，本书将教派的发展沿革、历史社会背景以及宗教教义结合起来，融成一书，既有文学艺术的趣味又有学术研究的深意，这还是难能可贵的。（林啸）

老子：冷笑着的智慧

《老子：冷笑着的智慧》，曹勇宏著。北京：中国发展出版社，2009年6月第1版，32开，120千字，系"人文丛书"之一种。

本书对老子这一中国文化史上最扑朔迷离的人物"其人""其书""其智慧""其语言""其薪火"等进行了通俗的阐释、生动的演绎。老子论说之深邃哲思被后世所汲取、所传承，其与儒家和佛家思想构筑起了中国传统的文化内涵。而该书正以平易且幽默的语言展示出老子其人、其思想之内涵，勾勒出老子之影响、其传承的生动画卷。全书分正文和附录两部分。

本书为一本认识《老子》、熟悉《老子》的入门书，也是传播老子思想、推广中国传统精神的宣传著作。作为"人文丛书"之一，本书不仅以人文知识的传播为目的，更是以从现代人的角度来畅想被称为"圣贤"的老子的人生是如何，其抉择、其努力的动机是什么，其思想之精华为何。对于读者来说，走近这部书中所呈现的"老子"，不仅是走近了一个历史记载中的老子，也是走近了一个真实的人。本书使人在理解老子思想的主要意涵、其历史传承的基础上，更能使人思考作为现代人，我们的人生意义如何体现、生命的走向如何凝聚，我们的治国理政如何能更加行之有效。在"老子其人""老子的智慧""老子的薪火""老子的寂寞"等诸章能够看到著者对这些问题的思考的印迹，著者也为读者留下了充足的思索空间。本书虽然介绍《老子》不够深刻，但作为一本通俗读物，其思路之清晰、内容之完整，也为读者提供了进入老子思想的有价值的参考。（包力维）

驯服自我：王常月修道思想研究

《驯服自我：王常月修道思想研究》，朱展炎著。成都：巴蜀书社，2009年版，32开，299千字，系"儒道释博士论文丛书"之一种。

朱展炎，1979年生，广西昭平人。攻读博士期间主要从事明末清初全真道龙门派律师王常月的修道思想研究，博士后期间主要从事道教自我观方面的研究。目前已出版专著一部，发表专业论文数篇。现任职于四川大学道教与宗教文化研究所。

本书前有"儒道释博士论文丛书"缘起、序；正文于导论后分五章，后续以结语、参考文献；末有附录：王常月年谱新修。

正所谓知人才能论事，本书第一章从王常月生平及著述考证入手，先是追溯王常月生平行履、著述版本及其流传等问题。以此为切入点，著者从时代背景出发，考察了当时龙门派传承的几种路线，论述了王常月修道思想形成的相关因素。著者指出：一方面，当时全真道逐渐走向衰落，而明代中叶至清初全真道戒律松弛，玄风不振；另一方面，道派间的交流频繁，三教交融更是明显，这在全真道第七代律师王常月的著作《碧苑坛经》中体现得十分明显，该书对儒家内圣功夫及禅宗心性学多有吸收。

从第二章开始，本书围绕"驯服自我"主题展开论述。著者引用弗洛伊德关于"自我"的论述，认为"自我代表我们所谓的理性和常识的东西，它和含有热情的本我形成对照"，"自我首先是一个身体的自我，其遵循的是快乐原则，其目的就是为了扩展生命的种种可能，但自我同时也有渴望超越本我的'超我'成分，因而他们之间的冲突不可避免地反映在个体的生存之中"。著者认为，自我是一个向往快乐同时又受到"超我"限制的冲突个体，王常月对自我冲突的体认体现在三个方面，分别为个体自身的冲突、个体与他人的冲突以及个体与社会的冲突。著者指出，自我在世存在的这些冲突，可以说成为早期全真道和王常月修道生活的重要契机，对这种冲突的深刻认识，使得他们形成了自己独特的修道思想。为了克服这些冲突，完善自我，在王常月看来就得持戒、制心、见性。

在之后的三章，著者围绕持戒、制心、见性三个部分，分别叙述了王常月的修道思想。在持戒方面，著者主要分析了《碧苑坛经》中的三大戒"初真戒""中极戒"以及"天仙戒"；至于明心、见性部分，著者认为自我修行、弘法以及征得解脱是王常月修行的重要内容，同时也是驯服自我的基本方式。著者指出，王常月对"不朽"的渴求，既是对自我的确定、保存，也是一种自我的升华和完善。

在本书最后，著者对王常月的修道思想做了总结，认为王常月重戒律的取向奠定了道人修行的基础，其所确立的三坛戒为道教人才培养模式的改革做出了贡献，他对于心性的回归也确立了全真道的修行走向。与此同时，著者指出王常月的修道思想也有所不足，如忽视命功修炼，理论建构基础薄弱，轻视入世实践等等，这些都是王常月修道思想的欠缺。

作为第一本系统介绍王常月修道思想的专著，本书的主要创新之处在于：着重从自我冲突视角来看待王常月的修道思想，展示了王常月对于人生困境的把握与解决，这一独特视角是该书的最大亮点。当然，本书也存在一些遗憾，比如在后半部分，著者没有把精神分析贯彻到底，在某种程度上存在前后不一致的逻辑问题。（杜恺健）

郝大通学案

《郝大通学案》，章伟文著。济南：齐鲁书社，2010年1月第1版，32开，240千字，系"全真学案丛书"之一种。

章伟文，1969年生，江西临川人。现供职于北京师范大学哲学与社会学学院中国哲学与文化研究所，任教授之职。

本书分为三个部分。第一部分为郝大通评传，第二部分为郝大通著作辑录，第三部分为郝大通传记资料。

在本书中，著者收录《太古集》序四篇，内容四卷。四篇序中三篇为郝大通弟子所作，一篇为郝之自序；卷一内容为《周易参同契》简要释义并序，从本体论的角度论述了全真道修炼理论的依据；卷二为郝大通之易学旨要，图文并茂，简明扼要；卷三为郝所著之《乾坤生六子图》，此为郝大通关于宇宙生成变化的理论；卷四为《金丹诗》，收录郝大通所作诗三十首。总体而言，郝大通思想的主要宗旨体现在此部分内容之中。《语录》的内容是著者从《中华道藏》第27册《真仙直指语录》摘出，内容虽少，却颇为重要。

由于郝大通生前活动范围较广，交友甚多，其传记资料也相对较多。著者从《甘水仙源录》《金莲正宗记》《金莲正宗仙源像传》《历世真仙体道通鉴续编》《七真赞》《遗山先生文集·太古观记》《遗山先生文集·太古堂铭》选取资料。这些传记资料既有出自郝大通朋友之手者，也有郝大通弟子之记载者。著者较为全面地予以收录，这对客观全面地分析郝大通的思想有重要参考价值。

关于郝大通的身世，本书通过稽考相关文献记载，指出其为山东宁海人，家境饶富，事母至孝，兄弟三人，其二皆业儒，太古排行第二，独有出尘之姿。一个出生于业儒之家且深受儒家伦理熏陶的年轻人何以独有出尘之志，本书认为这与他喜读道家黄老、庄列之书有关。

郝大通修道功成后，开始利物度人，阐扬全真教风。其主要方式是修建宫观，广度有缘。郝大通弟子甚多，于全真各派中仅次于长春，这与他所悟之道有着内在联系。从郝大通的著作看，他的修道理论不但融合了儒家伦理、佛教修法，而且通过老庄道家的桥梁，溯源于《周易》本旨，他以先天大易为本体，以老庄道法为功用，一以贯之，有助于身心修炼，故能为其门徒所信奉。

本书所列参考书目，既有道教经典著作，也有许多当代宗教学的研究论著；既有宗教学方面的，也有历史学和文学方面的。可能因为篇幅所限，著者没有列出相关的参考论文，这对读者之需求而言，或许是一种缺失。（林啸）

李道纯学案

《李道纯学案》，李大华著。济南：齐鲁书社，2010年1月第1版，32开，170千字，系"全真学案丛书"之一种。

李大华简介详见《隋唐道家与道教》提要。

本书分为三个部分。第一部分是李道纯生平与学术思想，第二部分是李道纯著作选要，第三部分是李道纯生平资料。

在第一部分中，著者主要围绕四个问题展开论述，即李道纯生平事迹与著述、李道纯的修炼学说、李道纯论生死问题、李道纯论三教关系。著者注意到，李道纯生平事迹的相关记载比较含糊，甚至闪烁其词。李道纯的出生年月，以及何年何月卒，俱不得而知；唯一有用的信息就是李道纯在《道德会元·序》中说自己是都梁人，字符素，号清庵，别号清庵子。不仅如此，李道纯之师承、亲朋好友等等都是碎片式的记录。

关于李道纯的著作，著者考证有《三天易髓》《清庵莹蟾子语录》《全真集玄秘要》《道德会元》《中和集》《周易尚占》《台上升玄消灾护命妙经注》《无上赤文古洞真经注》等。这些著作既有教卜筮、心性修养方面的，也有道家道教经典文献注疏方面的，还有回答弟子问的。为了便于读者了解李道纯的学术思想，著者选择了有代表性的《中和集》《金丹妙诀》《全真活法》《歌集》，予以整理校正，为人们进一步研究李道纯提供了可靠的第一手资料。

关于李道纯的修炼学说，本书将其分为两部分，一是性命问题，二是玄关中论。在性命问题上，李道纯提出："性者，先天至神一灵之谓也"，"元始真如谓之性，先天一气谓之命"。李道纯在性命先后问题上，秉承的是道教南宗之命先性后的立场，只是强调命功要有性功的配合，但他却自称是北宗的全真道士。本书认为，这是李道纯试图通过淡化南北二派之差异，主张融合南北道教的观点。考诸金元时期的丹道派，南宗自有南宗特点，北宗亦自有北宗主张，不过两者都宗师钟离权、吕洞宾，彼此有其共同思想渊源。到了元代，两宗在思想上更趋于融通，这是有案可稽的。故而本书著者如此评判自有其根据。关于"玄关中论"，李道纯于《中和集》中提出："所谓中者，非中外之中，亦非四维上下之中，不是在中之中……道曰'念头不起处谓之中'。"本书认为，李道纯将老子的"守中"概念引入生命修炼理论内，而修炼必然涉及"火候"，对火候的把握便是对"守中"的理解。从这个角度讲，"中"即火候的恰到好处，这种恰到好处最重要的体现即是对时间的把握，这又必然涉及阴阳五行、四时变化。为此，著者又引陈冲素的观点，"殊不知真火本无候，大药不计斤"，著者指出，陈冲素的看法与李道纯的观点可谓相互形成，有助于修行者掌握火候操持的节奏、向度。

关于三教关系问题，本书指出：在李道纯看来，不惟道教给予修道人超越生死的力量，儒教、佛教也可以通过自己的方式做到这一点。所以，作为终极的东西，在三教中是异名而同实的。本书更引李道纯的原话说："金者，坚也，丹者，圆也。释氏喻之为圆觉，儒家喻之为太极。初非别物，只是本来一灵而已。"这样一来，儒、道、释三家都能穷达性命，李道纯为何要以"入道"形式来求得永生呢？这个问题涉及全真道存在的合法性，作为高道，李道纯显然不会不明白这其中的利害。李道纯一方面阐述"三教"在修持法门上的异名同实，另一方面却又着重建构金丹大道理论，并且付诸实践。本书对此进行了相当深入的分析，颇有启迪意义。（林啸）

刘一明学案

《刘一明学案》，刘仲宇著。济南：齐鲁书社，2010年1月第1版，32开，315千字，系"全真学案丛书"之一种。

刘仲宇简介详见《钦赐仰殿与东岳信仰——一个宗教人类学视角的考察》提要。

本书包含六个部分，分别是：刘一明生平综述、著作略考、思想评析、年谱、有关著作索引、论著选录。这六个部分反映了著者研究工作两个阶段的基本成果：一是文献收集整理，二是分析研究。对刘一明著作之索引、选录是基础性研究，也是整个研究的根本所在。

在本书第一部分"刘一明评传"中，著者围绕其修道过程展开论述，主要围绕三个问题展开：一是刘一明其人，二是刘一明的哲学思想，三是刘一明对《西游记》的独特诠释。这三个问题都关涉到一个共同的主题："刘一明是否系属全真龙门派？"著者认为："全真北宗所谓'先性后命'之'先性'是强调修炼内丹术前先要'炼心'。而南宗内丹修炼前的'炼心'同样不可或缺，只不过南宗内丹家是从狭义上理解炼己的，主要是指与筑基相结合的准备阶段，并没有像北宗内丹家那样同时还包含'炼性'的内容。""刘一明虽然受南宗功法影响主张先命后性，但他继承、发展了全真龙门派极重心性修炼的思想传统，强调炼己修心。"道教在金元时期因为修行方法的差异而产生了南宗、北宗，但他们追求的最终目标其实是一致的，南北宗的划分只是形式上的表象，真正追求大道者从来都是兼容各家的，不但道教如此，儒、佛二家也不例外。道教发展到清代，南、北宗的观念早已不似金、元时期，对刘一明这样一位高道，由健康问题而求道、由性命问题而入道，其所追求之道的重心与核心必定要回归到健康和性命上，而不会是南、北宗的差异问题。因此，"刘一明评传"引《悟真直指》说："性命之道，造化之道；造化之道，生生不息之道。"生生不息之道，才是全真之道。从这个角度看，应该对明清时期的"全真"给予一个新的界定。

关于刘一明的著述，本书选录了《修真辩难》《修真九要》《象言破疑》。这几部都是刘一明在修行过程中的经验记录，为道教文化研究提供了重要资料。由于古代道教派别较多，修行法门各异，各家各派都有自己的暗语，刘一明的著作也如此。本书在这方面做了很好的辑录，并且进行整理分类，部分难懂的地方还配图解释，这对理解刘一明的思想颇为便利。此外，著者整理的《悟道录》是刘一明修道心法的经验总结，唯有仔细研读才能理解个中真味。著者在本书开头中说，"刘一明的一生是修道的一生"，这是在深入理解、体悟刘一明思想基础上得出的结论。

值得注意的是，刘一明注重从各种不同角度来弘扬道教的修身法门，如《西游原旨》即通过对《西游记》进行深层次的生命意识解读，以揭示心性之术。著者认为，刘一明的这种解读起源于误解，即将丘处机弟子所撰之《长春真人西游记》误以为是《西游记》。但如果从著者所著《西游原旨》之内容看，则会发现著者不但清楚地知道《西游记》之篇章内容、主旨等，而且对《长春真人西游记》这样的著作也是了解的。然而，著者却力证《西游记》撰者即是丘处机，这除了他是刻意要如此解读外，就只能说明在他那个时代，《西游记》之著者本身就存在争议。（林啸）

马丹阳学案

《马丹阳学案》，卢国龙著。济南：齐鲁书社，2010年1月第1版，32开，340千字，系"全真学案丛书"之一种。

卢国龙，1959年生，湖北黄梅人。现为中国社会科学院世界宗教研究所研究员、博士生导师，儒教研究中心主任。主要著作有《中国重玄学》《道教哲学》《宋儒微言》《郭象评传》等。

本书内容分为三个部分。第一部分是丹阳评传，著者围绕马丹阳与全真教的历史关系展开研究，围绕四个问题展开，分别是马丹阳的出家事件、马丹阳的传教事业、马丹阳年谱和马丹阳著作考略。第二部分是马丹阳著作辑录，著者辑录了马丹阳的《渐悟集》《洞玄金玉集》这两部重要著作；此外还收录了《重阳教化集》《重阳分梨十化集》《重阳真人授丹阳二十四诀》以及《天星十二穴》。第三部分是马丹阳传记资料，其中包括：《全真第二代丹阳抱一真人马宗师道行碑》《丹阳真人归葬记》《丹阳马真人》《马钰》《清净散人》《孙仙姑》以及一些方志资料。这些内容的收录使得《马丹阳学案》更具完整性。

在《评传》中，本书深入分析了马丹阳出家入道前前后后的因素，如家庭的束缚、思想的障碍，以及王重阳的努力，十分透彻地表达出一个出家修行者所面对的种种问题。对马丹阳而言，在这一关头所承担的压力显然远大于一般人，因为他更缺乏理由。他生于富贵礼义之家，生活上的压力是不存在的，夫妻和睦，妻子允许他将求道作为业余爱好，可以说一切都处于"随心所欲"之中，而王重阳要求他出家修道则完全突破了他的底线。对于深受儒家文化影响的中国人而言，追求信仰从来都不是问题，而真正的障碍在于"出家"之关，"出家"不仅对求道者亲属而言难以接受，对求道者本人而言也难以面对，因为"出家"某种程度上意味着放弃家庭责任，而家庭责任在中国的文化中某种程度上等同于"为人"的标准，是人"是其所是"的依据。因此，在本书中，即使王重阳百般诱导，马丹阳究竟难以完全释然，这一观念甚至贯穿着马丹阳的一生，在他得道后，即使被官府遣送回府，他宁死抗拒的态度就可以得到说明。虽然他听从了王重阳度化，但这种放弃家庭责任或多或少还是带有一点糊里糊涂的意味，而这一行为也使得他内心始终充满着愧疚。

本书在丹阳传道内容中有一个观点是很有新意的，即"与地方乡绅联合创建教会，是王重阳带领其弟子同时也是早期全真教的核心成员们所开创的一种传教新形式"。本书认为，这种传教新形式与其核心成员的修道活动相结合，牵引互动，修道为传教提供教义基础，传教为修道者提供精神动力。毫无疑问，王重阳度化马丹阳正是这一观点的直接证明，而全真弟子后世的传教方式也多有效仿。这一点在其他学者的研究中很少被人注意到。

当然，由于篇幅问题，本书不能对所有问题面面俱到地予以分析，但有一个重要问题著者依然忽略了，即作为全真教的承上启下之关键，马丹阳与丘处机之关系，著者并未予以交代，王重阳羽化登仙前留下遗嘱说，"丹阳带领长春，长真带领长生"，但本书因着墨于重阳和丹阳之关系，而忽略了丹阳与长春之间关系的研究，无疑是个缺憾。（林啸）

谭处端学案

《谭处端学案》，赵卫东著。济南：齐鲁书社，2010年1月第1版，32开，140千字，系"全真学案丛书"之一种。

赵卫东简介详见《金元全真道教史论》提要。

本书分为四个部分：评传、年谱、著作辑录、传记资料。前两部分系著者原创性研究成果，后两部分为谭处端研究的资料汇聚。

在评传部分，本书用五个章节论述了谭处端的出家经历、修道过程、传教事迹以及著作思想，力图涵盖谭处端作为一个全真道士的方方面面，其线索明晰，行文洗练，颇有引人入胜之功。对于一些有争议的问题，本书能博采众长，合理分析。如关于全真七子的入道顺序，本书分别引述任继愈、卿希泰、郭武、丁鼎等人观点，继而展开讨论。本书以王重阳赐予诸人道号为准，经过多方查考，断定其入道顺序为：丘处机、谭处端、马钰、王处一、郝大通、孙不二、刘处玄。众所周知，道号是一个道士皈依道门师父的标志，故而此排序无疑是有说服力的。依照《全真学案》的写作体例，本书辑录了谭处端的《水云集》，对其行文进行了仔细核查，可信度高。接续之后的是谭处端年谱，考证了谭处端的出生日期、地点，简明扼要地展示其一生经历，为读者了解谭处端提供了直观的轮廓与门径。

为写作此书，本书查证了《金史》以及《道藏》《藏外道书》等道教大丛书，还有《金元道教史》等今人论著几十本，论文百余篇，涉猎甚广。由于史料丰富，分析在理，读之颇能受益。当然，本书也有一些问题尚未深入探讨。例如"长真统领长生"，本书虽涉及之，却未能对彼此关系予以全面考察和分析，留下些许憾惜。（林啸）

尹志平学案

《尹志平学案》，张广保著。济南：齐鲁书社，2010年1月第1版，32开，200千字，系"全真学案丛书"之一种。

张广保简介详见《唐宋内丹道教》提要。

本书有四个部分，分别是：评传、年谱、著作辑录和传记资料。评传和年谱是著者辑录尹志平著作、传记资料以及相关文献之后的研究成果。在这四个部分中，前两部分与后两部分相互关联，前者是基础，后者是建构，两者都离不开著者在此过程中所做的整理、分析和研究。

本书主要针对三个问题进行探索分析。其中之一是尹志平的身世及其修道生涯。本书经过考证之后指出，尹志平原籍河北沧州，家世显赫，出生于金世宗大定九年（1169），仙逝于元宪宗元年（1251）。尹志平从小便有志于道，曾先后师事于全真七子之马钰、刘处玄、郝大通、王处一、丘处机，全真七子中之五子都曾私淑过他，这对一个修道之人而言真是何其幸哉。而对尹志平影响最大的则非长春真人丘处机莫属，因为他不但在丘处机门下学道多年，亦曾陪伴丘处机西去雪山，谒见成吉思汗。而在道教理论方面，丘处机不但亲传"战睡魔"之道与他，在人格养成方面也深刻地影响了他。在丘处机羽化登仙后，尹志平被同门共推为全真教掌教，成为继丘处机之后名副其实的一代宗师。在担任了11年全真教掌门之后，将大宗师法印传于李志常。尹志平登上全真教掌教之位在当时并非理所当然，因为宋道安的资历排在他之上，丘处机的遗语也提出要宋道安接任掌教，而宋道安在丘处机仙逝后即刻逊位给尹志平，本书认为是外在因素使然，但尹志平在掌教11年后选择退位，本书认为这一举动和他继位的原因一样，迷雾重重，值得深入分析。这一观点显然与赵益的观点有极大不同，赵益在《丘处机：一个人与一个教派的传奇》一书中认为：这是宋道安和尹志平的性格使然。如果将外在压力称为外因，而将性格使然称之为内在原因的话，究竟哪一种观点更为客观？显然需要更多资料来佐证。但不管怎样，这个问题对研究全真道教而言，已经超越了事件本身了，而更涉及研究立场、研究方法等问题的层面上了。

对于尹志平的心性修炼理论来说，本书主要讨论了两方面内容，一是早期全真教的命功修炼及尹志平的传授，二是尹志平的内丹心性修行理论。著者认为早期全真教在命功修炼方面就显示出与内丹南宗不一样的特点，虽然内丹南北二宗都主张性命双修，但南宗主张命功是起点、是根本，性功是辅助、是补充，而北宗却主张性功才是根本，心性修养才是通向神仙之道的正道，命功虽然重要，但其作用不能被夸大。尹志平的内丹思想本于丘处机，上溯至王重阳。在内丹心性修行理论方面，尹志平秉承的也是丘处机提出的性命双修理论，但其中有着诸多特色所在，一是先性后命，即所谓七分性，三分命。二是功行双修，既要静坐苦修，也要积极地建功立德，尘世的修炼和内在的修炼合而通之，这已经包含有"大修炼"的色彩。三是存有为即无为，"无为""有为"是道的一体两面，不偏不废，不行不止。四是真常即平常，将全真道修行目的"真常"转化为"平常"，所谓平常就是既不离喜怒好恶之情，同时又不为这些情感所影响。达到不为祸福寿夭、生死去来而有所心动，不着于物、不动于情的心灵境界。

关于尹志平年谱，本书为其列出了61个词条，基本可以涵盖他一生的轨迹，如此详尽的记录在其他道教人士中是非常少见的。关于尹志平的著作辑录，本书收录了《葆光集》《清和真人北游语录》《清和真人语》三部，内容详尽，考订翔实，是了解尹志平全真思想的重要文献。（林啸）

茅山宗师陶弘景的道与术

《茅山宗师陶弘景的道与术》，刘永霞著。北京：社会科学文献出版社，2010年10月第1版，16开，269千字。

刘永霞，1973年生，甘肃秦安人。现供职于中国社会科学院历史研究所文化史室，主要研究方向为中国道教文化史、魏晋南北朝道教、道教文物与艺术。

本书首为引论，后分七章十八节，并有附录：陶弘景诗词赏析。引论回顾了陶弘景研究的已有成果，指出本书就是要在南北朝时期的大背景下，展开对道教茅山宗领袖陶弘景既全面又侧重于其道、术成就的研究。该书用历史学、哲学等学科研究方法，介绍了陶弘景生平以及创宗立教成就。其主要特点有三：一是重点考察陶弘景的内修外养情况。例如第一章，指出陶弘景"佛道双修"的原因，除了南北朝民族融合、文化开放以及各种思想学术、宗教间交流繁荣的时代原因外，更在于陶弘景本人能站在大道高度，融摄各家思想。二是论说陶弘景驱邪祛病与济世利人。三是揭示陶弘景修行实践中"道"与"德"的相辅相成。如第七章，概括了陶弘景的"修道与立德"，认为道和德二者相互映衬，在道的修炼中始终体现德的升华。

本书对茅山一代宗师陶弘景的论述，从一个侧面反映了南北朝时期道术的发展情况，但著者并没有止步于对陶弘景茅山术法的简单罗列和介绍，而是尝试引入西方宗教学、人类学研究方法，从社会学的一些视角深入进行发掘和分析。本书将陶弘景的道教修为放在整个宗教范畴领域来考察，阐述它们之间的关联，认为陶弘景是融汇道儒释三教的宗教家与科学家，这是富有新意的，有助于后人对道教思想沿革的了解和把握。（赵晟）

老子著经大传

《老子著经大传》，张赞昆、范中胜著。长春：吉林人民出版社，2010年版，全二册，16开。另有1998年、2011年版。

张赞昆，1944年生，河南灵宝人。发表过散文《雪山虎》，中篇小说《会飞的树》《会走的石头》《冰棺中女尸》《神秘国界线》，长篇小说《第一朵蘑菇云》，纪实小说《果山王国创业史》（合著）等。其中长篇小说《第一朵蘑菇云》获全国传奇文学奖。

范中胜，历任伏牛山区卢氏县县长、县委书记，三门峡市教委主任。

这两位著者都是河南省灵宝市人，在函谷关旁长大，对于家乡厚土有着赤忱的热爱，也对老子函谷关的著经故事十分好奇，于是决定将老子如何撰写《道德经》的情形以小说的形式表达出来。为此在广泛吸收前人老子学说成果基础上，做出了大胆构思，对《道德经》的成文及整个历史环境进行了细致的文学描述。文化底蕴的累积为《老子著经大传》的成书奠定了基础。

本书是著者基于老子人物的相关史料、故事的加工而合著的传记体小说，以小说的形式构想了《道德经》成文经过的方方面面，其为老子《道德经》的一个另类注解。

本书是以历史上可能出现的老子其人为原型，以《道德经》中"无为""不争""虚无""清净"等思想为指引，对老子一生的曲折经历之细节进行文学上的构思。

这种关于老子人生的言说不仅有着天马行空的想象，更是在充分掌握老子相关素材的基础上的撰写。本书对老子的社会背景的描写，对当时的周王朝衰落时期的政权斗争、诸侯各国的纷争等叙述是以主流的历史认识为基础的。对于老子的社会关系的描述也是建立在历史记载的基础上。在诸如"紫气东来迎老子""孔子拜老子、老子拜晏子""周室之衰——王位的血战"等篇幅中，既可看到本书对于历史和传说的生动想象，又可看到老子作为一个历史上的真实的人，所具有的那种生气勃勃的情感和意志。在著者的观念中，即便是老子，他也是以个体人的身份经历着时代考验。因此这本书对于老子的定位是人而不是"神"。本书结合《道德经》的言辞，构想着老子之思想的现实背景，体现着著者对老子思想的深度理解和个人创造。当然，不可避免也存在对于老子之人生与境界的认识上的偏差。（包力维）

吴兴太守道家流——颜真卿在湖州

《吴兴太守道家流——颜真卿在湖州》，朱关田著。杭州：浙江古籍出版社，2010年版，16开，150千字。

朱关田，字曼倬，1944年生，浙江绍兴人。国家一级美术师，浙江省特级专家。曾任中国书法家协会第四届副主席、篆刻委员会主任；中国书法家协会第五届副主席、学术委员会主任；浙江省书法家协会三、四、五届主席。现任中国书法家协会顾问，西泠印社副社长，浙江省书法家协会名誉主席，杭州师范大学教授、书学研究所所长，中国美术学院客座教授。出版专著《李邕》《颜真卿传》《唐代书法考评》《中国书法史·隋唐五代卷》《唐代书法家年谱》《颜真卿年谱》《初果集·朱关田论书文集》以及《朱关田书历代咏物诗帖》《思微室印存》。

本书分八个章节，包括：出守湖州、潜心儒学、儒释神侣、隐逸适从、吴兴胜事、政务周旋、翰墨余论、在湖年表。从颜真卿出守湖州时间的质疑落墨，对颜氏在湖州4年多时间里的政务周旋、学术活动、宗教寄寓、周边友人、诗酒唱和及书法作品进行详细的钩稽、考辨与评述。由于著者熟悉唐代史书、笔记与文学作品，故能旁征博引，条串勾连，对相关史实随时进行辩证补益；作为书法名家，本书著者对颜真卿作品之真伪、优劣之比较，并非仅据旧说敷衍成章，而是在占有史料的前提下，申发新意，且下断语。

本书还能贯通书法研究领域与相关研究领域，譬如对唐代文学集团多所属意。颜真卿主持编纂的《韵海镜源》是我国最早集释诸书文字训诂的一部词典，修订于湖州任上。除了揭示本书学术价值外，著者认为，纂修活动因积聚大量文学之士，诗酒唱和，无意间形成了以江东文士、州县属吏为主体，以颜真卿、陆羽和释皎然为领袖的文学结社。而且还更进一步认为，颜真卿乃是李华、萧颖士集团的一位健将，只不过文名为书法所掩。这将裨益于唐中叶的文学研究。从这个意义上说，本书的研究不仅体现为书法史场景的重构，也对其他学科提供了有力的支撑。

本书善于将书家及其作品置于历史框架之中加以讨论，其间有看不到的人生阅历在起作用。如苏轼认为，颜真卿在湖州追立放生池碑，有谏言肃宗之意，此说在书史上所得响应最多。但本书考证此碑追立之时，代宗执政已逾一纪。因此他的追立意不在谏，而在于怀旧，在展示先帝恩德及前朝寄重的同时，亦可寻索颜真卿现实的用心。又如在讨论徐浩与颜真卿书法地位时，本书指出徐浩书名当日远过真卿，乾元初年窦臮的《述书赋》已记其善书，而有关颜真卿书法的评论直到晚唐才出现。徐浩因旧居中书，且掌集贤院事，他的真、行二体在当时有巨大影响，院内书手大多根底徐浩，而中唐之后的墓志书风亦多从徐浩出。虽说陆羽《论徐颜二家书》抑徐而扬颜，但著者认为不过出于文人意气，不能因此混淆了徐、颜书法在当时的实际地位和影响。（嘉树、谢清果）

陈致虚学案

《陈致虚学案》，何建明著。济南：齐鲁书社，2011年9月第1版，32开，268千字，系"全真学案丛书"之一种。

何建明简介详见《隋唐道家与道教》提要。

本书分为两个部分，一是陈致虚的生平、著述及思想，包括年谱；二是陈致虚的主要著作《〈上阳子金丹大要〉校注》。

本书以周冶博士论文的相关资料为基础，经过追索之后认为，陈致虚在师从赵友钦前已经出家为道士，而陈离开庐陵去湖南修道可能是因为紫霄观遭火灾。在师承方面，陈致虚师从赵友钦已是共识，但关于陈致虚的第二位师傅青城至人到底是谁，却需要细加分辨。本书同意周冶观点，认为青城老仙就是刘谷云，理由是陈致虚在其著作《上阳子金丹大要》中《钟吕二仙庆诞仪》拜请帖名单中，紧接着"缘都赵真人"之后为"谷云刘真人"。不过，应该指出的是，赵友钦和刘谷云虽然都是陈致虚的度师，但并没办法证明刘谷云就是青城至人。关于陈致虚的传授与影响，本书列出了25位徒弟，并对这些徒弟的思想特点、著作、传承脉络做了梳理，指出陈致虚对这些高徒采取因材施教的方式，既有授予丹法的，也有授予道学理论的，而更多情况下，这些徒弟都是丹法和道法兼而习之，这也是陈致虚理论能够影响巨大的重要原因。

关于陈致虚的著述，本书首先讨论了《金丹大要》。本书指出，《金丹大要》一书流传甚广，目前可以查到的就有七个版本，这七个版本内容大体一致，但因种种问题，仍然存在着需要仔细校勘的地方。在进行了充分考校之后，本书概括了《金丹大要》的主旨，指出陈致虚对中国仙道正宗充满自信，极力予以宣扬。本书接着介绍了陈致虚的《悟真篇注》和《周易参同契分章注》，指出陈致虚的《悟真篇注》并未独立成书，而是和薛道光、陆墅二人的《悟真篇注》合在一起，编者称之为《悟真三注》；至于陈致虚的《周易参同契分章注》则收入《四库全书》中。著者认为，《金丹大要》《悟真篇注》和《周易参同契分章注》是陈致虚金丹思想的主要载体。陈致虚既受业于赵友钦，也得到青城至人指点，这是陈致虚丹法有成的最主要原因。

本书所编陈致虚年谱，时间从公元1290年至1343年。本书用了九个条目简略叙述了陈致虚恬淡而自由的一生，条目虽然不多，却体现了著者精心考证的功力。本书第二部分是著者为陈致虚《上阳子金丹大要》所做的校注。前有三篇序言，其后分为十卷，篇目为：虚无、上药、妙用、须知、积功、累行、发真问答、图像归源、越格、超宗。校注本的《上阳子金丹大要》，图文并茂、标点清楚，易于通读。（林啸）

丘处机学案

《丘处机学案》，郭武著。济南：齐鲁书社，2011年9月第1版，32开，383千字，系"全真学案丛书"之一种。

郭武简介详见《道教历史百问》提要。

本书分为丘处机评传和丘处机著述辑录两个部分。在丘处机评传中，本书论述了四个方面的问题：一是丘处机入道和修行的基本过程，二是丘处机济世度人的历史贡献，三是丘处机著述思想的主旨和特点，四是丘处机法嗣的传承与发展，书末附有丘处机年谱。

在第二部分中，本书对丘处机的诸多著述进行了整理，这些著述既有关于丘处机的丹道思想，也有关于丘处机的人生历程，亦有丘处机与朋友论道、交流的诗集。总之，要对丘处机这样一个在社会宽度和历史长度都有重大影响的人物进行研究，就必须全面地掌握这些材料。因此，本书辑录《磻溪集》《长春真人西游记》《玄风庆会录》《大丹直指》《摄生消息论》《丘处机著述辑佚》，共250余页。以这些史料为基础进行考证分析，无疑是有说服力的。

本书指出，无论从哪一个角度看，都说明丘处机不只是一个高明的道士，而且是一个宗教家。能让丘处机从道士中脱颖而出，并成长为一个宗教家的关键，是他的伦理道德观与宗教思想。本书敏锐地觉察到了这一点，其概括丘处机的"伦理与政治"即是证明。著者认为，丘处机秉承了老子"身国同治"理念，不但主张为政者不要滥杀无辜，而且需与民休息，更要选贤用能，而这些都是丘处机一生孜孜不倦、不断实践的准则。

本书将丘处机个人思想与全真教兴起的一些因素联系起来，为我们了解金元时期的宗教、社会和思想状况提供了一个立体画面，是研究丘处机全真思想的有价值的学术成果。（林啸）

王常月学案

《王常月学案》，尹志华著。济南：齐鲁书社，2011年9月第1版，32开，172千字，系"全真学案丛书"之一种。

尹志华简介详见《道教旅游指南》提要。

本书分为五个部分，分别是评传、年谱、弟子考、著作录和传记资料。主体部分是评传，也是著者最下功夫之处。在这一部分中，本书从五个方面展开论述。首先对王常月的生平和传戒活动进行考察。同诸多道门人士一样，王常月的出生年月是略带神秘意味的，甚至有点不可考，而相关记载也都与其活动时间有一定的时间差。著者通过比较和分析各种相关记载，认为"王常月生于1594年（万历甲午）才是合乎事实的"；在王常月之师承关系方面，本书提出王常月受教于赵真嵩，但赵真嵩是否为全真一派问题，本书并未交代，著者依据王常月之弟子吴守阳说自己为"龙门第八代律师"就将王常月归入全真一派，这其中似乎并不构成直接联系，尚有深入探讨的空间；至于王常月之传戒和羽化登仙时间，本书考证翔实，颇有说服力。评传第二部分为王常月之著作考，本书认为王常月的著作主要有《钵鉴》《初真戒》，由于《钵鉴》已经失传，《初真戒》是否为王常月之著作依然有争议。因此，真正能够体现王常月道教修行理论的著作就只有《碧苑坛经》和《龙门心法》，但对这两部著作进行考证时，本书谨慎地提出："《碧苑坛经》和《龙门心法》据说是王常月在南京碧苑说戒的内容。"

关于王常月的修道思想，本书将之分为八个方面，分别为戒、借色身修法身、去妄了爱打坐、世法转身、忍辱降嗔、偿夙业报四恩、度己度人、三教圆融。

在王常月传戒的历史影响部分，本书不但对王常月之弟子传承脉络有详细的介绍，还介绍了各派之间的理论特色，这一点无疑是非常重要的，在整个道教的研究中，都很少有人能够做到这一点。关于王常月年谱的编撰、王常月的弟子考，也是本书杰出的研究成果，这种研究态度、研究方法很值得道教研究学者们学习借鉴。关于王常月的著作，本书收录了《初真戒》《龙门心法》《昆阳子龙门心法下卷》，内容详尽，简明易读，是学道者与研究者很好的学习材料。

王常月作为清代道教界首屈一指的人物，从他的性命修炼理论的影响、社会影响力、培养的众多杰出弟子等方面考量，将其称为全真道之第二个"长春真人"毫不为过。道光年间大臣完颜麟庆为北京白云观《重修宗师庑记》中说王常月"确乎又一长春，宜昔门下多贤也"。但也正因为王常月影响巨大、著作甚多、理论丰富又涉及三教融合，因此对他的研究才显得更加困难，首先整理他门下之弟子脉络是一难、研究其驳杂众多的思想是二难、对他的师承关系进行追溯是三难，但在众多芜杂的局面下，本书以清晰的研究思路、合理的框架设计理出了一条线索，为"有志于道者"了解王常月这一高道铺就了一条道路。（林啸）

蒙文通道学思想研究

《蒙文通道学思想研究》，罗映光著。成都：巴蜀书社，2011年11月第1版，32开，210千字，系"儒道释博士论文丛书"之一种。

罗映光，1954年生，四川江油人。成都理工大学教授、教育部教学指导委员会委员、中央马克思理论研究和建设工程专家、四川省学术和技术带头人。攻读博士期间研究方向为中国道教，在《社会科学研究》《四川大学学报》《中南民族大学学报》《宗教学研究》等刊物上发表多篇相关专业论文。

本书研究的学者蒙文通（1894—1968），原名尔达，四川盐亭人。师从国学大师廖平和刘师培，对于经学、史学颇有研究。除了道学以外，蒙文通在经学、史学、佛学、地理学等方面都有很高造诣。本书选择了"道学"作为研究蒙文通的基本维度。著者在开篇首先定义了道家、道教以及道学，认为道学即道家与道教相融合的学问。鉴于蒙文通治学领域相当广阔，著者认为要研究蒙文通的道学思想必须在分析基础上加以综合，才能准确把握。基于这样的思路，本书注重介绍了蒙文通在其他学科，如经学、史学、地理学等方面的学术成果，在综合各方面的思想以后，再研究蒙文通的道学思想。除了个人治学总体情况介绍外，本书认为还必须结合20世纪20年代至60年代的时代背景来展开讨论。因此在综合介绍蒙文通各项学术成果之后，著者还考察了梁启超、胡适、郭沫若等人的道学研究成果。如此大开大合，展示了蒙文通道学思想的广阔视野。

在进行了扎实铺垫之后，本书以翔实的资料和严谨的分析，展示了蒙文通道学研究的丰富成果和深邃思想。蒙文通详细考察了道教与上古民族史、地方史的关系。通过地理学、经学、史学稽考，蒙文通提出了中华远古民族文化的三系说，即北（河洛）、东（海岱）、南（江汉）之说。蒙文通认为，昆仑应为上古文化中心，巴蜀文化日益东渐，逐步影响了楚文化。《山海经》作为巴蜀文化的代表，直接影响了道教的许多思想，书中提到的"天下之中"应是指巴蜀之地，而"巴国"即是巴蜀之地。道教"洞天福地"的观念、"长生不老"的基本信仰、"肉体飞升"的思想渊源，以及道教中许多神仙原型均指向了《山海经》，说明《山海经》与道教的产生有着千丝万缕的联系。蒙文通还认为道教五斗米道的产生与西南民族有关，他研究早期五斗米道的神仙之中有许多是汉文典籍中所没有的，同时五斗米道的符箓也不是汉字，《晋书》中又有记载五斗米道聚合西南民族为乱，因此他判断五斗米道应该原为西南民族宗教。基于中国文化史的纵深研究，蒙文通提出了"五阶三变"说，高度概括了道教发展的几个关键节点，指出"第一阶段，汉魏始兴，三源合一。第二阶段，魏晋玄风，组织完备。第三阶段，隋唐以还，历经一变。第四阶段，隋唐道教，再经一变。第五阶段，宋之道教，又一变也"。本书认为，蒙文通能透过繁杂现象看清事物本质，开道教史研究之先，在当代仍有重要的借鉴价值。

本书既有对蒙文通先生研究道教的多重考证，也呈现并分析了蒙文通研究晚周仙道与先秦道家的精辟见解。本书指出，蒙文通最大的贡献在于提出了先秦道家南北两派即杨朱与庄周的理论。而在当时，杨朱是主流，庄周则是支流，只是因为后来重清谈之风盛行，庄周的道家学说才成为主流。这无疑是独具慧眼的。

值得注意的是，本书还论述了蒙文通担任四川省图书馆馆长期间对各类道学书籍的刊补校辑，阐发了蒙文通的研究方法及治学态度。著者认为，蒙文通无论是在蜀学领域还是道学领域都具有重要地位。蒙文通发掘了道学研

究的丰富史料，促进了道学与各种学科关系研究的深入开展。这个评价是恰到好处的。（杜恺健）

老子与道家

《老子与道家》，许抗生著。北京：宗教文化出版社，2012年5月第1版，分上下两卷，32开，1000千字。

许抗生简介详见《老子评传——中国第一位伟大的哲学家》提要。

本书是著者的著作选集，涵盖了大多数老子研究重要作品。分上下两卷，上卷包括"帛书与老子注译研究""老子评传""老子与道家"，下卷包含"三国两晋玄佛道思想简论""魏晋南北朝哲学"与"宗教思想研究指南"。

作为著作选集，本书包含了著者学术生涯的主要思考，其中既有关于《老子》各种版本问题的考据和辨析，也有关于老子思想和智慧的探究和理解，同时有对于那些受到《老子》影响的各种思想和潮流的认知。本书对于老子、道家文化及深受道家影响的传统文化都有较为系统和全面的讲解。有利于人们清楚认知老子思想的内涵，也有益于人们在现代的环境下再次审视老子、道家及相关文本的价值。著者在该书前言中写道："《老子》一书确实是一部'救世之书'，是针对着当时时代的文明危机而发的，老子是我国历史上第一个伟大的反对文明异化的思想（者）。"著者的考据和思索，如其所看到的《老子》思想的意义，也是为了立足于文明之危机而解决本时代的问题。他看到，《老子》思想的挖掘，其典范作用，不仅对于古代，对于当代仍然具有十分巨大作用。可惜的是，关于《老子》作为"救世之书"的现代意义，本书在回答了"《老子》说了些什么"，在厘清了老子与各种思想、思潮的关系之后，并没有对此进行深入说明。就《老子》的现代意义，著者虽有所思索，但并未详细阐发。这当属本书的一大遗憾。（包力维）

祖风犹龙·黄老高古道韵

《祖风犹龙·黄老高古道韵》，高从宜著。西安：西北大学出版社，2013

年3月第1版，16开，185千字，系"中华根柢·道教三书"之一种。

高从宜，1961年生，陕西户县人。陕西师范大学基督教研究所研究员，主要从事道家与基督教研究。另两部著作为《风追盛唐·钟吕八仙道光》与《重阳登高·全真普世道情》。

本书是一部对先祖道境的思想言说、学术言说，同时也是价值释义和信仰释义。全书分为五章："犹龙道境：黄老信仰探源""黄老语境：《山海经》与《渔父篇》""《老子》的高古道韵""《庄子》的高华道风""犹龙派的历史道影"。从《黄帝四经》《山海经》《穆王传》《渔父传》《老子》《庄子》等经典以及列子、魏伯阳、左慈、太清、陈抟、张三丰等道人的言行的介绍中，展现黄老思想的深刻内涵。"犹龙"是孔子对老子之评价，著者认同黄老思想"犹龙"的气质，并称"列子御风：隐没的应龙""伯阳伴死：深沉的潜龙""左慈戏曹：乱世的飞龙""陈抟弈帝：华岳的卧龙""金台三丰：飞逝的金龙"。黄老思想的传承者在著者这里是"犹龙派"，他们所言所行既展示了黄老思想之思想精髓，其境界又体现其作为信仰的典范意义。围绕黄老之道的思想、学术、信仰、价值内涵，著者对先祖道境进行全方位的言说和释义，具有文化传承意义。

本书既有学术、思想上探求的努力，同时也有意义追寻的情怀，这使得它不同于纯粹道教教义的书籍。著者特别重视价值释义和信仰释义，这是本书的一大特色。不仅如此，在对传统思想的渊源及其含义的讲解之外，也试图揭示老子思想与中华文化其他方面的融汇交集关系。具体而言，是在现代语境下比较佛教、基督教、古希腊思想。如在"道与逻各斯""老子的灵相界""老庄哲学：道与言"等章节中，初探中西思想之贯通的可能。这在老学研究中比较少见，可见本书思想探究之勇气可嘉。只不过，将老子之道与西方思想相对应，也有一些随意比附的牵强。西学传统与老子思想之关系岂是简单几节内容就可以说清，本书也有相应问题，如说老子的"道"特别亲和柏拉图的"灵相"（理念），属于本体论上的"灵相界"，就没有充足证据。（包力维）

山中宰相——陶弘景大传

《山中宰相——陶弘景大传》，刘永霞著。北京：宗教文化出版社，2013

年10月第1版，32开，140千字，系"蓬瀛仙馆道教文化丛书神仙传记系列"之一种。

刘永霞简介详见《茅山宗师陶弘景的道与术》提要。

本书共分两个部分。上篇为"陶弘景的生平及影响"，包括六章："少年英才、学优则仕""仕途坎坷、命运多舛""身隐茅山、心系社稷""长生仙丹、千年一梦""华阳众术、旨在证道""斯人已逝、仙风犹存"，展现了陶弘景一生的事迹。从中可以看出，陶弘景的前半生是官场沉浮，后半生是隐逸修道，无论出世入世，他都保持了一颗莹洁向善、济世利人的修道之心。下篇为"陶弘景的主要著述及贡献"，包括四章，阐述陶弘景丰硕的著述及影响，分别介绍了陶弘景对儒家著述、道家经典的解读，对道教神谱的建构和上清派教史的整理，对中国古代方药学的继承与创新，对种种道教养性延命功法的研习等等。这个部分呈现了著作等身的陶弘景在多学科领域的成就与贡献，说明了作为道教一代宗师的陶弘景，在中国道教史乃至于中国历史上的巨大影响与地位。本书图文并茂，通俗易懂，可读性强。

作为南朝陆修静的再传弟子，陶弘景于齐梁两朝，编制了一套道教的神仙谱系，并运用广博的医药学知识，补充发展了道教的修炼理论，以传承、修习《上清大洞真经》为主，对天师道进行了改革，顺应了儒释道融合的风气。可正因为如此，陶弘景也是一个比较有争议的历史人物，一方面他是以茅山第九代宗师的身份来传播道教，另一方面他又皈依佛门，宣扬佛法。因此，后人对陶弘景褒贬不一。如果想要知道陶弘景真正佛道双修的原因，必须要结合当时的社会背景来看。（杨中启）

二十世纪仙学大师——
陈撄宁仙道养生思想研究

《二十世纪仙学大师——陈撄宁仙道养生思想研究》，赖慧玲著。台北：新学林出版股份有限公司，2014年3月第1版，32开。

赖慧玲，字以宁，1963年生，台湾彰化人。义守大学通识教育中心副教授。长期关注中国哲学、宗教、道教文学与古琴研究等领域，先后发表《海峡两岸"道教文学"研究资料（1926—2005）概况简析》《台湾地区五十年来

（1960—2010）古琴传习总况及未来展望》《明传奇"典型宗教剧"之叙事模式及故事结局分析》等十数篇论文，目前持续深入女金丹的相关探讨，并在饮食养生文化方面有所涉及。书中自言："曾先后正式拜师，修炼过佛教禅密不同功法及道教丹鼎派之正宗静坐等法门，至今实修已超过二十七年，又长期利用寒暑假到处参访观察台湾各类型宗教道场，其间遇过不少各宗派的大师或高人。"其内练功法得自涵静老人传授，是今日丹道研究中少数具有实修印证的学者，因此在著作中得以利用个人在"多年修炼过程中某些通关过窍的亲身经验"，以及"借陈撄宁诠释道经及对人传讲之述语而得到启发"的历程，结合学术研究理论，是本书完成之优势。

本书共分八大章：

第一章导论，内容包括本书之研究动机、目的、背景与研究理论方法之叙述。第二章陈撄宁之"老庄观"，探讨陈撄宁对"道家""道教""仙学"三个概念之说明、理解与界定，以及他对道家代表人物老子、庄子的褒贬评断。第三章陈撄宁之"三教观"，乃进一步扩大范围，分判他对儒、释、道三教的认识与立场。第四章陈撄宁之"道经丹书"之评解，乃集中针对他曾特别选定注解的道经丹书来探讨其中各类型理路，经整理可分为五大项（仙学修炼经典、女丹修炼经典、已校注厘定之完整丹书、仅存批注序跋或书评之丹书、必读道经类）共35篇。其后第五章陈撄宁之"三元丹法"，内容是对天元、地元、人元三种丹法的解释说明，以作为丹法诠释之总纲。至于第六章陈撄宁之"女金丹法"及第七章陈撄宁之"仙学修养法"，为后世之实修者提供了具体完整的引导与指点。第八章为结论：1.总结陈撄宁仙道思想的特点和局限；2.所归纳丹法观念之重点与贡献；3.重新讨论陈撄宁在20世纪道教史上的定位问题。

李丰楙先生在书序中指出，本书由实修的经验切入，重新梳理陈撄宁的仙学系统及其形成之时代脉络，在思想史与文化史上深具意义；其次，在时代的推衍下，陈撄宁仙学对于女性修炼的关注，成为女丹在修炼与研究上的一大突破，在今日性别研究的学术氛围中，本书著者于"女金丹法"之梳理特详，使女金丹的仙学理论显得具体可识；再次，就丹道学术研究而言，自清末民初至今，西方学界在重读丹经中，已能体会东方智慧中的养生文化与身体经验，本书对于丹道与女丹的现代化诠释，适足以成为学术界参与东西对话的良好课题。凡此，可见知本书之学术意义。（陈昭吟）

（七）道教神仙研究

金莲仙史

《金莲仙史》，［清］潘昶著。清光绪三十四年（1908）上海翼化堂刻本。

本书现存的版本有：1."中国近代小说大系"之《狐狸缘全传·仙侠五花剑·金莲仙史》（精装），江西人民出版社，1989年版。2.《古本小说集成》第1辑第134册，上海古籍出版社，1994年版。3.《十大古典神怪小说丛书》，上海古籍出版社，1996年版。4."中国焚禁文学名著"第十二卷《金莲仙史·女开科传·且回头》，中国戏剧出版社，1999年版。5."传世孤本珍稀小说"之《跻云楼·金莲仙史·平鬼传》，中国戏剧出版社，2000年版。6."私家秘藏小说百部"之《金莲仙史·忠烈奇书》，远方出版社、内蒙古大学出版社，2001年版。7.《中国古典文学名著》第3辑《金莲仙史·风流悟·疗妒缘》，中国文史出版社，2003年版。8."中国古典文学名著丛书"之《金莲仙史·斩鬼传》，黑龙江美术出版社，2016年版。

潘昶，字明广，清末人，其序自署"台南青阳道人"，"台南"疑指浙江天台之南。天台山是中国道教圣地，其中被称为"天台之南门"的赤诚山有玉京洞，为十大洞天之一；桐柏山为七十二福地之一，山中崇道观为著名道观。此书叙全真道之始末，并特别记叙了一些与天台山有关的历史和传说。如写宋代大儒朱熹在淳熙元年（1174）主管崇道观之事；第二十二回写道济和尚（即济公），第二十三回提到南宋理宗皇后谢氏，特意点明两人"乃天台人也"。著者如此详细地介绍这些与小说主要情节无关的天台山名人事迹，可见他与天台有特殊关系。

本书是演绎全真教有关人物史迹的章回体小说，共24回。卷首有光绪甲辰（1904）著者自序，卷末有光绪三十四年（1908）署名常宝子所作跋文。其书内封右栏署"光绪二十四年岁次戊申刊"，应该是"光绪三十四年"之误。

本书以北宋迄元代统一之历史为经纬，讲述了王重阳经由钟离权、吕洞宾二仙点化后，悟道修道，在陕西省户县祖庵镇"活死人墓"修行，后度化马丹阳、孙不二、丘处机、刘处玄、王处一、谭处端、郝大通七位弟子，创立全真教。七真之后各创立门派，广传全真教。最后丘处机受成吉思汗召见，赐掌天下道教，全真教臻于鼎盛。本书涉及当时的历史风貌，以及朝堂之间的势力纷争，国家与国家之间的战争，当然更多还是讲述了在佛道儒三家文化趋于一体的大环境下，全真教这一"新教派"的形成和发展，最终鼎盛一时的故事。

本书取材于《七真年谱》《金莲正宗记》《紫纲纲目》等多本道教史传，亦采《列仙传》《吕祖全传》《历代神仙通鉴》等逸闻。与《七真天仙宝传》《七真传》的内容颇为相近。

本书虽为小说体裁，但描绘道教事迹，力求朝代、地点、年月、姓氏悉斑斑可考，可视为全真教史的通俗读物。（张丽娟）

庄子奇闻演义

《庄子奇闻演义》，香梦词人著。上海：大东书局，1918年8月初版，全二册，1919年10月再版。另有北京：国家图书馆出版社，2018年12月第1版，系方勇主编《子藏·道家部·庄子卷》之一种，据1919年上海大东书局排印本收录。

作者香梦词人的生平事迹，据平湖市李叔同纪念馆研究馆员王维军《李叔同早期文艺作品之新发现》考证："周炳城《朗圃吟草》第一页，我们看到为此诗集题签的就是这位香梦词人，题签的落款是'筱盦'，钤白文朱印方章'香梦词人'，其序文的落款是'古沪香梦词人拜题'，钤阳文方章'筱盦'；且诗集所用的笺纸也是印有'香梦词人轶吻'的专用纸……而10月2日之《笑林报》在刊登李叔同《为赋二十八字》小诗时，同时还刊出了香梦词人的一首诗《应照红词客以采菊图小景属题》……诗后署名：香梦词人夏鼎，古沪夏鼎筱盦。可见李叔同的这位朋友香梦词人，即夏鼎，夏筱盦是也。"本书于1918年初版，从时间段上判断，香梦词人应该就是夏鼎。

演义乃小说体裁之一，是由宋代的讲史话本发展而来的，直至元末明初出现"演义"这一名称。其特点是以史书为依据，以叙述为表达方式，行文浅显，通俗易懂，故事性强。明清时期是演义小说在民间迅速发展的阶段，到了民国时期演义小说也非常流行，如《民国通俗演义》《清末民初历史演义》等。

　　本书由上海四马路中市大东书局出版，四马路中市即今天的上海福州路，在民国时期是文化出版业的阵地。这时候大东书局的发行量仅次于商务印书馆、中华书局、世界书局，出版过《甲骨文字研究》《四库全书总目》《中国医学大成总目提要》等一系列较高水平的图书，是上海的一个重要民营出版发行机构。本书能够在大东书局出版与发行，可见有一定的文学价值。

　　在本书中作者用白话演说《庄子》，全书分为四卷，《庄子·内篇》为第一卷，《庄子·外篇》分别为第二、第三卷，《庄子·杂篇》为第四卷。除外篇《刻意第十五》《缮性第十六》《庚桑楚第二十三》和杂篇《天下第三十三》无演说外，其余均从原文中选出一些稀奇古怪的事情，加以作者的想法，加工成小说，富含趣味性和可读性，并非为《南华经》注解。

　　本书在序文中说道，《庄子》一书诞幻离奇，精深古奥，历来注解颇多，但这些注解往往拘泥于字里行间，这让一些对《庄子》不甚了解的人看了更是摸不着头脑，所以本书用白话演义《庄子》，力图做到雅俗共赏。（梁玲）

福建三神考

　　《福建三神考》，魏应麒编著。广州：国立中山大学语言历史学研究所，1929年版。

　　魏应麒（1904—1978），字湍甫，福建福州人。曾著有《五代闽宗教与神话考》《福建三神考》《编制历史教材上行的提议》《林文忠年谱》《中国史学史》。甘肃大学教授。中华人民共和国成立后，魏应麒再次回到福州，入革命大学学习，后任省师范学院教授，又调往西安师大任教。退休回福州时，编成《福州民歌甲集》，此集包括从五代至清末（907—1911）历时1000多年福州民间文学口头作品的珍贵材料，反映了这一时期人民生活和男女恋情等方面的内容。

　　著者编纂《五代闽史》"五代闽宗教与神话"章时发现，临水夫人、郭圣王和天后同为五代时期福建人，故稽考三神共成一书。本书收录了魏应麒、容肇祖、顾颉刚等人对福建民间传说中的临水夫人、郭圣王及天后的考证之作。

　　宗教神话在中国古代起着重要的作用，它不仅能支配全社会的心理，而且能反映某一时代的百姓的生活、风俗、艺术。五代时期的福建，正值中原文化与海滨文化混合的时代，也是福建文化自草昧入文明的过渡时代，更是宗教与神话的势力达于最高的时期。所以，之前的人成为当时的神，其传说的演变过程也值得考究。

对于临水夫人的稽考，本书共录有五篇文章。第一篇为著者的《临水夫人》。著者列举了《三教搜神大全》《福建通志》《铸鼎余闻》《十国春秋》《退庵随笔》《闽都别记》等书籍中关于临水夫人的记载，分别加以分析和比较。由于大多数记载是有出入的，著者又以表格形式罗列出各书籍中对临水夫人的姓名、生年、生地、卒年、亲属、师授、部属、前身的传说、在生的传说、死后的传说和封号的记载，让读者一目了然。最后，著者进行分析总结，对临水夫人的传说提出自己的见解。第二篇为容肇祖的来信《与魏应麒先生讨论临水奶》，容先生提出两个观点：临水奶是五代时人，而非唐时人；天仙圣母乃泰山女神的专名，而非民间的女神的通名。第三篇为著者的答信《覆容先生讨论临水奶》，对临水奶的出生时间做了进一步的考据。第四篇是《福州道士师巫口中的临水奶与舍人哥》，讲述福州俗例中小孩满月、四个月、周岁时的祭禳"请奶过关"和结婚时的"请奶出幼"，还讲述了民间请临水奶的公子舍人哥"讨亡魂"的习俗，并记录了请舍人哥的咒词。第五篇为《福州的收惊与东莞的喊惊》，记录福州地区小儿受惊吓后所做的收惊和东莞的喊惊。

对于郭圣王的考据，仅有著者《郭圣王》一文，文中列举各种典籍记载的郭圣王的事迹，然后以年表列出郭圣王的生前事和身后事，最后著者进行论述总结。

对于天后的传说，本书收录了顾颉刚、容肇祖和周振鹤各一篇《天后》考，并有著者的《关于天后》。

本书最大的特色就是通过对大量古籍的查阅和分析，将搜集到的资料进行罗列、分类、列表、对比、汇总，最后提出见解。使用的文献以地方志居多，还有神仙传记、笔记等。书中还采用了人类学和社会学的研究方法，提出了一些颇有见地的观点，如：神道的势力是一步一步造成的；救灾捍患的神尤为被民众所信奉，因为这是民众自行安慰心灵的一种好的方法；神是由人兴起的，人兴它的原因有很多，多由于需要，由于需要的不同，所兴的神也会有所不同；神的生卒时代多半是后人耳食所加的，耳食不同，故加法不一；女神大多是由女巫转成的，她们死前已经倾动一时，则死后为人所奉祀，所以就造就出了一位神。

本书通过对三位神仙的研究，展现了五代闽的文化和时代精神，记录了部分八闽文化和风俗，为研究福建的风俗习惯、文化演变提供了一定的论据。（张丽娟）

老子化胡说考证

《老子化胡说考证》，王维诚著。载《国立北京大学国学季刊》四卷二号，1934年7月，25开。另有北京：国家图书馆出版社，2018年12月第1版，系方勇主编《子藏·道家部·老子卷》之一种，据民国间排印《国学季刊》本收录。

王维诚（1904—1964），福建长汀人。历任昆明西南联大哲学及教育系、天津南开大学哲学系教授。1950年任北京大学哲学系教授。1955年任中国科学院哲学研究所中国哲学史研究员，1961年任辽宁大学哲学系教授。致力于印度、中国及西洋三方面哲学思想及其历史比较和综合的研究，尤专长于中国儒家及道家思想的研究。主要代表作有：《四十二章经道安经录阙载之原因》《论儒家哲学的根本精神》《魏王弼老子略例佚文发现之经过》《王韬的思想》及《章太炎的思想》等多篇学术论文。参与译著《黑格尔哲学史讲演录》。

本书总体分甲、乙、丙三章。甲章是导师汤用彤先生的审查报告，乙章是作者的序言，丙章是正文，又分七节。包括东汉时老子化胡说的由来、三国时所传老子化胡说、两晋时老子化胡经及老子化胡说之辩论、南北朝时老子化胡经及老子化胡说之辩论、隋唐时期老子化胡说之争议及老子化胡经之禁毁、宋元时老子化胡说之争议及老子化胡经之禁毁、明清时老子化胡经。

老子西出函谷之后是否入西域，是中国文化史上的一件大事。历史上道、释两家围绕这一问题展开旷日持久的论战，尤其隋唐年间的论证达到了顶峰。然有关老子化胡之说的最核心典籍之《老子化胡经》于元时亡佚，历史上的很多问题都失去了最重要的文献支撑。清末宣统年间，敦煌石室意外发现了残存的《老子化胡经》。罗振玉根据法国人伯希和所拿残存的卷一和卷十，公布刊行。其后，蒋斧做了进一步的考证。著者在前辈学者的工作上继续推进，写出了本书。著者据《隶释边韵老子铭》来推测老子化胡说的真实历史面貌，推定认为自隋唐以来，受到道、佛两家争论的影响，双方各自在自我的设定中对老子化胡之说做了增损，所以造成后世对这一问题更大的误会。本书所集材料丰富，论证条理清晰、明了，使得考证结果的可信度大大超出此之前的学者。书末附录部分也有一定的学术价值。（屈燕飞）

老子与庄子

《老子与庄子》，陈柱著。北京：商务印书馆，1934年10月初版，32开，系"万有文库百科小丛书"之一种。

陈柱（1890—1944），字柱尊，号守玄，广西北流人。近代著名国学家。1921年任无锡国学专修学校教授。1924年任大夏大学教授、国文系主任，次年又兼任暨南大学、光华大学中文系主任；1928年起担任铁道部交通大学教授、中文系主任；1940年任南京中央大学校长；1944年病逝于上海。著者著述丰富，在文学、文字学、教育学、语言学以及诸子学方面皆有深厚造诣。1929年，上海中华书局出版《陈柱尊丛书》，凡43种。近年来华东师范大学出版社陆续出版12卷本《陈柱集》。

本书为著者关于《老子》的第四部著作，前有《老学八篇》《老子集训》《老子古义今解》，多为集解体；后又有《老子选注》《九家要旨之原道阐老》《老子通证》以及《诸子概论》中之道家篇。本书以王弼注本为底本，首有目录，正文有上、下两篇：上篇"老子平传"凡三章，分为"老子传略""老子之学说""老学之变迁"；下篇"庄子平传"凡四章，分为"庄子传略""庄子书之内容""庄子之学说""庄子之文学"。

因著者前已有数部老学研究著作出版，故谈及老子学说时略而从简，按其内容归纳为三十一种名类，每类下举《老子》原文为例。分别为道之本体类，如一章、四章、十四章等；人事之道类，如八章、九章、十四章等；德类又小分为德、玄德两节；"无"类下有绝对之无与对待之无两节；后诸类分别为仁义与圣治、自然、无为、朴、母、天、神、名、一、常、复、生死、柔与弱、知、守、若、不自、不争、知足、损有余、无欲、怨、学、教与言、玄同、三宝、反。

本书认为老子之后学，庄周"得其偏而不失其宗"，韩非"取其说，变其宗"。而流入兵家、权谋家、宗教家、养生家的老子之言皆被误解。对于庄子其人，本书引《庄子·天下篇》以论证庄子之学术应出于老子，又独立一家。随后著者通过考证庄子之交游以及与时人之问答，以明庄子生活时代之轮廓经纬。著者以郭象《庄子注》为底本，对《庄子》内七篇主旨简明地进行了概括："《逍遥游》者，言绝对自由之旨；《齐物论》者，说一切平等之法；《养生主》者，言养生之道；《人间世》者，言处事之方；《德充符》者，阐不言之教；《大宗师》者，述不死之道；《应帝王》者，陈无为之治。"后以这七篇统摄大义为题展开论说。在本书的最后，另辟一章提炼出《庄子》六大文学特色：境幽、古趣、善譬、善辩、善写情、善说理。总体而言，本书虽言辞简约，但于有限篇幅考证翔实，条理清晰，内容精练。若配合著者其他老、庄学著述一同研读尤为有益，可使著者之观点更为贯通。（范静宜）

道家与神仙

《道家与神仙》，周绍贤著。台北：台湾"中华书局"，1982年版，32开。

周绍贤（1908—1993），原名周延著，山东海阳人。著作有《孔孟要义》《荀子要义》《老子要义》《庄子要义》《先秦兵家要旨》《列子要义》《两汉哲学》《魏晋哲学》《魏晋清谈述论》《道教全真大师丘长春》《佛教概论》《中国文学论衡》《论李杜诗》《文言与白话》《应用文》《松华轩诗稿》《沧桑回顾录》等十多部。

本书乃著者研究道教宗教哲学之专著。著者每见世人误解神仙之义，不胜嗟惋，故作此书，以明"何谓神仙"。并详述其历史起源，说明道教与道家之关系，梳理儒释道三教之异同与仙佛圣贤之别通。全书共分八章，并辑选古修道之士具清静淡泊旨趣之诗文，名曰《清静集》以为附录，供读者体会参照。

总结全书论旨归结两点：第一，神仙并非奇异，第二，神仙不离常道。本书直指神仙乃一种高尚人格之完成，神仙之异于凡人者，为其心灵境界，超尘出俗；为其游心于淡，无入而不自得。

本书对道教神仙道之源流、形成、发展做了系统介绍，又以三教合一之立场，强调三家之道并行不悖。道教文化虽日渐没落，然神仙之说并非奇异，实为超凡脱俗之人道哲学，可以出世亦可入世，既能致虚守静寂寥独立，亦能和光同尘与世俗处。于今物质文明鼎盛所产生种种心灵困顿不安的弊病，企求逍遥自在安适的神仙之说，仍有其启发意义。（刘见成）

道教诸神

《道教诸神》，〔日本〕窪德忠著，萧坤华译。成都：四川人民出版社，1989年4月第1版，32开，140千字。

窪德忠简介详见《道教史》提要。

本书分为两大部分。第一部分何谓道教，扼要地介绍了道教的基本内容、主要派别及其变迁，着重阐述著者两次访华所了解到的我国某些道教宫观和一般奉神概况，以及20世纪80年代前我国道教研究的一些情况，表达了著者对中国道教的基本看法。第二部分题为"诸神"，概括地介绍了中国社会信奉的众多神灵，包括元始天尊、三清、太上老君、玉皇大帝等尊神，钟离权、刘海蟾、彭祖、八仙、临水夫人等仙真，丰都大帝、阎魔王等冥府之神，以及民间信仰的关帝、财神、龙王、土地神、河神、海神，和各行各业供奉的行业神等等。

本书最值得重视的是著者对道教的独到见解。著者首先肯定并确认了道教是一种具有独立、完整意义的宗教，本书称："中国人对宗教的信仰十分虔诚，中国有非常完美的宗教，不能认为一神教才是宗教。"本书所指的宗教当然是道教。接着，本书进一步指出："道教产生于生活本身，因而是与生活有着千丝万缕联系的宗教。所以，我始终认为，通过了解道教的目的、内容、特点诸因素，可以从一个侧面弄清古今中国社会、人民的意识、情感、愿望等等。"本书所指出的道教与生活的重要关联，正好体现了道教作为独立宗教的历史与现实意义。本书正是从现实生活这一角度出发来认识道教的。值得欣赏的是著者还把道教同中国文化这一主体相连讨论的有关阐述。本书所抓住的生活与文化这两条主线，在当时打开了认识探索道教文化之谜的新道。可惜，本书却没有就此作进一步的论述。本书还对道教的定义和"两种道教"即"民众道教"与"正规道教"作了详细的叙述，表明了自己的观点。

诸神的介绍是本书的重点，全书择要介绍了将近一百位的神，逐一叙述了各自的起源、变迁和特征，其范围包括中国大陆、中国台湾、中国香港，还涉及东南亚地区的马来西亚和新加坡。本书在叙述中将古典文献的有关记载和著者实地考察所收集到的民间素材相结合，穿插了相当多的图片和寺观诸神配置图，使本书比一般学术著作更具有可读性和趣味性，这是本书的重要特色。实际上，本书在对诸神历史嬗变与社会分布的叙述中，既解答了道教文化的历史命运，也反映了其现实趋势。至于本书对道教诸神所收范围的标准和道教神仙体系的源流等未能给予讨论，以及提出明代以后全真道"在社会上悄无声息"，中华人民共和国成立之后"全真教团几乎销声匿迹了"的看法，与实际情况并不符合。这些不足之处，对于一个外国学者来说，是在所难免的，不能求全责备。（张丽娟）

天师道

《天师道》，郭树森主编，郭树森、朱林、贺绍恩编著。上海：上海社会科学院出版社，1990年2月第1版，32开，165千字。

郭树森简介详见《道家思想史纲》提要。

朱林，1956年生。江西社会科学院赣文化研究所副所长、江西师范大学政法学院客座教授、江西省伦理学会副会长。代表论文有《孟子"天人合一"思想述论》《孔子的经济伦理思想初探》《幸福的哲学新思》等。

贺绍恩，1965年生。在江西省社科院从事中哲史研究。代表论文有《从〈想尔注〉看汉儒对早期道教的影响》《万载傩舞考》等。

本书研究了天师道的历史以及它在道教史上的地位和作用。首有目录，后有已故著名易学专家、道教研究学者潘雨廷先生为本书作的序，次为引论，末附后记。

本书正文共五章，附录两篇。五章内容分别为：第一章，汉末天师道的创立。此章首先条陈了天师道产生的历史条件与思想渊源，认为历史条件"根源于汉代政治与社会的宗教化"，思想源流则与"殷周时代的巫术与战国秦汉时代的神仙方术"有关。其后介绍了张道陵创教始末与张修、张鲁等人对早期天师道的传播与发展。张鲁在巴汉成立"政教合一"的政权，贡献最大。最后分析两部天师道的经典《老子想尔注》《太平经》与天师道的关系。第二章，魏晋南北朝天师道的变革。此章主要阐释了魏晋南北朝时期天师道变革的原因，以及寇谦之、陆修静与陶弘景分别对北、南天师道的贡献。这一阶段，张道陵第四代孙张盛移居龙虎山创立龙虎宗正一道。本书认为这一变动使天师道的组织得到了发展，教规也得到了完善，"民间道教逐步转变为官方道教"。第三章，唐宋元明天师道的兴盛。这一阶段龙虎宗正一道日益兴盛，被统治者视为道教正统进而大力扶持，广修宫观道场。除却宗教活动，文化活动也相继繁盛。天师弟子陆续对《道藏》进行纂修，名道张继先、张宇初亦有《虚靖真君语录》与《岘泉录》问世。第四章，明中叶以后天师道的衰亡。此章主要阐述了天师道衰亡的历史必然性与衰亡的历史进程。明中期以后资本主义的萌芽、新生产关系的确立以及科技的发展，动摇了天师道发展的社会基础，其走向衰亡是一种必然趋势。同时，理学与心学等新儒家的崛起把信仰"哲理化"，使"儒家"具有了"儒教"的性质，逐渐取代了天师道在统治者甄选思想时的优先性。第五章，天师道的社会历史作用。主要分析了天师道对政治以及科学、文学艺术领域的影响。附录一为天师世家、房系、人物综述，内附天师印剑图片。附录二为天师印剑、宝物、署职考。

　　本书是主编郭树森1981年从事道教研究以来的阶段性成果。其之前发表于《江西社会科学》1981年第5、6期的《天师道的创立及其沿革》是本书的大纲。为了更好地发挥专长，郭树森邀请了朱林、贺绍恩共同撰写。该书史料翔实，内容精审，在其时代天师道研究领域为开创之举。本书对读者整体性了解天师道的创教、发展历程，以及天师道在各个朝代与领域的活动具有参考作用。（范静宜）

先秦两汉冥界及神仙思想探原

　　《先秦两汉冥界及神仙思想探原》，萧登福著。台北：文津出版社，1990年8月初版，2001年1月第2版。

　　萧登福简介详见《周秦两汉早期道教》提要。

　　本书初版与二版的差异，除极小限度地订正讹误、新增入少部分史料外，最重要的是著者自我修订对道教创教问题的观点。初版采用旧说，以为道教创自东汉张道陵。著者撰写《周秦两汉早期道教》一书详加论辩后，确信张道陵创教说系出自北周末隋初释道安之倡言，其目的在丑化道教，并造成佛在道前的错觉。释道安之前，并无张道陵创教说存在。因此将初版时下篇第三章贰"五、道教形成之因"，在二版时加以订正并更名为"五、两汉道教的承先与启后"。

本书上篇"先秦两汉冥界之探讨"，下篇"先秦两汉之神仙思想"。

上篇指出殷人重鬼好祀，鬼能左右世人生活，需恭敬祷祀。周世承其遗风，以为人死后魂盛者升天为神，魄盛者滞地为鬼。冥界主宰者为天帝，故有宾于天、诉于天之语。人鬼与天神、地祇，同样有祸福生人、赏善罚恶的能力。逮至战国，方士神仙之说兴起，人可经由修炼而成仙，于是鬼的地位随仙之兴起而陡降。遂使鬼的管辖权由天帝降为泰山神，蒿里则为魂魄聚敛处。东汉时佛教传入中国，然影响未深，因此本书认为，终两汉之世，鬼的地位不如商周，但不至于有剥皮火烤之苦。在汉世，人死后归处有二，一为天上，一为地下。天上为仙人及诸神所在，一般人死后仅能生活于地下。汉世以为冥界是人世生活的一种延续，地下诸鬼也有一如人间般的生活。泰山、蒿里、梁父都是此时重要的冥神。此为先秦两汉冥界演变情形。

在神仙说上，下篇研究称神仙思想起于战国齐威、宣王之时，后经秦皇、汉武之崇信而渐为世人所重。战国至两汉，所推崇之仙人有黄帝、西王母、女娲、赤松子、韩众、羡门高等。天界之主宰，在周世以前以"天帝"称之，天帝所在为北辰。至秦以白青黄赤四天帝代表天界，郊天即祭此四帝。汉高祖时增祀北帝（黑帝）而为五帝，自高祖至武帝郊天祭之。元鼎五年（前112）始改祀太一而降五帝为太一佐，至成帝又舍太一而改祀天帝，恢复周世对天的称呼。此外，本书指出民间所流传天界之主神，又有伏羲、女娲、东王公、西王母等。道教则以老子为天界主宰。（林翠凤）

隋唐仙真

《隋唐仙真》，马清福主编。沈阳：辽宁大学出版社，1991年9月第1版，32开，270千字。

马清福，已故文学史家，曾在辽宁大学中文系任教。

本书选择了近90则唐人志怪故事，先改写为白话，然后附上自己的评论。其中，有些篇章表面上写人神交往，但反映的却是唐王朝的经济繁荣和宫廷生活，而表现的是唐王朝提倡道教、崇尚神仙、追求长生的情况，比如《唐明皇游广寒宫》《张果仙术莫测》《杨通幽仙山访杨贵妃》等等。有些篇章影射唐王朝宫廷亲族的残酷斗争，比如描写善女湫与勃那湖龙神之战的《九娘子调阴兵》等等；有些篇章表现劳苦百姓的悲惨生活和统治阶级的淫威腐朽，如《冥乐传世》写的是妓女乐妓的悲惨命运，生时为皇帝、官僚的娱乐玩物，死后还要为皇帝鬼魂演奏乐曲，稍有触犯，即遭诛杀。《韦安道巧结仙缘》中写天上的后土夫人下嫁于官僚子弟韦安道，韦家父母惧怕武则天的酷法，只好驱逐了后土夫人，让她返回天界。《宝镜预告吉凶》写官僚、军阀残酷掠夺百姓，《人虎忘形交》写一官吏变虎拦路吃人。当然在唐朝官吏中也有一些人为人们做了好事，人们把他们奉为神灵求其保护百姓，如《赵昱斩蛟》《李光远为民请命》《韩愈遇仙记》《张竭忠识破升仙梦》等等。有些篇章还直接宣扬道教神仙、鬼蜮，如《红拂女偏敬虬髯客》《富商李清求仙》《打井工人堕入天界》《裴谌苦炼成仙》《马湘仙术警人》《杨正见吃茯苓成仙》《张老叟娶少女》《功亏一篑》《刘法师难登仙界》《莽英雄护丹中妖记》等等。不过，有些仙人沉溺于女色和享乐，甚至欺压百姓，连天帝也昏愦；有些篇章表现婚姻、爱情和妇女命运问题，如沈警与神女的恋情，水仙与番禺少年相爱生子，华岳神仙嫁女与书生，织女下嫁郭翰等。有些篇章反映封建士子的科举求士问题，还有些篇章歌颂一些破除迷信的人物，如张瘦的力击群妖，郑宏之智伏群妖，徐安除妖，朱觊箭杀蛇妖，赵季和识破板桥三娘的妖术，陈鸾凤刀劈雷神，张铤智杀猿妖、熊神。附在每篇文章后面的评论，试图挖掘每篇志怪的主题思想和内在含义。（张丽娟）

晓望洞天福地——中国的神仙和神仙信仰

《晓望洞天福地——中国的神仙和神仙信仰》，郑土有著。西安：陕西人民教育出版社，1991年9月第1版，32开，180千字，系"羊角丛书"之一种。

郑土有，1952年生，浙江金华人。现为复旦大学中文系教授、博士生导师，兼任中国民俗学会常务理事及副秘书长、华东师范大学中国民俗保护研究开发中心兼职研究员、上海市文联委员、日本新潟县立历史博物馆共同研究员。

本书主旨是从中国人的神仙信仰这一角度分析积淀在中国人身上丰富的

精神文化，研究中国古人的神仙信仰。本书共分为六大部分。第一部分主要介绍了神仙信仰这种中国特有的信仰现象及其与中国文化的关系。第二部分为"神仙世界的建构"，介绍了神仙的属性、成仙之道、神仙法术、神仙种类、仙界溯源、仙界的分布与类型、仙界的生活和神仙谱系等内容。第三部分为"神仙信仰的历史发展轨迹"，叙述了秦汉、魏晋南北朝、唐宋、南宋金元和明清五个阶段神仙信仰的特征。第四部分阐述了"神仙信仰的三种表现形态"，即宗教活动、民俗活动和文学作品中的神仙信仰。第五部分论述了"神仙信仰在中国民间信仰体系中的地位"，论述中国民间信仰体系的构成及特点，仙界与天官、冥界的关系和神仙与其他神灵的关系。第六部分是对中国历史上的神仙信仰进行批判和反思，试图寻找神仙信仰滥觞的原因和"我命在我不在天"的误区，并提出要清醒地认识神仙信仰的精神鸦片作用的本质，客观地认识神仙信仰对中国文化的影响，辩证地分析神仙方术，正确对待今天民众的神仙信仰。

本书对中国神仙信仰的研究作了许多有益的尝试，一是打破了将神仙放在道教中来研究的传统方法，大胆地把神仙及神仙信仰作为一种独特的历史文化现象来进行研究。这种做法是一种具有创造性的工作，富有现实意义，值得尝试。但是，能否完全摆脱道教，把神仙信仰作为一种独立的信仰体系，还有值得商榷之处。二是本书著者从概念到形象，从现象描绘到理论分析、从纵向发展到横向影响等不同角度，对中国历史上的神仙及神仙信仰情况作了比较全面、系统的阐述和分析，使我们对此有一个比较全面的认识，并从这种历时久远的文化现象中，可以发现中华民族的民族性格、民族心态，可以感触到古人丰富多彩的人生观、生命观、处世哲学以及他们的愿望和理想。三是对中国历史上的神仙信仰进行了客观的评价。本书认为，相信神仙长生不死，固然荒谬不经，对神仙如痴似醉的追求，更是愚昧无知。然而作为一种历史悠久的文化现象，我们不可能视而不见。更何况，在无数求仙者孜孜不倦的求仙过程中，无意之中对中国古代的医学、化学、冶炼术、养生学、武术以及文学艺术等做出了重大的贡献，是我们值得挖掘的宝贵遗产。

总之，这是一本跳出道教圈子，试图以一种客观立场对神仙进行研究的专著，值得学者关注。但是本书把神仙信仰的作用归为精神鸦片，这种观点是值得商榷的。（张丽娟）

华夏女仙

《华夏女仙》，宋今、王宇、李倩编著。太原：北岳文艺出版社，1994年3月第1版，32开，210千字。"中国神仙系列丛书"之一种。

本书共137篇文章，一般每篇文章介绍一位女仙，集中介绍了中国不同属类的神仙世界中的女性神仙，诸如九天玄女、上元夫人、子孙娘娘、天台二女、山种二姑、无生老母、天妃娘娘、太真夫人、玄天二女、东陵圣母、王蕊院女仙、西王母、孙仙姑、何仙姑、孟婆神、黄道婆、麻姑、董永妻、碧霞元君、嫘祖、董上仙，等等。文章概括了诸位女仙的来龙去脉，叙述了她们成神得道的经过，描绘了她们的威力以及被尊奉赐封的情况，全面展现了诸位女仙的全貌及其在历史发展中的地位和影响。这些女仙的故事来源于《中国民间诸神》《华夏诸神》《女仙传》《列仙传》《墉城集仙录》《搜神记》《集仙录》《逸史》《仙传拾遗》《玄怪录》《广异记》《续文献通考》和地方府志等文献，内容基本忠实于原文，只是将古文翻译成白话文，通俗易懂。

据本书自序，古代科技落后，生产力非常低下，人们只能寄希望于幻想。神仙的超凡能力，有的是劳动人民对温饱生活的殷切希望，有的仅是抗御天灾、摆脱饥饿的最低愿望。中国古代妇女的地位屈辱低下，但有着惊人的承受能力，而且尊老爱幼、坚韧顽强、勤劳贤惠。一部中国妇女史，就是女性的辛酸血泪史，就是一部妇女反抗史。本书中的女仙也是如此。比如何二娘、黄观福、鲁女生、王仙姑等都是出身贫困，忍饥挨饿，成仙后终于不用再为衣食操劳。而女性所受的压迫和歧视远不止这些，被视为男子的私有财产的妇女，连生命也完全攥在男人的手心里。比如女仙张玉兰、孙姑未婚先孕被逼"仙"去，马氏女生病被扔进河里。更有甚者，东陵圣母因为会医术、求医者络绎不绝引起丈夫的不满，被告到官府下了监狱，而梅姑因心地善良不忍杀鱼被狠毒的丈夫活活打死，等等。尽管如此，中国妇女仍然谨守妇道、勤劳贤惠、宽容善良，受人尊敬和爱戴，比如戚玄符、徐女、马凤仙、杨敬真、梁母等等。还有一些女仙，比如昌容、黄道婆、马氏两姊妹等等，他们都是有高超技艺、造福人民的优秀人才，虽然在古时候那种男尊女卑的社会，女性的才干无法得到充分的施展，但在百姓心中却把这些妇女当作神仙，可见其地位至高。此外还有一些女仙能够做到免受世俗的干扰，潜心修道成仙并且最终取得正道。

本书的丛书总序指出，"这本小书又力图在神仙领域再为妇女争得一席之地"。本书是对华夏女仙的集合，对女性研究有一定的价值。不过，女仙排布过于散乱，个别女仙的描述也比较粗糙，不够饱满。（张丽娟）

天上人间——道教神仙谱系

《天上人间——道教神仙谱系》，黄海德著。成都：四川人民出版社，1994年7月第1版，32开，120千字，系"中华道学文化系列"之一种。

黄海德，1953年生，四川成都人。曾任四川省社会科学院哲学研究所研究员、研究生部教授、哲学研究所副所长，《中华文化论坛》杂志编委，兼任四川道家文化研究所所长、中华道学文化研究中心常务副主任。2001年10月调至华侨大学工作，先后受聘为研究员、硕士研究生导师（中国哲学与宗教学专业）、博士研究生导师（马克思主义哲学专业宗教哲学研究方向），二级教授；曾任华侨大学人文与公共管理学院副院长兼学术委员会副主任、哲学与社会发展学院副院长、宗教文化研究所所长。

本书共分七个部分：第一部分题为"关于道教神系"，介绍了道教神仙、天界与天尊、道君与真人、天师与天君、仙品与仙官；第二部分题为"玉京天神"，共27篇文章，介绍了三清、元始天尊、太上老君、灵宝天尊、四御、玉皇大帝、赵公明、青龙白虎、六丁六甲等；第三部分题为"人间圣贤"，描述黄帝、关圣帝君、岳飞元帅的故事；第四部分题为"洞天真人"，共21篇文章，介绍四大真人、三茅真君、张三丰、尹真人、八仙等；第五部分"民俗诸神"共15篇文章，介绍丰都大帝、医王、钟馗、三尸神、行神等；第六部分"琼台女仙"共8篇文章，介绍王母娘娘、九天玄女、后土、斗姆元君、何仙姑等；第七部分"中国古代道教石刻神像"，介绍了道教石刻神像分布概况、道教石刻造像的历史渊源和道教石刻造像的题材内容。

本书通过对古籍中相关论述的解读、分析和概括，梳理了各位神仙的形成发展历史、特殊神性、社会影响或民间崇祀状况，总的来说，言出有据，条理清晰。另外，书中穿插了69幅神仙画像，增强了直观性和趣味性。但是，本书篇幅较小，有些神仙的介绍仅100多字，过于简略；对神仙的选取也没有明确的标准，比如第四部分"洞天真人"介绍许真君、萨真人而不介绍张道陵；对神仙的分类也有值得商榷之处，比如书中既言"丰都大帝却是道教所独有的"，但是又把丰都大帝归在"民俗诸神"之中。当然，作为新中国较早研究道教神仙的专著之一，本书贵在其开山启林之功，其研究的深度有待后来学者的继续努力。（张丽娟）

中国龙虎山天师道

《中国龙虎山天师道》，张金涛主编。南昌：江西人民出版社，1994年10月第1版，32开，190千字。2000年9月再版，内容增订，32开，200千字。

张金涛，1964年生，江西贵溪人。第六十三代天师张恩溥的二女儿张稻香之子。中国道教协会副会长。主编、著述有：《中国历代张天师评传》（五卷本）、《天师府史话》，合作专著《道教文化管窥——天师道及其它》《道德经心解》。

本书正文共十章：第一章"道教的起源与形成"，主述道教的起源与天师道创立的过程。自上古时起即存在的巫术以及历代求仙的渴望催生了方术、方士与神仙信仰，这为东汉末年张道陵创教提供了基础。第二章"天师道的沿革与发展"，纵贯了从张鲁的政教合一，张角太平道时期经过魏晋、南北朝、唐、宋、元、明、清、民国时期，直至中华人民共和国成立后天师道的发展简史。第三章"道教的教理教义"，著者认为"道"与"德"是道教信仰的基础，"无为而无不为"则是道教信仰的思想准则；"道"的特征表现为"柔弱、不争、清静、寡欲"，而"护国佑民、太平社会"是道教的社会愿景，"乐生、重生、长生、久视"为道教最高的理想追求。第四章"道教的神仙信仰"，从天师道的"神、仙、鬼"信仰与天师道的神学理论、神仙谱系与洞天福地三个视角阐释天师道的信仰体系。第五章"天师道的修炼和养生"，从养精、养气、养神、养形、养食、内丹六点介绍天师道的修身炼养之道。第六章"天师道的符箓斋醮"，分别阐释符、箓、斋、醮的形式、功能与内涵。第七章"天师道的音乐"，从道教音乐渊源谈起，论述了斋醮与音乐的关系，并重点说明正一派的法事、道乐以及正一清微派道乐的地方特色，章末附《净秽咒》、《三宝赞》、《和斗章》灵宝济炼科、《三皈依赞》灵宝济炼科等简谱曲谱。第八章"龙虎山的宫府观院"，着重介绍龙虎山上清宫、嗣汉天师府、诸道观道院及仙迹名胜的方圆格局及历史演变。第九章"天师道的传承与授箓"，主要说明正一派的传承信物与授箓传度制度。第十章"龙虎山天师世系"，为历代天师传与天师道派历代高道传略。

本书二版相较一版，章节名称、次第不变，内容有所增补：一是伴随田野资料的收集，对符箓的含义与功用作了补充介绍；二是在改革开放的形势下，天师府较初版1993年完稿时逐渐发展壮大，故补以记录；三是附录部分的大事记从1993年延续至1999年底。一版、二版目录前有序言三篇，及龙虎山天师府庭等与正文内容相关的配图，并有其他道教、政界人士题词。附录两篇，分别为张天师世系简表与中国龙虎山天师道大事年表。末附著者编后记，二版增加再版后记。

自1983年嗣汉天师府修复以来，尚无一本书系统全面地对其进行介绍，所以本书在内容上总揽了天师道的发展史、教义、符箓斋醮、炼养之道、宫观府院与天师世系略传等，内容较广泛。因著者出身张天师世家，对正一派斋醮仪轨熟稔在心，故而在叙述上力求详慎。例如第六章第四节著者备陈了"醮"与"醮仪"中"变身运雷"的程序，并对相配的"符、手诀、步罡"进行图示举例，具有独特的专业价值。（范静宜）

中国道教诸神

《中国道教诸神》，马书田著。北京：团结出版社，1996年4月第1版，32开，300千字。

马书田，1946年生。著述主要有《千年对联佳话》《华夏诸神》《超凡世界》《中国民俗神》《全像中国三百神》《中国诸神祖庙大全》等。其中，《华夏诸神》获1990年北京图书评比荣誉奖，《全像中国三百神》获1992年华东地区优秀图书一等奖等。

本书共有五章。第一章是"道教尊神"，包括三清、四御、太上老君、玉皇大帝、后土皇地祇、王母娘娘（西王母）和三官（三元大帝）；第二章是"星辰之神"，包括斗姆、五斗星君、南斗星君、北斗星君、太白金星、真武大帝、文昌帝君天聋地哑、魁星；第三章是"道教神仙"，包括九天玄女、宁封子、八仙、李铁拐、汉钟离、张果老、何仙姑、蓝采和、吕洞宾、韩湘子、曹国舅、黄大仙、刘海蟾、麻姑、天妃娘娘（妈祖）；第四章"祖师真人"，包括张天师、三茅真君、许真君、葛仙翁、二徐真君、陈抟老祖、王重阳、丘真人和张三丰；第五章"护法神将"，包括马赵温关四大元帅，周、岳、康元帅，关圣帝君，灵官马元帅，萨真人，王灵官，三十六天将，四值功曹，六丁六甲，六十元辰，龟蛇二将、水火二将，青龙、白虎，金童、玉女、周公、桃花女，千里眼、顺风耳，雷神、雷王，闪电娘娘（金光圣母），风伯，雨师。附录共有六篇，分别是"道教诸神诞辰及纪念日一览表""与道教诸神相关的民俗节日一览表""重要道教神祇及相关道观一览表""全国30座重点宫观一览表""道观格局及殿堂配置"和"部分参考书目"。

　　本书的研究方法是把中国诸神放在社会生活的大环境下来探讨，既从纵的方面研究诸神的由来始末和发展演变情况，又从横的方面探讨诸神对社会生活各个方面的影响和作用，比较全面深入地探究道教神仙信仰的面貌。比如在介绍"玉皇大帝"时，本书先从玉皇大帝的起源——上古的天帝崇拜说起，接着讲"道教编出的玉皇来历"，然后介绍宋朝君主与玉皇大帝的关系，最后写玉皇大帝的社会影响。

　　总之，本书是一本研究道教神仙较为全面和深入的著作，对于道教研究者和爱好者都是值得一读的好书。（张丽娟）

张天师

　　《张天师》，张泽洪著。成都：巴蜀书社，1999年9月第1版，32开，270千字。

　　张泽洪，1955年生，四川三台人。本书出版时为四川大学宗教·哲学与社会研究创新基地学术带头人；现为四川大学道教与宗教文化研究所二级教授、博士生导师、中国少数民族宗教研究方向学术带头人，《宗教学研究》常务副主编。主要研究领域为西南少数民族宗教、道教。学术著作有《文化传播与仪式象征——中国西南少数民族宗教与道教祭祀仪式比较研究》《道教斋醮符咒仪式》《道教唱道情与中国民间文化研究》等。

　　本书共分十章，分别为：立志济世度人，龙虎山炼丹，鹤鸣山传道，青城山战鬼，章符救治百姓，创立二十四治，构想洞天福地，道箓的传度，制订道教戒律，云台山升天。并有附录四篇：陶弘景《真灵位业图》举要，道教的洞天福地，张天师《老君一百八十戒》和张天师的道符、法印。

　　本书为传记体裁，用富有传奇色彩的语言，塑造了道教创始人张道陵神奇的一生。在叙述张道陵的生平时，穿插了大量道教神仙故事，如黄帝问道广成子、魏伯阳炼丹成仙、阴长生修仙、左慈、韦皋、李真多、壶公、费长房、陈安世、李冰、李阿、王兴等仙真的故事，也介绍了许多道教经典的来历和主要内容、思想要义，如《道德经》《五岳真形图》《道机经》《黄帝九鼎神丹经》《老子想尔注》《天官章本》《千二百官仪》《真灵位业图》等，还通过张道陵和弟子的对话阐述道教修炼之法。本书内容丰富，堪称道教文化大观园，是通俗易懂、值得一读的道教入门著作。因体裁所限，书中所引用的材料未能注明出处，是为一大遗憾。（张丽娟）

关羽崇拜研究

　　《关羽崇拜研究》，蔡东洲、文廷海著。成都：巴蜀书社，2001年9月第1版，32开，250千字。

　　蔡东洲，1962年生，四川平昌人。西华师范大学历史文化学院教授、院长、硕士生导师，四川省历史学会常务理事，四川省学术带头人。

　　文廷海，1970年生，四川安岳人。西华师范大学历史文化学院教授、历史学博士、硕士生导师，南京师范大学文学院博士后。主要从事中国古代史和历史文献学理论研究。

　　本书共三卷，上卷为历史上的关羽，共分五个部分，分别介绍了关羽游离中原、南下荆州、北伐襄樊、痛失荆州的生平事迹和历史上的功过评说；中卷为关羽崇拜的形成，共分三个部分，介绍关羽崇拜的起源、形成和体现；下卷为关羽崇拜的发展，共分十二个部分，论述关羽崇拜与明清兴亡、明朝关帝崇祀的不断升温、清朝关圣崇祀的走向极端、明清关帝庙宇遍天下、关羽敬奉与军事活动、关羽敬奉与水旱灾害、关羽敬奉与科举选士、关羽敬奉与经济活动、关公与明清秘密会社、关公与明清司法活动、关羽崇拜与关公戏剧、关羽崇拜的辐射。书前有沈伯俊先生做的序，附录是"关羽现象"大事年表和主要参考文献。

通读全文，结合沈伯俊先生的序文，本书的优点可以概括为以下三点：

第一，"史"的意识自觉而鲜明。关羽崇拜是一种历史文化现象，两位著者又是有较高专业素质的史学工作者，因此，他们十分注意从宏观历史的角度来研究关羽崇拜现象。一方面，认真考察关羽崇拜形成的历史文化背景；另一方面，仔细清理关羽崇拜发展的历史脉络。

第二，史实考订颇见功力。研究关羽崇拜现象的形成和发展，涉及大量的历史资料，包括正史、野史、笔记、传说等等。这些资料固然有重要的历史价值，但它们毕竟是时人对史实的记载和后人对往事的追记，往往掺有人为的选择、评判、想象、加工等主观因素，不能笼统地与史实本身划等号。其中一些记载，常常是虚实相生，真伪杂糅；有的甚至是转相稗贩，以讹传讹。因此，无论是历史还是文学史的研究，随时都有一个史料的鉴别考订问题。在本书的撰写中，两位著者在这方面下了许多功夫。

第三，视野开阔，内容比较全面。例如，本书下卷研究明清关羽崇拜的发展，不仅论述了以往涉及较多的关羽崇拜与政治斗争、军事活动、关公戏之间的关系，而且探讨了以往较少触及的关羽崇拜与水旱灾害、科举选士、经济活动、秘密会社、司法活动诸方面的关系。这样，读者便能够比较全面地了解明清两代关羽崇拜如何渗透到社会生活的各个领域，从而对关羽崇拜现象得到更加丰富的、立体化的认识。

总的看来，本书是一部内容扎实、质量较高的著作。不过，其中也还存在不足之处：其一，"述"多而"论"少。本书侧重于史实的归纳整理，"史"的脉络相当清晰，而"文化"的阐释则稍嫌不足。这在一定程度上影响了此书的思想深度。其二，结合三国文化的背景研究不够。关羽崇拜的形成和发展，与三国文化的演变、传播的关系极为密切。宋元以来的三国题材戏曲小说、民间故事，特别是《三国演义》的成功塑造和反复讲说，对关羽形象的渲染和普及起了很大的作用。从大文化的广阔视野进行观照，可以说，没有三国文化的巨大影响，关羽崇拜就不可能达到如此的广度；甚至可以说，以关羽崇拜为主要内容的"关羽文化"，乃是广义的"三国文化"的一个子系统。如果本书对这个问题给予更多的重视，大概也有助于论述的更加深化。

（张丽娟）

八仙故事源流考

《八仙故事源流考》，赵杏根著。北京：宗教文化出版社，2002年11月第1版，32开，168千字。

赵杏根，1956年生。苏州大学文学院教授、博士研究生导师。长期奉行研究与教学相结合的理念。主要研究领域为元明清文学、民俗学、宗教与文学之关系。

本书的主旨在于，阐明八仙故事的意义和它们与社会政治、历史、文化的关系。这一主旨是通过对八仙故事源流的探讨来实现的。本书共十一章，分别是：概说、钟离权、吕洞宾、何仙姑、韩湘子、李铁拐、蓝采和、曹国舅、张果老、徐神翁、刘海蟾。"概说"主要叙述八仙的形成过程和各种不同的说法，探讨八仙形成、八仙故事盛行的原因。其余各章，分别探讨八仙故事是怎样形成、变异、发展、流传的，并探究其中的原因。

本书的特点主要表现在以下几个方面：

一、所引用的文献资料较为丰富，可以说是集古籍所载八仙故事之大成。除了《历世真仙体道通鉴》《列仙全传》等神仙传记，还有《汉书》《新唐书》《宋史》等史籍材料，也有诗歌和杂剧等文学作品，还有《升庵外集》《坚瓠广集》《玉芝堂谈荟》等文集资料。著者引用文献资料，一般不直接照录，而是用现代汉语意译或概括出之，但是仍然一一注明出处。这样就保证了通俗性和文献性的统一。一般读者都能读懂，因研究等需要查原文者又很容易查到原文。

二、在论述中，排比分析，推断论证，言必有据，论从证出，显示出学术性。许多论断能使读者耳目一新，恍然大悟。

三、具有浓厚的趣味性。首先，八仙故事本身就富有浓厚的趣味性，本书论述分析始终结合八仙故事，并且力图把文献性、学术性、通俗性结合起来，使读者既能掌握此书的内容，阅读起来又轻松愉快。其次，在每一章前，著者都写了一首绝句概括本章大意。这些诗中所用典故，也多为神仙典故，但数量不多，也比较常见，是普通读者也能看懂的。

总的来说，本书是一部对八仙故事进行比较全面阐述的著作，资料翔实，分析也比较合理，是研究八仙文化的重要著作。不过，书中的一些语言显示出著者对道教和神仙的批判立场，如"拆穿西洋镜，全真教实在是看中了钟离权、吕洞宾等在民间的影响，想利用他们的群众基础，扩大影响，扩充势力，遂编造了吕洞宾传道于王重阳的神话"，"预言未来的功能，几乎是所有的神灵都具有的、最为起码的本领，正像自称能治疗百病的江湖郎中治疗伤风咳嗽一样"，等等，这样的语言是值得商榷的。（张丽娟）

历代真仙高道传

《历代真仙高道传》，周永慎编著。北京：中国社会科学出版社，2003年7月第1版，32开，476千字。

周永慎，道教全真龙门（武当）派第十八代传人，曾任中国道教协会理事、中国道教学院研究生导师、道教学院教研处副主任。合著有《湖南省志·宗教志》《宗教知识宝典》《道教手册》《新解道教格言》《道教大辞典》《玄门日诵早晚功课经注》等，多次在《中国宗教》《中国道教》《湖南道教》《武当道教》《福建道教》等杂志上发表文章。并对武当三丰太极拳（简式）、武当太和拳和道教昆仑大雁功等有多年研习和实践。

书中所选辑的真仙高道共七百余位，分为9个历史时期，上自先秦，下至近代，皆为道教史上的著名人物。讲述了各个朝代道家道教的著名人物，包括先秦道家人物老子和庄子，两汉时期创始道教的张道陵和张鲁，魏晋南北朝时期开宗弘道的葛玄、葛洪、寇谦之、陆修静、陶弘景等，隋唐五代时期开创内丹、医学、养生的苏玄朗、司马承祯、孙思邈，两宋时期开宗创派的张伯端、白玉蟾及"南宗五祖"等，金元时期分宗立教的张与材、王重阳及"全真七子"等，明清时期整理经典、阐发丹道、传扬内家武术、严谨修持的张宇初、张三丰、王常月、刘一明等，以及近代弘道传教的陈撄宁、易心莹等等。

著者从道教人物志传角度收集和整理本书，对历代高道的介绍十分简洁，多则1000余字，少则不足100字，均以史志、碑铭、道书等文献记载为准，略加注释，较少发挥个人议论。前中国道协会长闵智亭审阅本书初稿时指出："我以为据翔实史籍整理，不加主观评说，是治学应有的重视态度，道教人物是中华民族先贤，自应阐发之。"这样存录史料，目的是为爱好道教文化者或为查阅相关道教人物，或为进一步研究和了解历代真仙高道的修真事迹而提供参考方便；或为借以鞭策道教中人以前辈为楷模，不断发扬前辈们的道教风范和道教真精神，为弘扬道教优秀文化多做贡献。

本书按照时间顺序编写，便于读者阅读查找；列举人物相对全面，令读者对于道教的发展脉络有一个清晰的认识。再者，著者搜寻史志、碑铭等相关资料，参考《道教手册》《道教史资料》《道家金石略》《五祖七真高道传》《白云仙表》《金盖心灯》《历代真仙体道通鉴》《道藏源流考》《道教大辞典》《天师道史略》《南宋初河北新道教考》和《当代中国道教》以及一些今人的研究成果，资料翔实可靠。另外，本书还吸取了近代道教研究者对道教历史人物的一些新的评议，经考鉴而对有的旧说加以修正和补充。全书还补进了一些前人不太关注的人，比如甘忠可的弟子夏贺良、西晋少数民族道士务勿尘、宋代道士笪净之，等等。

总的来说，本书主要为编辑和整理，撰写的部分极少。虽然仅摘录文献资料会在一定程度上加强该书的真实可靠性，但缺乏一些原创性的学术观点。
（张丽娟）

太岁神传略

《太岁神传略》，陈莲笙、黎显华、张继禹领授，陈耀庭语译。北京：宗教文化出版社，2005年8月第1版，32开，120千字，系"蓬瀛仙馆道教文化丛书神仙传记系列"之一种。

陈耀庭简介详见《道教在海外》提要。

张继禹，1962年生，江西贵溪人，"嗣汉天师"张道陵第六十五代后裔，中国道教协会第八届副会长，第十一届全国人大常委会委员。全国青联副主席。西山万寿宫主持。

本书是陈耀庭受托语译的研究道教神仙文化的一部力作。"太岁神"全称"六十甲子元辰本命神"，既是道教神仙体系的重要组成部分，也是道教神仙内涵的生动体现。六十位太岁神，由道分身，化生降临于各个历史时期。"太岁神"在人间的所作所为莫不展示着道教神仙的内涵。可是，六十位有名有姓的太岁神，在现存的道教经籍中，却找不到其神仙事迹的记载。2003年，上海城隍庙住持陈莲笙道长和香港蓬瀛仙馆永远馆长黎显华道长先后受到自身的本命太岁的启示，整理和编写六十位太岁神降生的神迹，以教化道教信众。2004年初，著者陈耀庭受托，从古籍和经书中搜罗太岁神的事迹并且整理成六十位太岁神的传记。2004年9月，在重庆缙云山绍龙观隆重举行《太岁神传略》的拜授仪式。

　　本书共有60篇，每篇一百多字，介绍一位太岁神的生平圣迹，并配有神像一幅。为了让普通信众更方便阅读理解，著者又将每篇传略翻译成现代汉语，并回答了"拜太岁"中各种常见问题。本书是道观拜授的小册子，所以没有标注出所引资料和参考文献。目的在于使六十位太岁神的降生神迹昭然于天下道教信徒之中，使当代道教徒的太岁神崇拜有理性的依据，使道教徒不仅在祈求自身命运之神中得到满足和安慰，而且能够从太岁神降生的神迹里体现道的伦理内容，得到思想的教化和心灵的净化。（张丽娟）

道教灵验记考探：经法验证与宣扬

　　《道教灵验记考探：经法验证与宣扬》，周西波著。台北：文津出版社，2009年6月版，32开。

　　周西波，1967年生，台湾澎湖人。台湾嘉义大学中国文学系副教授。研究领域：敦煌学、道教与民俗等，已出版《杜光庭道教仪范之研究》等。

　　本书定义"灵验"，意即透过耳闻目见之接触，以证明神迹显现之实有、神力展现之可信。灵验的产生，乃基于人之种种意志、行为与神界交感而引发神界之回应结果，故又有感应、灵应、感通等之称。本书探究之道教灵验记为：杜光庭《道教灵验记》、无名氏《清静经注》、零篇散卷的灵验记、敦煌写卷B.D.1219所载道教俗讲内容，及无名氏所编《玄天上帝启圣录》五部分。形式上包括专书、附经、法会宣说等。本书即探讨各种灵验记的内容类别、题材来源及其影响，以呈现道教灵验记的构成方式与传播情况，并分析其叙事结构、文辞、义旨等，彰显此类作品在宗教文学研究中的价值与意义。研究成果可归纳为四大结论：

　　一、以幻化的神迹，经由见证，达到教化的功能。杜光庭《道教灵验记》指出，神鬼之说的意义主要在于其乃如同国家之刑宪，具有奖励善行、遏阻恶行的作用，达到维护善良风俗、稳定社会秩序的目标。所以编写传播灵验记，可以警惕人心，知所依循。杜光庭此作可视为其彰显道教教义的表现，对后世道教灵验记的产生，应有促进作用。

二、佛教灵验记、志怪传奇作品、历史事件、民间信仰传说是主要题材来源。杜光庭《道教灵验记》书中大部分的故事与佛教灵验记的重叠性不高，有许多可能是采集自民间信仰传说，内容层面广泛，较具有道教本色，后世道教灵验故事基本上可自其中找到相应类型，此书宛如道教灵验记的总纲。其他灵验记则可分为两大类，一以经典为主体，一以神明信仰为中心。

三、因应各个阶层的角色身份，展示不同生活需求，尤其重视官僚阶层的作用。在故事角色上，以官僚阶层最多。主因官僚阶层对道教事务的维护或破坏，具有较大的影响力，且其行为在平民阶层常能发挥示范带动的作用。信仰对象主要具备仲裁者的功能。

四、以写实外衣包装神怪本质，文辞由典雅趋于通俗，形式由单纯叙事融入诗词、史赞、奏章等，且不乏叙事精彩之作品。灵验记强调的是信仰的应现有灵，信而有征，故以写实外衣包装神怪本质。大部分采第三人称全知叙事的方式，但亦见第一人称者。杜光庭为骈文大家，其作华美典雅，至后世如敦煌写卷者，则较具通俗口语的倾向。（林翠凤）

扶桑太帝东王公信仰研究

《扶桑太帝东王公信仰研究》，萧登福著。台北：新文丰出版公司，2009年版，25开，系"宗教丛书"之一种。

萧登福简介详见《周秦两汉早期道教》提要。

本书凡11章，依时间顺序从文献史料论述源流到历代东王公的演变，与融入各类信仰形式的探讨。第一章绪论：男仙之首、元阳祖气、日君神格的东王公及其神格转变。此章为全书的灵魂，旨在说明东王公历朝演变所扮演的角色名称，以作为往后十章论述的依据。第二章先秦两汉史料中的日神神话与东王公信仰探述。剖析史料中的东王公，据《山海经》记载，东王公被视为日神。第三章魏晋南北朝文献及道经中所见的东王公神格、事迹。此章承续前章的模式，从文献与道经的角度讨论东王公于魏晋南北朝神格的演变与其相关事迹。

第四章东晋上清派道经中所见扶桑太帝东王公之传经授法及其与东晋上清派之关系。著者整理了上清经系的传承系统，是由太上大道君命东华青宫撰集，传扶桑太帝、天帝君或太微帝君，再由此三君传西王母等四极真人，再依序传青童君、西城真人王君、茅君、魏华存。此外著者也整理出上清经由扶桑太帝所传授的经典，有《黄庭内景玉经》《玉佩金珰经》《上清大洞真经》等共38部经书，足见扶桑太帝与上清系传承的紧密关系。第五章扶桑太帝君与东晋灵宝经、洞神经等道经道派之传经与授道。不仅在上清经系里扶桑太帝扮演传经角色，东晋时期的灵宝诸经，扶桑太帝也为传经的关键角色。灵宝经系的传授，从《元始五老赤书玉篇真文天书经》《太上大道三元品戒谢罪上法》诸灵宝经里抽丝剥茧，得以知晓该经系由扶桑太帝遣天皇真人于峨眉山，经黄帝之问而授予。至于洞神经系是以三皇经的传授为主，从《太上洞神三皇仪》里可见扶桑太帝传经与修炼法门。第六章魏晋南北朝道典中扶桑太帝之眷属神及神格相近的东方大神，讨论与其相关神仙的位阶。本书指出六朝时东王公神格虽逐渐下降，但《元始上真众仙记》《上清道宝经》等东方神仙位阶如太清仙伯、九老仙都君等仍在东王公之下。至于扶桑太帝与九老仙皇君及太乙救苦天尊，则为道友关系。而位阶于扶桑太帝之下的眷属神众多，本书逐一作剖析。第七章青童君之职司、传经及其与扶桑太帝之关系。延续第四章上清经传承，以青童君为主角，讨论其作为扶桑太帝传经媒介的角色。此外因青童君与上清、灵宝与正一经派传经关系密切，本章间接讨论扶桑太帝与三经系的关系。第八章龙王水帝与扶桑太帝的关系。魏晋后出现水帝龙王，归扶桑太帝所管。著者从《太上洞渊神咒经》的祈雨，到《正一醮宅仪》的镇宅、《太上元始天尊说孔雀经白文》的消灾安国等龙王职责的转变，以及成为修炼者的龙蹻，理出扶桑太帝与水的关系。第九章魏晋南北朝法会后的投龙简及唐宋后的投龙壁仪。延续前章对龙神格职责的讨论，本章则讨论龙作为斋醮中与水相关的投龙简，从《太上洞玄灵宝赤书玉诀妙经》论起源，并依朝代剖析投龙简的类别、仪式与龙简的内容，因为要告盟天、地、水三官，有山简、水简与土简三类。简的内容，不外乎是消灾、长生与成仙的愿望，与前章论龙的职司同出一辙。

第十章唐宋后扶桑太帝东王公神格的离合及其在宋代内丹修炼（内炼）、荐拔炼度（外炼）上所扮演的角色，以及对混元仙派（金丹南北宗）、清微仙派的传道授法。此章理清扶桑太帝东王公信仰到唐宋后的转变有二，分别于本章与次章论述。转变之一，与上相青童君、东华帝君混为一人，自宋后三者被合为一神。转变之二，南宋将扶桑太帝东王公分离成扶桑太帝与东王公神，扶桑太帝主水府，东王公主天界。本章讨论转变一，从神格、职司，与对混元仙派、清微仙派的传道授法的情况，论证两派在与上相青童君、东华帝君混为一人后，宋后扶桑太帝沦为西王母之下。第十一章南宋后东王公神格离析而出主司三官水府及冥官性质的扶桑大帝。扶桑太帝被离析后逐渐成为代表水府之神，并在南宋的科仪里，分成主火的东王公（《奏木公》）与主水的扶桑太帝（《申水府》）。而主水府的扶桑太帝于南宋王契真的《上清灵宝大法》与地狱冥界结合，成为投龙简的主司之神。

　　汉画像砖中东王公与西王母为墓葬里守天界的重要之神，位阶神格相当，但研究西王母的论文与专书众多，东王公皆以配角之姿，随着讨论西王母而出现，罕见专属东王公的研究。本书为专论扶桑太帝东王公之书，在众多西王母的研究论著中，尤显独特与重要。此外本书讨论东王公的起源与转变，将原本为同一神的扶桑太帝东王公，与至南宋后的离析，清楚地整理出各自分成主火与主水的二神，尤显珍贵。掌握与完善地运用各种道经与史料，除说明东王公外，也间接说明道藏洞真、洞玄、洞神经系的发展，以及与东王公相关诸神，可视为讨论扶桑太帝东王公较为完备的百科全书。（萧百芳）

太岁元辰与南北斗星神信仰

　　《太岁元辰与南北斗星神信仰》，萧登福著。香港：香港黄大仙啬色园，2011年8月印行。

　　萧登福简介详见《周秦两汉早期道教》提要。

　　本书撰述的神祇，别为北斗、南斗、六十甲子元辰、六十太岁、紫微大帝、斗姆等章节来论述。

　　著者受香港啬色园之邀而撰写本书。啬色园元辰殿甫兴建完成，神像华丽庄严，手执武器及手印各不同，皆生动而自然，著者亲历参访，推许为各地元辰殿中最能结合宗教与艺术气息，且能集传统与创新为一体者。

　　星神信仰是中华民族的特色，也是道教的特色。华人社会普遍认为天上诸星是诸神所化，代表诸神。同时诸神也有帝王将相等阶位之分，各司其职，主掌宇宙万物的生化，以及世人功过罪福的考核。在天上的诸星宿中，自古以来最受到重视的，就是北极、北斗、日、月、五星、四灵二十八宿。其中的五星是指：金星（太白）、木星（岁星）、水星（辰星）、火星（荧惑）、土星（镇星）。

本书从文献记载所见指出，在所有天上的星座中最早受到瞩目的，是北斗及四灵二十八宿信仰。早在仰韶文化时期的墓穴，及春秋曾侯乙的墓绘中，就已发现它们的存在。自周世以下的认知里，北极星象征天帝，而北斗为天帝主司天地的运转，生化万民，有"帝车"之称。在古籍及道经中，北斗的地位更在日、月、五星及二十八宿之上。《北斗经》及《南斗经》说由南斗、北斗两者主司水火，共同陶钧万物，司掌人命。据《史记·封禅书》所载，秦始皇时，已将南北斗列入国家祀典中。

本书指出，由于星神司掌人命，所以很自然地由南北斗信仰，扩充到其他星神。古人认为人们出生时所值遇的干支和出生时所值的星神，对人们一生之中年命的寿夭、禄命的贵贱，都会有深远影响。在出生时日上，形成了本命年、本命日、生辰等和吾人出生时辰相关的重要日子，而出生时所值遇及感应的星神，则有本命星（本命星君，北斗七星）、本命宿（二十八宿）、本命曜（九曜）、本命宫（十二宫）、本命元辰（六十甲子）、本命太岁（六十太岁），以及北斗九皇之母的斗姆。这些神祇，是人们出生时候所值遇或感应的神祇，也是主司人命的神祇。

今日庙宇太岁元辰殿中，一般供祀着斗姆元君、太阳星君（日）、太阴星君（月）、北斗星君、南斗星君、六十太岁，这些神祇大都和星神信仰有关。著者对照古代本命元辰信仰，认为一般似乎忽略了六十甲子神王文卿等神祇，因此主张有必要在元辰殿中加入本命元辰王文卿等六十甲子神，毕竟社神们是六十太岁形成前，人们所供奉的元辰神。此外，星神既主人命，那么众星之主的紫微大帝，虽不在元辰殿内，也于本书中加以叙述。（林翠凤）

保生大帝信仰研究

《保生大帝信仰研究》，谢贵文著。高雄：春晖出版社，2011年版，25开。谢贵文，现任高雄应用科技大学文化事业发展系副教授。专长于文化产业、台湾民俗、台湾文史方面的研究，著有《高雄民间信仰与传说故事论集》《红毛港迁村实录——文化篇》等专书，及《高雄市的保生大帝信仰》《论台南地区有应公庙之由来》等多篇论文。

　　本书为著者的六篇以保生大帝为主题的论文重新整理后的专著。第一篇保生大帝信仰研究的回顾与分析，具有导论的功能，介绍保生大帝目前学界的研究概况。先论述从宋到现代闽、台地区保生大帝信仰的发展，其后介绍相关研究近况与成果，例如施舟人（Kristofer Schipper）与丁荷生（Kenneth Dean）有关白礁慈济宫的研究，入江善太郎与尾崎保子针对台北保安宫的相关研究，大陆1989年举办的"纪念吴夲诞辰1010周年学术研讨会"有八个主题讨论保生大帝。台湾林美容于2005年汇整相关专书与论文等资料，可分成介绍性报道与各别宫庙节庆活动两部分。第二篇从神医到医神——保生大帝信仰道教化之考察，从三个方面考察保生大帝的道教化，一是"道教医术"，原为医生，死后被塑造成法术高超的道医，并获神仙传授"三五飞法"。二是"传说附会"，剖析吴夲被神格化的历程中，所吸收的各道教人物的内容与方式。三是"神仙谱系"，从吴夲受朝廷封赐与民间伪造封号两个方面，分析吴夲受道教与民间信仰的影响与塑造，不断地积累后形成保生大帝的信仰。第三篇传说、性别与神格——从"大道公风，妈祖婆雨"谈起，主要讨论闽、台民间关于保生大帝与妈祖因婚嫁不成而斗法的传说，从传说、性别与神格三方面剖析，著者认为此传说未似一般神仙传说具有神圣性，而是民间对于气候特征虚构性质的传说。此外传说里妈祖因见母羊生产不嫁，反映出传统社会认为处女与母亲为女性的理想角色。又妈祖终未婚嫁，因而未被归于守护女性与孩童的角色，而能有较高的神格特质。第四篇从民间信仰看国家与地方社会的互动——以清代台湾保生大帝信仰为例，透过地方方志、匾联碑文与地方传说三方面资料，探讨保生大帝虽被官方列为淫祠，但也会考量与地方社会的利益关系，将民间信仰吸纳进来。而社会精英为维持地方声望，也会通过捐款建庙，塑造形象。第五篇历史、传说与集体意识——从草屯龙德庙的"刑期无刑"匾谈起，以台湾草屯地区龙德庙里的"刑期无刑"匾为主题，回溯该匾的由来与保生大帝的关系，引出戴潮春事件在正史上记载的偏颇，再论及传说中非台湾本地类型的"京官败地理""亡命好汉"，可以观察台湾社区意识的凝聚力，与对抗外力的社区认同感。第六篇海峡两岸宗教交流的"保生大帝模式"，主要从1987年两岸开放后，剖析有关保生大帝信仰的交流方式，历经了修建祖庙、庙际互动与宗教节庆三阶段的发展，本书认为这样的交流模式有别于妈祖信仰。此外因为交流范围与活动逐渐扩大，导致官方介入程度日益扩展。其中在台湾的保生大帝信仰，是以联谊会方式整合各地保生大帝的宫庙，以助大陆重建保生大帝的信仰与文化保存作两岸交流主轴。

本书为第一本关于保生大帝的专书，集结著者多年来的田野调查资料，除实地参与两岸的保生大帝联谊会外，还走访台湾四十余座保生大帝宫庙，访问各宫庙负责人，与其重要文献资料等，也通过参与联谊会调研和掌握大陆方面的资料。著者不仅对于两岸保生大帝信仰的文献有第一手资料，而且能掌握目前两岸保生大帝信仰的最新动态与概况，就研究保生大帝而言，此书实为重要论著。书中的内容除说明保生大帝的缘由与发展，也针对台湾特有的"刑期无刑"匾、"大道公风，妈祖婆雨"传说切入讨论保生大帝，除丰富活跃本书内容外，还能借此观察保生大帝信仰反映的社会意义，为本书优点。而针对田野调查资料与收集的文献整理，清楚地论述目前保生大帝信仰的研究概况，与两岸宫庙交流景象，并抛出诸多议题，提供保生大帝研究的方向，为本书的重要贡献。（萧百芳）

玄天上帝信仰研究

《玄天上帝信仰研究》，萧登福著。台北：新文丰出版公司，2013年6月版。

萧登福简介详见《周秦两汉早期道教》提要。

全书计分四编十一章，为第一编玄帝真武溯源——玄武与真武；第二编玄帝真武神格的形成——北帝与玄帝；第三编真武信仰的传扬；第四编真武与武当山及元明后民俗信仰中的真武。

玄天上帝，又称玄帝、真武，源于远古时代北方星宿的玄武信仰。本书认为，周秦以来，以玄武为北方天界的守护神，同时也是人间宅土城池，以及地下冥界北方界域的守护神。在五代末宋初，天蓬、天猷、黑杀、真武，为北极紫微大帝驾前四大元帅，职司斩妖伏魔，守护天界，保护下民。其中真武灵验独多，宋太宗特别在宫中立家神堂以祀真武，仁宗时命大臣宋祁撰写《真武启圣记》记载真武灵验事迹，可惜此书今已亡佚。"真武"在太祖、太宗两朝，原都称为"玄武"，至宋真宗朝因避赵玄朗讳，于大中祥符五年（1012）12月将玄武改称"真武"。元代因兴起于北方，也把威镇北方天界的真武奉为护国神祇。明代成祖因感谢真武神兵佑助取得帝位，即位后命二十余万军夫，兴建武当大小宫观三十三处，殿宇房舍一千八百余间，武当山成为明代道教第一座圣山。武当山的地位也和正一龙虎山、上清茅山、灵宝阁皂山相并而论。真武的信仰，至此而达于顶峰。

玄帝在武当山得道。本书认为，武当之名，在汉世已经存在。宋代以后武当山成为真武大帝修真成道之处，也是今日玄天上帝信仰的本山及信仰中心。

关于真武的封号，北宋真宗皇帝御笔手诏加封真武将军为"镇天真武灵应佑圣真君"，至宋仁宗朝封为"玄天上帝"，元代加封为"玄天元圣仁威上帝"，到明代的道书及碑记中而成为"金阙化身荡魔天尊"，由真君而上帝而天尊。著者指出，道教的"帝"类似佛教菩萨中最高阶的菩萨位，而道教的"天尊"则犹如佛教的"佛"。真武已经达到道教神祇的最高阶位，只是一般民间仍以"玄天上帝"称之居多。

本书认为，今日和玄帝相关的道典，现存年代最早、影响最深远者，当为《太上说玄天大圣真武本传神咒妙经》《元始天尊说北方真武妙经》《太上说紫微神兵护国消魔经》《玄天上帝启圣录》等三经一传。今日和玄帝相关的身世本缘、成道事迹、祭祀仪轨等，皆可以在三经一传中找到依据。是研究玄帝信仰不可或缺的重要史料。

本书综观玄帝的信仰，由玄武而真武、玄天上帝、荡魔天尊，且由于宋元明三朝帝王的尊崇，使得真武信仰深入民间，影响民俗，也影响了文学创作。时至今日在中国大陆、台湾、香港、澳门及海外华人社会中，真武仍然是道教最主要信仰的神祇之一。（林翠凤）

新天帝之命：玉皇、梓潼与飞鸾

《新天帝之命：玉皇、梓潼与飞鸾》，谢聪辉著。台北：台湾"商务印书馆"，2013年9月版。

谢聪辉，台湾师范大学国文系专任教授。研究专长为道教经典、道坛道法、道教文学与台湾文化信仰。著作有《台湾斋醮》《台湾民间信仰仪式》等。

本书主标题"新天帝之命"，包含"新变""新天帝"与"新天命"三个核心观念，以《周易·系辞上》"易，穷则变，变则通，通则久"的通变思想文化结构，及其传承与创新的实质内涵为主题意涵，以副标题"玉皇、梓潼与飞鸾"三者所涉及的信仰与文本为讨论对象。此一研究成果并为传统道教"道、经、师"三宝内含赋予新的意义，即作为新天帝的玉皇所建构的新天命，可视之为"道"；而作为玉皇之道信仰落实于新出的经典功德，自是为"经"；另奉玉皇敕授，以如意飞鸾墨迹于天地之间，降笔出世经文以救末劫的梓潼帝君，也实质担任了下教之"师"的天职。全书可概括为三方面结论与发明：

一、玉皇的神格、位阶意涵与崇拜祭祀。北宋前"玉皇"神格位阶有四种意涵：其一指三清尊神者，其二指仙界高真者，其三指祖炁、玄炁根源者，其四指唐皇帝代称者。以泛称仙界高位仙真者为最多，且绝大多数乃单指一位高真。北宋开国初三位君王，运用五代末逐渐兴起的"玉皇"作为"天帝"的思想，逐渐以"新"的"玉皇大帝"取代"旧"的昊天。"天公即玉皇即天帝"的思想认知，从北宋初王禹偁诗中已清楚呈现。

二、道经出世方式与梓潼帝君职能。南宋中期以前传统道经出世的类型有四种："接遇降传""石室示现""真手传译""新旧复合"。具有两个特色：接遇真仙而得降传经典者，多数是教派创教祖师或重要的传授人物。二是除新旧复合类型部分降授经典具有善书性格外，其余都是该教派道法特别宝重尊贵的经典，具有浓厚神圣又神秘的"圣典"与"内传"性格。而新创的"飞鸾开化"类型在南宋中期已成立。此种经书多收入《道藏》中，具有善书功能与开化度劫目的。南宋鸾堂主要分布在四川地区，降鸾主神已从道派祖师，转而多为帝君级大神，如梓潼帝君。梓潼帝君职司早期多御患救灾，南宋后完全与文昌神合一。

三、《玉皇本行集经》的出世时间、背景与重要版本。《玉皇本行集经》出世的时间在南宋宁宗嘉定十年至十一年（1217—1218）间金兵侵蜀时，由梓潼帝君托鸾出世，地点在四川蓬溪县。《正统道藏》张良本校正注解于1220年，早于白文本1225年。台北"故宫博物院"藏黄绫定本，保存了南宋以来完整的转经仪式与丰富有用的序跋资料，是现今最重要的版本。（林翠凤）

西王母信仰研究

　　《西王母信仰研究》，萧登福著。台北：新文丰出版公司，2013年版，全二册，25开。

　　萧登福简介详见《周秦两汉早期道教》提要。

　　本书分成上下两册，共十三章，依时间从文献史料里论述源流到各代西王母的演变与各类衍生信仰的探讨。上册为第一章至第五章，论述范围从上古到六朝。第一章绪论；第二章商周至秦典籍文物中所见之西王母——阴气始源、女仙之主；第三章两汉载籍、史料中之西王母，及谶纬书西王母与九天玄女之关系；第四章汉代笔记小说及西王母传记中的西王母事迹；第五章魏晋南北朝道经中西王母所在之昆仑山、西龟山及西王母之形貌与职司，在神格方面因位于西又为女性被认为阴气之始。著者抽丝剥茧《真诰》《搜神记》与《云笈七签》里的记载，西王母是拥有众多女儿之神，此时与东王公为夫妻关系，从《元始上真众仙记》里已转变成兄妹关系，到东晋上清道书中，两人转为亦师亦友的关系。

　　下册从第六章至第十三章，时间从魏晋南北朝论述到现今的信仰状况。第六章魏晋南北朝道经中西王母之传经与授道；第七章唐代道经中所见的西王母事迹；第八章宋代道书所见水火炼度及金丹修炼中的西王母；第九章宋后西王母母性神格的转变及其在道派中所扮演的角色；第十章宋代西王母与斗母及其与摩利支天的关系。第十一章明后西王母母神神格的衍化及《龙华宝经》的影响；第十二章一贯道的母娘信仰——明明上帝无生老母；第十三章瑶池金母与台湾慈惠堂的母娘信仰。

　　本书虽为研究西王母的众多书籍之一，然今日西王母的研究，时间上多集中于汉之前的研究与考古出土的研究。讨论重点多为神格的演变、图腾、源起、传说，汉后的西王母则较少被讨论，唐后的西王母更不多见，从这个角度而言，本书纵贯古今，为西王母研究做出了重要贡献。另，对于道经里西王母相关资料，皆能充分掌握，而能于每一朝代驾轻就熟地论述西王母的当朝特色。明朝之后的西王母讨论，能紧扣无生老母的信仰，以《龙华宝经》为主轴，衍申讨论台湾的一贯道与慈惠堂的现况与传播，不仅从中得知台湾西王母信仰的发展概况，也能从中了解，西王母信仰从上古发展至今，并未中断，而是以不同的方式，持续在全球发扬发展。（萧百芳）

后土地母信仰研究

《后土地母信仰研究》，萧登福著。台北：新文丰出版公司，2015年12月版，25开。

萧登福简介详见《周秦两汉早期道教》提要。

本书第一章，先梳理后土地母之异称及其所管辖之土府诸多眷属神，考证历代帝王祀典中的后土地母仪制，而后讨论山西万荣后土祠的建立。第二章针对商周二代鬼神分类——天神、地祇、人鬼之不同祭法进行梳理，并讨论周代文献记载的地祇诸神祭祀仪制。第三章稽考从商周至清代的历代帝王对北郊方泽祀地仪节之演变。第四章分析汉武帝于汾阴始建后土祠并亲临祭祀的事典，并讨论汾阴后土祠在两汉的兴衰异同，进而说明汾阴后土祠因唐玄宗、宋真宗二帝亲祀而中兴以及该祠之现状。第五章透过周代文献，论证大地之母的后土不等于五行神中之后土（句龙所任），再分析历代文献所载后土皇地祇之性别为何，进而论证后土与女娲并不等同。第六章讨论历代祀典中的社稷神位次，以及六朝到唐宋祀典增加的神州地祇，并分析国家级社稷坛、社木、社主之规制。第七章讨论里社神之源起与演变、祭祀日程，并讨论了土地神是里社神的再转化。第八章对历代城隍神信仰之演变、职司、道经及部属神进行系统性的梳理。第九章对周代五行神、周秦两汉居家"五祀"神——门、户、行（井）、灶、中溜之源起与衍变，以及历代帝王祭拜五祀之仪制进行讨论，并胪列出道教及新兴宗教针对灶神产生的各种经卷而加以述评。第十章分析汉代、六朝的宅神异同（青龙白虎与土公土母、龙神），并胪列汉魏以降道教用以安宅、谢土之经典、醮仪，进而分析这些道典对佛教的影响，再论及台湾的地基主与坟头后土神。第十一章讨论先秦南方冥界的幽都后土、土伯及道教的九垒土皇、九幽狱，并说明九垒土皇之职司与其科仪。第十二章选取芦洲护天宫、埔里宝湖宫、西屯仙福堂三个案例说明台湾的地母信仰。第十三章对《黄帝地母经》、城固《地母经》、广南《地母经》《地母忏》、台北泰山《地母至尊宝忏》、新出《地母普化真经》及城固《地母传》

《地母的传说》、台湾《地母至尊孝经修身收圆偈赞》等经卷、通俗文学作品进行评介。另有两篇附录，分别为《〈地母经〉相关经典文本》《廖东明道长陕西城固光绪十九年降笔〈地母真妙经〉抄本及云南广南光绪二十七年降笔〈地母真经〉复印件》。

　　本书对于后土地母在历代文献中的祭祀仪制、神性职司、衍生眷属神及相关经卷、民间文学作品，都做了颇为详尽的梳理与分析。若能悉心阅读，当可了解后土属于一词多义的神，作为大地母神的后土，与五行神的人格后土句龙、地皇女娲并不相同，不宜受到后出经卷"娲皇制人伦……从此地母神"的影响而将女娲与后土地母视为同一神祇。因此，本书对于学界、教内同道以及社会上的一般大众而言，皆有可观的助益与启发。（李建德）